モラル・トライブズ

◀上▶

MORAL TRIBES
Emotion, Reason, and the Gap between Us and Them
Joshua Greene

モラル・トライブズ

共存の道徳哲学へ

◀上▶

ジョシュア・グリーン
竹田 円［訳］

岩波書店

MORAL TRIBES
Emotion, Reason, and the Gap between Us and Them

by Joshua Greene

First published 2013 by The Penguin Press, New York.
This Japanese edition published 2015
by Iwanami Shoten, Publishers, Tokyo
by arrangement with Joshua D. Greene c/o Brockman, Inc., New York

アンドレアに

己がどのようなものであるかを見せてやれば、人はもっとよくなる。

——アントン・チェーホフ

☺ある世紀の哲学が、次の世紀の常識だ☺

——ニュージャージー州プリンストン、タイガー・ヌードルズのおみくじ入りクッキー

モラル・トライブズ（上）

目次

【下巻目次】

＊、＊＊、＊＊＊は巻末に原注があることを示す（記号の説明は7ページを参照）。

〔　〕は訳注である。

序章　常識的道徳の悲劇

鬱蒼《うっそう》とした森の東、ある部族が共同の牧草地で羊を飼っている。ここのルールは単純だ。どの家も同じ数の羊を飼育する。家々は代表を長老会に送り、長老会が共有地を管理する。長年、長老会は難しい決定を下してきた。たとえば、ある家がとくべつ大きな羊を飼いはじめ、共有地をより広く占有するようになった。激しい議論の末に、長老会はこれをやめさせた。また、ある家が隣家の羊に毒を盛ったのが見つかった。この家は厳しく罰せられた。それについて、厳しすぎると言う者もあれば、手ぬるいと言う者もあった。こうした試練にもかかわらず、東の部族は生き延び、家々は繁栄している。中にはほかより豊かな家もある。

森の西には別の部族がいて、やはり共同で牧草地をもっている。ただしこちらでは、所有できる羊の数は家族の人数で決まる。こちらにも難しい決定を下す長老会が存在する。ある家はとりわけ子宝に恵まれ一二人の子供がいた。ほかの家よりはるかに多く、共有地の場所を取り過ぎていると不満を言う者もいた。別の家は一年の間に六人いた子供のうち五人を病気で失くした。このうえ財産を半分以上取り上げて悲しみに追い打ちをかけるのは正しいことではないと言う者もいた。こうした試練にもかかわらず、西の部族は生き延び、家々は繁栄している。中にはほかより豊かな家もある。

森の北にはまた別の部族がいる。ここには共同の牧草地はない。どの家も自分の土地を所有し、柵で囲っている。家々の土地は広さにも生産性にもかなりばらつきがある。ひとつには、ほかの羊飼いに比べ、頭がよくて勤勉な羊飼いがいるからだ。そうした羊飼いの多くは収穫の余剰分で、自分たちほど豊かでない隣人たちから土地を買い上げ、所有地を広げている。ほかの者ほど豊かでない羊飼いもいる。それはただ運が悪いからだ。最善を尽くしたのだが、病気のために土地や子供を失った。一方、ことのほか運のいい者もいて、広く肥沃な土地を所有している。とくべつ賢くも勤勉でもないが、親から相続したのだ。北では長老会はたいしたことをしない。羊飼いたちが約束を守っているか、互いの所有物を尊重しているか、目を光らせているだけだ。北では、家どうしの貧富の差が著しく、頻発する争いの火種になっている。毎年冬になると飢えと寒さのために死者が出る。こうした試練にもかかわらず、北の部族は生き延び、大半の家々は繁栄している。中にはほかよりはるかに豊かな家もある。

森の南には第四の部族がいる。ここでは牧草地ばかりか羊も共有している。南の長老会はとても忙しい。長老たちは部族の所有する羊を管理し、人々に仕事をあてがい、人々の働きぶりを監視する。南では、部族の労働の成果は全員に平等に分配される。これが原因でしょっちゅう揉めごとが起きる。頭がよくて勤勉な人と、そうでもない人がいるからだ。長老会には怠け者に関する苦情が絶えず寄せられる。とはいえ、部族のほとんどは働き者だ。ある者は共同体意識が強いがゆえに、またある者は隣人の非難をおそれるがゆえに働く。こうした試練にもかかわらず、南の部族は生き延びている。平均すると、南の家々は北の家々ほど裕福ではない。しかし十分うまくやっているし、冬が来ても飢えや寒さのために命を落とす者はいない。

ある夏、大火事が森を焼き尽くし、一帯は灰になった。そのあと大雨が続き、ほどなく、かつて鬱蒼と木が生い茂っていた場所になだらかな起伏のある広々とした草地、要は羊の飼育に理想的な土地が出現した。近隣の部族たちはあわててその土地の権利を主張し、これが発端で多くの争いが起きた。南の部族は、あらたな牧草地はすべての人のものであり、共同で開発しなくてはならないと主張した。彼らはあらたな牧草地を管理するあらたな議会を結成して、ほかの部族にも代表を送るように呼びかけた。北の部族はこの提案をあざ笑った。南の部族が壮大な計画を立てている間に、北の部族は家を建て、石壁を築き、草地に羊を放った。東と西の部族の多くも、控え目にではあるが同じことをした。中にはあらたな議会に代表を送った家もあった。

四つの部族は激しく戦った。人も羊も多くの命が失われた。ささいな喧嘩が流血を伴う抗争になり、さらに命がけの戦いに発展した。それはこんな具合だった。南の部族の羊が一頭、北の部族の牧草地に紛れ込み、北の部族はその羊を返した。南の羊がまた北の牧草地に紛れ込んだ。北の部族は、今度は羊を返す手間賃を要求した。南の部族は支払いを拒否した。北の部族は羊を殺した。南の部族は北から羊を三頭奪って殺した。北の部族は南から羊を一〇頭奪って殺した。南の部族は北の部族の家を焼いた。子供がひとり死んだ。北の部族は大挙して南の集会場に詰めかけ火をかけた。南の数十人が犠牲となった。その中には多くの子供がいた。南の部族と北の部族は暴力で復讐を果たそうと、互いの村を行ったり来たりして緑の丘を血で染めた。

あらたな牧草地に定住しようと遠い土地からほかの部族もやって来て、事態はますます紛糾した。

ある部族は、あらたな牧草地は神から自分たちへの贈り物であると主張した。彼らの聖典には「大いなる森が燃え、丘が緑に変わる」という予言が書かれているというのだ。別の部族は、あらたな牧草地は、はるか昔、森になる前にその土地を追われた自分たちの先祖の土地であると主張した。まったく馬鹿げているとはいわないまでも、傍《はた》から見るとかなり奇異に思われるきまりや風習をもつ部族もやって来た。黒い羊と白い羊は同じ囲いの中で休ませてはいけない、女性は人前で耳たぶをあらわにしてはいけない、水曜日にはけっして歌ってはならない、といったようなことだ。ある男性は、羊の世話をする近所の女性に、多感な息子たちの目に入る場所で耳たぶを露出しないでくれと苦情を言った。女性が耳たぶを隠すなんてごめんだと言うと、その敬虔な男性は激怒した。また、ある女の子が男の子に、あなたの家族がお祈りしている神さまは、本当は存在しないのよと言った。男の子はショックを受け、その話を父親にし、父親は女の子の父親に抗議した。すると女の子の父親は、娘を庇《かば》って、そのおせっかいな知性を褒めたたえ、謝罪を拒んだ。女の子の父親は、自分が侮辱した部族の法の定めによって殺された。こうしてあらたな流血の幕が切って落とされた。

争いごとはあっても、あらたな牧草地の部族どうしは多くの点でじつによく似ている。おおかたの点で、彼らは同じものを求めている。家族の健康。おいしくて栄養のある食べ物。快適な住まい。労力を節約する道具。友人や家族と過ごす余暇。どの部族も音楽に耳を傾け、英雄や悪漢が活躍する物語を聞くのを好む。さらに、互いに争いはするものの、心の働きもよく似ている。自分たちが正しくないと感じるものに対してはむかつき、腹を立てる。己の利益と正義感のいずれもが戦う動機になる。

どの部族の人も、自分自身のためだけでなく、家族のため、友人のため、同じ部族の仲間のために戦う。戦うことに誇りをもち、すごすご引き下がれば恥じ入ることになる。自分の評判を命がけで守り、他者を行ないで評価し、意見の交換を楽しむ。

違うところはいろいろあっても、あらたな牧草地の部族はいくつかの基本的価値観を共有している。どの部族であれ、完全に利己的であることは許されず、どの部族であれ、完全に無私であることが期待されることもない。羊の群れを共有する南の部族でさえ、仕事が終われば各自が好きなことをしている。どの部族であれ、一般の人々が嘘をついたり、盗んだり、勝手に互いを傷つけたりすることは許されない。（ただし、部族の中には、特権を与えられた個人が自由にやりたいことをしているところもある。）

あらたな牧草地の部族はみな、それぞれの流儀で道徳的であるにもかかわらず、しばしば流血を伴う激しい衝突を起こす。根っから利己的だからではない。道徳的な社会がいかにあるべきかという考えが相いれないためだ。それはたんなる学問的な不一致ではない（学者たちの意見の対立もあるにはあるが）。それぞれの部族の哲学は日常生活に染み込んでいる。部族にはそれぞれの道徳上の常識がある。あらたな牧草地の部族どうしが争うのは、不道徳だからではない。あらたな牧草地での生活を、まったく異なる道徳的観点からとらえているからなのだ。私はこれを「常識的道徳の悲劇」と呼ぶ。

あらたな牧草地の寓話はフィクションだが、常識的道徳の悲劇は現実だ。これは、現代社会の大きな悲劇、人類を引き裂く道徳問題の背後にある根の深い悲劇だ。本書の目的は、こうした問題を理解し、最終的に解決することにある。私は、人気の本の多くの著者とは違い、読者の個人的問題を解決するお手伝いを約束することはしない。読者に伝えたいのは明晰さである。そしてこの明晰さと、志を同じくする人々と力をひとつにする意欲と機会を提供したいと考えている。

本書は、道徳を土台から徹底的に理解しようという試みだ。それは、道徳とは何か、道徳がどのような道を経て今のような形になったのか、道徳が脳の中でどのように実装されているのかを理解することだ。道徳上の諸問題の深層構造を理解するとともに、人間の脳が設計されたときに解決しようとしていた問題と、こんにち私たちが直面している現代特有の問題との違いを理解することだ。最終的に、道徳のこのあらたな理解を手がかりにして、それを人類のすべての部族の成員が共有できる普遍的な道徳哲学に変えていこう。

これは野心に満ちた本だ。私は、一〇代の終わりからずっとこの考えを深化させてきた。そして哲学者と科学者という、二つのキャリアを経験することになったのもこのテーマのおかげだ。この本は、過去の偉大な哲学者たちからひらめきを得ると同時に、道徳認知というあらたな学問分野における私自身の研究を土台にしている(これは実験心理学と認知神経科学の手法を応用して道徳的思考の構造をあきらかにする学問分野だ)。さらに、人間がどう意思決定をするのか、人間の選択は、文化や生物学的側面によってどう形成されるのかについて驚くべき事実をあきらかにした、多数の社会科学者の研究も引用している。本書は、これらすべてをひとつに統合し、このあらたな科学的自己認識を、人類のより大きな問題の解決に役立つ実践的な哲学に変えようという試みなのだ。

あらたな牧草地の生活

オバマ大統領が、政権一期目に直面した二つの重要課題は医療保険と経済だった。いずれも北の部族の個人主義と南の部族の集団主義の対立を反映している。オバマケアと呼ばれる医療保険制度改革法によって、アメリカに公的健康保険が創設された。完璧なシステムではないものの、正しい方向に向かう歴史的一歩だとして、リベラル派はこれを称賛した。アメリカもようやくすべての市民に基本的医療を提供する近代社会の仲間入りを果たした、と。保守派の多くは、オバマケアを毛嫌いし、忌まわしい社会主義への第一歩と考えている。最近の医療保険に関する議論は誤った情報で溢れている*が、嘘や欺瞞に混じって正真正銘の哲学上の不一致が見てとれる。

この不一致は、根本的には、ほかの多くの不一致と同様、個人の権利と(本物の、もしくは名目上の)より大きな善との緊張関係だ。国民皆保険制度によって、すべての人が、自分で医療保険を購入するか、税金を支払うかで保険に加入することが義務付けられた。保守派は、オバマケアを憲法違反だと訴えたが、ついに連邦最高裁判所で画期的な判決が下された。最高裁判所は、保険の基金は、自発的購入と税金(どちらも違憲ではない)の組み合わせでまかなわれており、政府が国民に強制的に何かを購

*　これは本書で唯一の傍注だ。ただし巻末の注には本文を補強する資料や引用元を満載した。最近は、本文に巻末の注の印を記さない本が多い。私も小さな数字をむやみにふって見た目をごちゃごちゃさせたくはない。しかし、何か興味深いものを見落とす可能性があるときは気づいていただきたいし、どれほど多くのことを見落とす可能性があるかも知っていただきたい。そこで次のような表記方法を考えた(アジア料理のメニューにある、トウガラシの辛さ指数に似ている)。*は、巻末の注に資料があることを示す(*は数行、**は数段落、***は数ページにわたる注)。たんに引用元をあげただけの注については、本文に印は付けない。(「誤った情報で溢れている」についてもっと知りたい方は、巻末注をご覧いただきたい。)

入させる（これは間違いなく違憲）わけではないという理由でオバマケアを支持した。しかし、税金か強制的購入かという線引きは法律用語の問題に過ぎない。オバマケアを毛嫌いする人たちは、それが税金ではなく強制的購入を基盤とするから嫌うわけではない。彼らが嫌うのは強制だ。オバマケアは社会主義ではないかもしれない。しかし、一部の人たちが望む以上に集団主義的であるのはたしかだ。より大きな善という名目で個人の自由を制限するのだから。

二〇一二年、共和党の大統領予備選挙で、候補者たちはオバマケアを、可能なかぎり声高に、また執拗に糾弾し、オバマケアを社会主義と呼んで廃止を公約した。予備選挙の討論会で交わされた、ジャーナリストのウルフ・ブリッツァーとテキサス州選出の連邦下院議員ロン・ポールの会話を取り上げてみよう。

ブリッツァー「三〇歳の青年がいるとします。健康で、立派な仕事に就き、なかなかの暮らしをしている。ところがその彼が、なんと、こんな決心をします。月に二〇〇ドルも三〇〇ドルも健康保険に支払うのはやめにしよう。僕は健康なんだ、必要ないさ。ところが、ひどいことが起きて、とつぜん必要になるんです。たとえば彼が昏睡状態になったとしたら、誰がその費用を立て替えるのでしょう？　誰が支払うのでしょうか？」

ポール「まあ、福利主義や社会主義を認める社会であれば、政府に面倒をみてもらえると期待できるでしょうね。」

ブリッツァー「で、あなたはどうしたいんですか？」
ポール「それでも何であれ自分がしたいと思うことをすべきですね。そして自分に対する責任を引き受ける。私なら彼に、しっかりとした医療保険に入ることを勧めるでしょうが、強制ではなくて――」
ブリッツァー「しかし、彼は保険に入っていません。保険に入っておらず、半年間の集中治療が必要なのです。誰が支払うのでしょう？」
ポール「それが自由ということなのです。自分のリスクは自分で引き受ける。備えなくてはならないし、すべての人を気づかわなくてはならないということの考えかた全体が――」
［拍手］
ブリッツァー「しかし議員、それは、社会は彼を見殺しにすべきだということでしょうか？」

ポールが煮え切らない返事を用意している間、聴衆から「そうだ！　見殺しにしろ！」という野次が飛んだ。これが北の部族だ。ポールは思い切って賛成――もしくは反対することはできなかった。隣人や友人、教会がこうした青年の面倒をみるべきだと言った。費用を進んで負担しようとする人、もしくは負担できる人がいなければ、政府は彼を見殺しにすべきだと暗に言っているわけだが、はっきりとはそう言わなかった。ご推察のとおり、南寄りの部族の人たちはそうは思わない。

（次のことに注意。あらたな牧草地の寓話に登場する南の部族は極端な集団主義で共産主義だ。現在の主流リベラル派よりもずっと左寄りだ（これについてはしばしば逆の批判が寄せられているが）。よって、現代の政治を論じるとき、本書では、現代のリベラル派を「南の部族」ではなく「南寄りの部族」と呼ぶことにする。一方、現代のアメリカの保守派は寓話に登場する北の部族にかなり近い。)

オバマ政権一期目では、医療保険制度に加えアメリカ経済の悲惨な状況も焦点となった。二〇〇九年にオバマが大統領に就任したとき、アメリカ経済は、一〇年続いたインフレによる経済成長の後ではじけた住宅バブルと、住宅価格の上昇に巨額の利ざやをあて込んでいた金融機関のために急降下していた。政府は経済の完全な破綻を阻止するためにいくつかの手立てを講じた。まず二〇〇八年末ブッシュ政権下で、金融危機の中心にあったいくつかの投資銀行を救済した。* オバマ政権になってからも自動車産業に救いの手を差し伸べ、住宅を差し押さえられている人たちにも支援を拡大した。これらの政策に北の部族は大なり小なり反対した。彼らは、銀行、自動車メーカー、悲嘆に暮れる住宅所有者らを、ロン・ポールの仮想した青年のように見殺しにすべきだと主張する。なぜアメリカの納税者が、こうした連中のお粗末な判断力の尻拭いをしなくてはならないのか? というのが彼らの言い分だった。南寄りの部族は、無責任な意思決定者を救済するという考えをとくべつ歓迎はしなかったが、こうした人々のお粗末な選択のせいでアメリカ経済全体が沈滞してしまわないように、すなわち、より大きな善のために、救済策は必要だと主張した。オバマ政権の一年目、合衆国議会の民主党は、オバマが署名した総額七八七〇億ドル(七二兆円)にのぼる景気刺激法案、アメリカ再生・再投資法を通過させた。こちらも、政府歳出の削減と減税をよしとする北の部族に反対された。金は自分で使い道を決められる個人の懐に残しておく方がいいというのが彼らの言い分だった。

健康保険と経済の両方に関係しているのが、経済的不平等という、より広範な問題だ。この問題が表面化したのは、二〇一一年の「ウォール街を占拠せよ」という抗議運動だった。一九七九年から二〇〇七年にかけて、アメリカの上位一パーセントの富裕層の収入は二七五パーセント増加という驚異的上昇を示した。一方、大多数のアメリカ市民の収入の増加率は約四〇パーセントに留まっている。(上位〇・一パーセントの最富裕層の収入の伸びは、さらに著しく、およそ四〇〇パーセント。)こうした風潮を背景に、「私たちは九九パーセントだ」という抗議運動のスローガンが生まれ、富と力のより平等主義的な分配を取り戻す経済改革を要求した。

　収入増加の格差には二通りの物語がある。個人主義を標榜する北の部族は、勝者は正々堂々と賞金を獲得したのだ、敗者が不満をいう権利はないという。ウォール街の抗議運動に反対する人々は「デスクを占拠せよ」というスローガンを掲げた。二〇一二年大統領予備選挙の共和党候補に名乗りをあげたハーマン・ケインは、抗議運動に参加した人々を「非アメリカ人」と呼び、のちに大統領選挙共和党候補者となったミット・ロムニーは、彼らは「階級闘争」を行なっていると非難した。

　二〇一二年九月、リベラル系の雑誌『マザー・ジョーンズ』は、アメリカ選挙史上最大級の爆弾を落とした。アメリカ人の約半数は政府に故意に依存しており、「自己責任を取ったり、自立した生活をしたり」する気などさらさらないというミット・ロムニーの発言をひそかに録音し、インターネットに流したのだ。ロムニーの悪評高い発言によると、(給与税に加えて)所得税を払うだけの収入がない「四七パーセント」の人たちは、彼らが得ている以上のものには値しないのだそうだ。

　南寄りの人たちの物語は違う。彼らは、富裕層は自分たちに都合のいいようにシステムを操作しているという。たとえば、投資収益に対するより低い税率、無数の税金の抜け道、海外の租税回避地《タックスヘイブン》のおかげでミット・ロムニーのような金持ちが多くの中間所得者より低い税率で税金を納めている。さらに二〇一〇年、アメリカ最高裁が「シティズンユナイテッド対連邦選挙管理委員会裁判」で下した判決のおかげで、「独立した」政治団体に対する無制限の選挙献金が合法化され、金持ちは金で選挙を買うことさえできるようになった。こんな話は前代未聞だ。南寄りの部族は、システムのひどい不正操作がないとしても、公平な社会を維持するには富の活発な再分配が不可欠だという。そうしなければ、金持ちは恵まれた立場を利用してますます豊かになり、自分たちの優位性を子に引き継がせ、子供は非常に有利なスタートを切ることになる。富の再分配が行なわれなければ、私たちの社会は持てる者と持たざる者という固定された階級に二分されるだろう。

マサチューセッツ州上院議員エリザベス・ウォーレンは、はじめての選挙活動中、街頭演説で富の再分配を訴える南寄りの主張を行ない、その演説はユーチューブであっという間に広まった。

この国には独力で豊かになった人などひとりもいません。ひとりもです。あなたが工場を建てたとしましょう――おめでとう。しかし、はっきりさせておきたいのです。あなたが製品を出荷するときに使った道路、その建設費を払ったのは私たちです。あなたが雇った労働者、彼らの教育費を払ったのは私たちです。あなたが工場の中で安全でいられたのは、警察や消防隊のおかげであり、その費用を負担しているのは私たちです。ならず者の一味がやって来て、工場のものを根こそぎ奪われるのではないかと心配する必要もありませんでした……さあ、考えてみましょう。あなたは工場を建てて、それが何かすごいものだかすばらしいアイデアに変わった――なんとまあ！　大きな取り分をどうぞ。でも、あなたが取り分を手にしたら次世代の子供たちのために先払いをするというのが基本的な社会契約なのです。

ロン・ポールはこの発言をとらえてウォーレンを社会主義者と呼び、彼女のいう政府は「銃で脅して盗み、奪い、ある人から別の人へ無理やり富を移す」ことしかできないと言った。保守派の評論家ラッシュ・リンボーは、さらに一歩進んで、ウォーレンを共産主義者で「宿主を憎む寄生生物」だといった。

その他の部族間の不一致は、個人主義と集団主義の根深い分裂にそれほどあからさまに関係していない。アメリカで、大きな意見の食い違いがあるのは、むしろ、地球温暖化にどう対処すべきかといった問題だ。これは、基本的に価値観に関する議論というよりも、地球温暖化が本当に脅威なのかどうか、人類が地球温暖化を引き起こしているのかどうかといった事実に関する不一致に思える。しかし、この議論は、たんにデータの解釈の問題なのだろうか？　地球温暖化が現実に起きていると考える人は、人類全体の幸福を保証するために、私たち一人ひとりが犠牲を払わなくてはならない(たとえば燃料の使用量を減らす、炭素税を払うといった方法で)という。個人主義者ははなからこうした要請に懐疑的で、集団主義者ははるかに従順だ。価値観が、事実の見方に影響するのかもしれない。

あらたな牧草地の揉めごとのいくつかは、個人主義 対 集団主義そのものをめぐるものではなく、個々の共同体の境界をめぐる問題だ。圧倒的多数の人間はある程度集団主義者だ。純粋な個人主義者は世捨て人だけだ。ここでもういちど、健康保険に入るのを怠った青年に対するロン・ポールの解決案を考えてみよう。ポールは、青年を見殺しにすべきだとは言わなかった。友人や隣人、教会が、彼の面倒をみるべきだと言ったのだ。ここから次のようなことが考えられる。部族間の不一致は、個人主義的部族と集団主義的部族間のものとはかぎらない。部族主義的傾向の強い部族とそれほど強くない部族、《私たち》対《彼ら》の観点から世界を見る傾向の強い部族とそうでもない部族の不一致もある。それは、アメリカ連邦政府や国連といった、部族の境界を越える集団的事業に、より開かれているか、それほどでもないかということだ。多くの保守派にとって《私たち》の輪は小さいというだけだ。

部族が本質的にローカルな価値観をもつために、すなわち問題の部族にしか通用しない価値観をもつために、部族間の不一致が生じることもある。一部の部族は、特定の神、指導者、文書、慣習——「固有名詞*」といってもいい——に特別な権威を与えている。たとえば、多くのイスラム教徒は、誰も(イスラム教徒もそれ以外の人も)預言者ムハンマドの肖像画を描いてはいけないと信じている。一部のユダヤ人は、ユダヤ人は神の「選ばれた民」であり、神からイスラエルの土地の権利を与えられていると信じている。多くのアメリカ人キリスト教徒は、公共の施設には十戒を掲げるべきであり、すべてのアメリカ人が「神のもとにあるひとつの国家」に忠誠を誓うべきであると信じている。(彼らのいう神はヒンドゥー教のビシュヌ神ではない。)

一部の部族の道徳的慣習は恣意的だ(もしくはそのように見える)。しかし、少なくとも先進国では一般に、部族は、自分たちのきわめて恣意的なきまりを他者に押し付けることを慎む。正統派ユダヤ教徒は、非ユダヤ教徒がロブスターを控えたり男児に割礼を施したりするのを期待しない。カトリック教徒は、非カトリック教徒が灰の水曜日に額に灰で十字を書くのを期待したりしない。部族間の相違が表面化して公の論争を巻き起こすのは、性(同性婚、軍隊の同性愛者、公人の性生活など)や、生の辺縁にある死(中絶、医師の幇助《ほうじょ》による自殺、胚性幹細胞の研究利用など)に関する問題だ。こうした問題が道徳的な問題であるのはけっして偶然ではない。性と死は、部族の発展のアクセルとブレーキなのだ。(たとえば同性間のセックスと中絶はどちらも生殖に取って代わる。)それほど明白でないのは、なぜ部族どうしで、性、生、死に対する考え方が違うのか、なぜある部族は別の部族以上に自分の価値観を部外者に押し付けたがるのかという問題だ。

以上、私が本書を仕上げている期間、アメリカに出現したあらたな牧草地を駆け足で見てきた。あなたがこの本を後の時代に、もしくは別の国で読んでいるのであれば、具体的な問題は違うだろうが、基本的な緊張関係は変わらないだろう。周囲を見回せば、大きな政府がよいのか小さな政府がよいのかをめぐって争う北の部族と南の部族、《私たち》の概念が大きい部族と小さい部族、性と死の道徳をめぐって激しく議論する部族と部族、自分たちの固有名詞への服従を他者に要求する部族がいることに気づくはずだ。

グローバルな道徳哲学に向かって

あなたが、よその星の生物学者で、一万年ごとに地球に立ち寄り地球の生命の歩みを観察しているとしたら、フィールドノートには次のような記録が書かれたページがあるかもしれない。

ホモ・サピエンス・サピエンス。大きな脳をもち、直立歩行する霊長類。音声言語をもつ。ときとして攻撃的。

調査回	個体数	備考
1	<1000万	狩猟採集集団　いくつかの原始的道具
2	<1000万	狩猟採集集団　いくつかの原始的道具
3	<1000万	狩猟採集集団　いくつかの原始的道具
4	<1000万	狩猟採集集団　いくつかの原始的道具
5	<1000万	狩猟採集集団　いくつかの原始的道具
6	<1000万	狩猟採集集団　いくつかの原始的道具
7	<1000万	狩猟採集集団　いくつかの原始的道具
8	<1000万	狩猟採集集団　いくつかの原始的道具
9	<1000万	狩猟採集集団　いくつかの原始的道具
10	>70億	地球規模産業経済、原子力を含む先端技術、電気通信、人工知能、宇宙旅行、大規模な社会的／政治的機関、民主的統治、進んだ科学研究、識字能力の普及、発達した芸術（補遺参照）

誕生以来、一万年前まで、人類はたいしたものになりそうになかった。それなのに、いまや、温度

と湿度が調節され、人工的に照明された家の中で、自分たちに関する本を読んだり書いたりしている。人類の進歩は、動物として求める快適さをはるかに追い越している。しばしば聞こえてくる嘆きの声とは裏腹に、人類は互いに仲良くやっていくこともどんどん上手になっている。最近の歴史を含め人類史を通じて暴力は減少傾向にあり、現代の市場経済に参加することによって、人類は利己的な守銭奴になるどころか、思いやりの裾野は広がっている。

とはいえ、改善の余地もたっぷりと残されている。二〇世紀は歴史上もっとも平和な時代だった（人口増加を考慮に入れれば）が、戦争や様々な政治的紛争で約二億三〇〇〇万人が犠牲となった。その遺体を並べると地球七周分に相当する。二一世紀に入ってからも、割合からすれば減少しているとはいえ犠牲者の数は増え続けている。例をあげれば、スーダン西部で現在も続くダルフール紛争では、暴力や増加する疾病のために約三〇万人が亡くなった。一〇億人が――およそ七人にひとりの割合――極度の貧困状態におかれ、生活物資があまりに乏しく、生き延びるためだけに日々もがいている。二〇〇〇万人以上が労働を強要され（つまり奴隷状態にある）、その中で多くの子供と女性が売春を強いられている。

世界の比較的幸せな四分の一に入る人たちの中でさえ、何百万という人々にとって、社会にはいまだに構造的な不公平が残っている。アメリカで、研究者たちが求人中の雇用主に履歴書を送った。そのさい、内容は同じだが、あるものには白人風の名前（エミリー、グレッグなど）、別のものには黒人風の名前（ラキーシャ、ジャマールなど）を書いた。すると、白人風の名前が書かれた履歴書には雇用主から一・五倍も電話がかかってきた。何より最悪なことに、私たちは現在、平和と繁栄に向かう人類の流れを大きく遮り、逆行させかねない二つの問題に直面している。地球環境の劣化と大量破壊兵器の拡散だ。

　こうした陰鬱な状況にありながらも、本書の前提は基本的に楽観的だ。私たちは、道徳問題についての考え方を改善することで、平和と繁栄への展望を改善できる。ここ数百年の間に人類の脳にあらたな道徳観念が根ざした。いまや多くの人が、ある部族が別の部族より特権を与えられるべきではない、すべての人に一定の生活水準と自由を享受する資格がある、暴力に訴えるのは最後の手段だと信じている。（言い換えれば、一部の部族の部族主義的傾向がかなり薄らいでいる。）私たちはこうした理想に、現実にというより原則として賛同している。しかし、何はともあれ、私たちがこうした理想に賛成しているという事実がこの世界でまったくあたらしいことなのだ。歴史家たちがいうように、私たちは大きく前進している。技術的にだけではなく道徳的にも。

　スティーヴン・ピンカーは、こんにちの道徳に関する通常の問いかけを裏返して次のような質問を投げかける。私たちは何を正しく行なっているだろう？　どうすればもっとよくできるだろう？　私はこう考える。私たちに欠けているのは、競合する道徳部族《モラル・トライブズ》間の不一致を解決する、首尾一貫したグローバルな道徳哲学だ。普遍的な道徳哲学という考えはあたらしいものではない。啓蒙時代以来、道徳思想家たちはこれを夢見てきた。しかし一度も現実にはならなかった。その代わり私たちは、いくつかの共通の価値観と、共通でない価値観、合意が形成されている法律、私たちが共有する価値観と私たちを引き裂く価値観を表現するときに使う共通の語彙を手にしている。

　道徳を理解するために必要な二つのことがある。まず、私たちは現代の道徳問題の構造を理解し、そしてまた、人類の脳が進化して解決した問題とそれがどう違うのかを理解しなくてはならない。これが本書の第一部のテーマだ。二つめとして、私たちの道徳脳の構造を理解し、その上で、異なるタイプの思考が、異なるタイプの問題解決にどう適しているのかを理解しなくてはならない。これが第二部だ。そして第三部では、道徳問題と道徳的思考の理解を手がかりに、解決策となる、グローバルな道徳哲学の候補を紹介する。第四部では、この哲学に対する強力な反論を取り上げ、第五部では、私たちの哲学を現実世界に応用する。それでは本書の構成をもう少し詳しく見ていこう。

本書の構成

第一部（「道徳の問題」）では、道徳問題を大きな二種類の問題に分けよう。ひとつはより基本的な問題で、《私》対《私たち》、すなわち利己性と思いやりの問題だ。私たちの道徳脳は、まさにこの問題を解決するために設計された。二つめは現代特有の問題で、《私たち》対《彼ら》、すなわち《私たち》と《彼ら》の利害や価値観の対立の問題だ。これが本書を貫く最初の比喩「あらたな牧草地の寓話」によって説明された「常識的道徳の悲劇」だ。（もちろん、《私たち》対《彼ら》は非常に起源の古い問題だが、歴史的には道徳というより戦略上の問題だった。）これが、私たちを引き裂く道徳的論争の背後にあるより大きな問題だ。第一部では、私たちの脳に組み込まれた道徳マシンが、最初の問題をどう解決し（第2章）、二番目の問題をどうつくり出しているかを見ていく（第3章）。

第二部（「速い道徳、遅い道徳」）では、道徳脳をさらに詳しく掘り下げ、本書を貫く第二の比喩を紹介する。道徳脳は、オートモード(「人物」や「風景」など)とマニュアルモードを備えたデュアルモードのカメラに似ている。オートモードは効率的だが柔軟性に欠ける。マニュアルモードは柔軟性はあるが非効率だ。道徳脳のオートモードは、第一部でこれから取り上げる道徳的情動、すなわち個人的な人間関係や小規模集団内の協力を可能にする生理的レベルの本能だ。それに対してマニュアルモードは、道徳問題以外の実際的問題の解決にも利用できる、実践的な論理的思考を行なう一般的能力だ。第二部では、道徳的思考が情動と理性によってどう形づくられるか(第4章)、また、この「二重過程」の道徳が人間の心の全体構造をどう反映しているかを見ていく(第5章)。

第三部では、本書を貫く第三の、そして最後の比喩を紹介しよう。それは共通通貨だ。ここで私たちは**メタ道徳**の探索を開始する。メタ道徳とは、グローバルな道徳哲学、すなわち、ある部族の道徳が成員どうしの競合する利害の是非を決めるように、競合する部族どうしの道徳と道徳の是非を決められる道徳哲学だ。メタ道徳の仕事は、競合する部族の価値の**トレードオフ**を可能にすることだ。それには価値の重さを量る統一システム、**共通通貨**が必要だ。第6章では、「常識的道徳の悲劇」を解決するメタ道徳の候補を紹介しよう。第7章では、共通通貨を構築する他の方法を検討し、それらでは不十分であることを確認する。第8章では、第6章で紹介したメタ道徳をさらに詳しく検討する。この哲学は(やや残念なことに)**功利主義***と呼ばれている。万人に理解できる価値観と論理的思考プロセスから功利主義がどう構築されるかを、そして、功利主義が私たちが求める共通通貨をどう与えるかを見ていこう。

長年、哲学者たちは、功利主義に対して、直観的に説得力のある反論を行なってきた。第四部(「道徳の断罪」)で、こうした反論を道徳認知のあらたな理解に照らして再検討しよう。デュアルモードの道徳脳に対する理解が深まるほど、功利主義は魅力的になるだろう(第9章、第10章)。

最後に、第五部(「道徳の解決」)で、あらたな牧草地と、本書を書くきっかけとなった現実世界の道徳問題に立ち返ろう。批判者に対して功利主義を擁護し、いよいよこれを現実世界に応用しよう。そして、これにもっとよい名前を付けてやろう。功利主義に、よりふさわしい名は**深遠な実用主義**だ(第11章)。功利主義は、いい意味でも、よく知られる意味でも実用的だ。柔軟で、現実的で、歩み寄りを受け入れる。しかし、たんなるご都合主義でなく、深い哲学でもある。深遠な実用主義とは、原則に基づいた歩み寄りを行なうということだ。それは、私たちの相違を、共通の価値観——すなわち共通通貨によって解決することを意味する。

実際のところ、深遠な実用主義者であるとは何を意味するのかを考えていこう。いつ、自分のオートモードを、すなわち道徳的直観を信じるべきか?　いつ、マニュアルモードに切り替えるべきか?　マニュアルモードに切り替えたら、どのように理性(論理的思考)の力を利用すべきか?　選択肢は二つに一つ。「私たちは、自分たちの直観的な道徳的信念を合理化するためにこの大きな脳を利用するのか?」それとも「自分の部族の直感的反応の限界を超えられるのか?」私は、超えられると証明したい。オートフォーカスの道徳を超えて、人類を分裂させている問題について、考え、話す方法を変えることはできるのだ、と。第12章では、あらたな牧草地での生活に関するシンプルで実用的な六つのルールを提示して本書を締めくくろう。

第一部

道徳の問題

第1章 コモンズの悲劇

すでにお気づきかもしれないが、あらたな牧草地の寓話には原型がある。世知にたけた環境学者、ガレット・ハーディンが一九六八年に発表した「コモンズ(共有地)の悲劇」という有名な論文を下敷きにしているのだ。ハーディンの寓話では、ある羊飼いの集団が共同の牧草地を所有している。共有地には多くの羊を飼育できる広さがある。しかし、無限にというほどではない。どの羊飼いもときどき、自分の群れにあらたな羊を加えるかどうかを考える。合理的な羊飼いならどうするだろう？　自分の群れに羊を一頭加え、その一頭を市場で売れば、かなりの儲けになる。しかも、羊を飼育する費用は共有地を利用する全員で分担する。だから自分の群れに羊を一頭加えれば、少ない出費で、たいした儲けになる。従って群れの羊を無限に増やせば、共有地が使えるかぎり、最大の利益が得られる。もちろん、どの羊飼いにもそうしたい気持ちはある。それぞれの羊飼いが利己心の命ずるままに行動すれば、共有地は荒廃して草一本残らないだろう。

ハーディンの「コモンズの悲劇」は、**協力の問題**をわかりやすく示している。協力がつねに問題になるわけではない。協力するしかない場合もあれば、協力がまったく不可能な場合もある。この両極の間で物事は興味深くなる。

ここで、アートとバドという二人組に登場していただこう。二人は海で手漕ぎボートに乗っている。激しい嵐に追いつかれないように必死でボートを漕いでいる。全力で漕がなければ二人とも生き残れないだろう。この場合、個人の利益と集団の利益（この場合は二人の集団）はぴったり一致する。アートとバドの二人にとって、《私》の最善と《私たち》の最善は同じだ。協力が不可能な場合もある。たとえば、アートとバドの乗ったボートが沈みかけていて、救命胴衣が一着しかなく、分けあうことはできない。こんなとき《私たち》は存在しない。ばらばらの《私》が二人いるだけだ。

今あげた二つの状況のように、協力がたやすいとき、もしくは不可能なときは、解決すべき社会的問題は存在しない。協力が、困難ではあるが解決可能な問題となるのは、ハーディンの寓話のように、個人の利益と集団の利益が、完全に一致するのでも、完全に衝突するのでもないときだ。先の話に戻ると、ハーディンの寓話に登場する羊飼いは、誰でも群れの羊の数を増やせば暮らし向きはよくなるが、それは集団の破滅につながるので誰にとっても得策ではない。こうして協力の問題は、集団の利益が個人の利益を打ち負かしていく問題となる（それが可能であれば）。協力の問題は、社会的存在の最重要問題だ。

なぜ、あらゆる生物は社会的でなくてはならないのか？　なぜ単独ではやっていけないのか？　それは、単独ではできないが、共にならできることがあるからだ。そもそものはじまりから、この原理が地球の生命の進化を導いてきた。およそ四〇億年前、分子と分子が集まって細胞になった。その約二〇億年後、細胞どうしが集まって、より複雑な細胞が形成された。それからさらに一〇億年後、この複雑な細胞どうしが集まって多細胞生物が誕生した。これらの集合体は、参加している個体どうしが協力することによって、あらたな、より効率的な方法で遺伝物質を拡散できたために進化した。そこから一〇億年早送りした現代の地球には、アリ、オオカミ、そして人間にいたるまで、社会的動物が溢れている。原理は変わらない。アリのコロニーもオオカミの群れも、一匹のアリや一頭のオオカミにできないことができる。私たち人間も、互いに協力することで地球の支配的な種となった。

人間どうしの協力の大半は、自分の利益と集団の利益が部分的にしか一致しない、興味深い類のものだ。先に紹介した、アートとバドの最初のケースで、私たちは二人の利害が完全に一致する場合を想定した。この場合、二人とも全力で漕がなければ、どちらも溺れてしまう。しかし、こうしたケースはまれだ。それよりよくあるのは、アートとバドのどちらかが少々手を抜いてもボートは岸に着くというものだ。話をもっと一般化すると、個人が、集団をだ
しにしてうまい汁を吸う機会のない共同事業はめったにない。すなわち、ほぼすべての共同事業は、自分の利益と集団の利益の間に、すなわち《私》と《私たち》の間に、少なくとも多少の緊張関係を孕んでいる。であるなら、ほぼすべての共同事業は、ハーディンの寓話に登場する共有地のように荒廃する危険にさらされている。

個人の利益と集団の利益の緊張関係は、通常、協力が関係していると考えられていない多くの場面で生じる。アートが開拓時代の西部を旅しているとしよう。アートは人気《ひとけ》のない山道を歩いている。前方に、隣の尾根を歩くひとりの旅人のシルエットが見える。彼は武器を持っているだろうか？　わからないが、アートは、男が武器を持っているに違いないと思う。アートは射撃の名人でもある。ライフルの銃身越しに男に狙いを定め、一発で仕留められると思う。そうすべきだろうか？　アートの

利己的観点からすれば、失うものは何もない。男を殺せば、後で強奪されるおそれはない。そこでアートは利己心から男を撃つ。

バドも同じ場所を旅している。山道を歩いて金塊を取りにいく途中で似たような選択を迫られる。山道に知らない男が眠っている。おそらく、帰り道でもこの男に遭遇するだろう。そのとき、バドは金塊を運んでいるだろう。男はバドから強奪しようとするだろうか？　わからない。しかし、眠っている男のウィスキーに毒を盛っておけば、その答えを出す必要はない。

利己心の論理が展開する。バドはアートのウィスキーに毒を盛る。数時間後、アートがバドを撃ち殺す。さらに数時間後、アートがウィスキーを飲んで死ぬ。アートとバドが見ず知らずの他人の幸福をほんの少し思いやることができたなら、二人とも死なずに済んだのに。そうはならず、ハーディンの寓話に登場する羊飼いのように、利己心が二人を打ち負かしてしまった。教訓。良識の最基本形である不可侵は、協力の一種だが、それさえ当然とされていない。人類でも他の種でも。たとえば、人類にもっとも近い二つの種の一方、チンパンジーを考えてみよう。違う群れのオスどうしが山道で遭遇した場合、どちらかが数であきらかに勝っていれば、数に勝るオスたちは、少ない方のオスたちを、それが可能だという理由だけで確実に殺す。なぜそうしてはいけない？　誰に競争が必要なのか？　平和は協力の問題だ。

経済活動もほぼ例外なく協力の問題を提起する。店で何かを買うとき、あなたは自分がお金を払った商品を(リスのひき肉ではなく、牛のひき肉を)店主が渡してくれると信じている。同様に、店主もあなたが本物の一〇ドル札(偽札ではなく)を渡してくれる、支払いを済ませていない商品をポケットに詰め込んだりしないと信じている。もちろん、私たちの社会には法律もあれば警察官もいて、商取引が最後まできちんと行なわれることを保証する。ここが重要なのだ。ほぼすべての経済活動には、個人の利益と集団の利益が拮抗する、興味深い類の協力が含まれるため、円滑に進めるには追加の仕組みが必要となる。

市場にかぎらず、ほぼすべての人間関係は持ちつ持たれつで成り立っている。こういった関係は、どちらかもしくは両方が多く取り過ぎたり、満足に与えなかったりすれば、かならず破綻する。実際に個人の利益と集団の利益の対立は人間どうしの間だけでなく、人間の内部でも起きる。先に述べたように、複雑な細胞が連携するようになっておよそ一〇億年が経つというのに、動物の体の一部の細胞がチーム全体でなく自分の利益ばかりを主張しはじめることが珍しくない。これが、がんといわれる現象だ。

道徳の機能

ダーウィン以後、人類の道徳は科学上の謎となった。知能が高く、直立し、言語をもつ、あまり毛深くない二足歩行の霊長類がなぜ進化できたのかは自然選択によって説明できるかもしれない。しかし、私たちの道徳はどこから生じたのか？　ダーウィンその人もこの問題にとりつかれていた。自然選択は、非情な利己心を助長させると考えられていた。資源を独占し、競争相手を滅ぼす個体が、より多く生き延び、子孫を残し、非情で利己的な子孫をこの世にはびこらせるのだ、と。それでは、いったいどうすれば、よく知られているようにイギリスの詩人テニスンが「牙と爪を血に染めた」と記述した世界で道徳が進化できるのだろう。

それに対するひとつの答えがある。道徳は協力問題の解決策として、すなわちコモンズの悲劇を回避する方法として進化したというものだ。

道徳という一連の心理的適応のおかげで、本来は利己的な個体が協力の恩恵にあずかることができる。

道徳はこれをどう行なっているのか？　次章でさらに詳しくこの問いに答えていくが、ここでは要点を述べておこう。道徳の本質は、利他性、無私、他者のために自らが進んで犠牲になる姿勢だ。利己的な羊飼いは、自分の負担が利益を上回るまで群れの羊を増やし続け、先に述べたように破滅を招く。一方、道徳的な羊飼いは、たとえ自分の損になるとしても、他者への気づかいから自分の群れの羊の数を進んで制限するだろう。こうして道徳的な羊飼いたちの集団は《私》より《私たち》を進んで優先させるため、コモンズの悲劇を回避して繁栄できる。

道徳は協力を可能にするために進化した。しかし、この結論には重要な注意書きが付いている。生物学的にいって、人間は協力するように設計された。ただし、ある人々とだけ。私たちの道徳脳は、集団内で、おそらく個人的な人間関係の中でだけ協力するように進化した。私たちの道徳脳は、集団間で（少なくともすべての集団が）協力するようには進化しなかった。どうして、それがわかるのだろう？　なぜ、道徳は、もっと広い意味での協力を促すように進化できなかったのか？　それは、普遍的協力が、自然選択によって進化を支配している原理と相いれないからだ。そうでなければよかったのに、とは思うが、これから説明するように、この結論を避けて通ることはできない。（だからといって、これが、全人類がこれからも互いに協力的になれない運命にあるという意味ではないと取り急ぎ付け加えておこう。これについてもすぐに詳しく説明する。）

進化は、本質的に競争のプロセスだ。足の速いライオンは、そうでないライオンより多くの獲物をつかまえる。そのため、より多くの子孫を残す。従って次世代には、足の速いライオンの占める割合が多くなる。資源をめぐる競争をしなくて済むのなら、こうはならないだろう。食べ物が無尽蔵にあるなら、足の速いライオンが遅いライオンに比べて有利とはならず、次の世代のライオンが前の世代に比べて平均して足が速くなるはずもない。競争がなければ、自然選択による進化も起きない。

同じ理由から、協力的傾向は、協力する者たちにとって競争上有利になるのでないなら、（生物学的には）進化できない。たとえば、ここに羊飼いの二つの集団があるとしよう。片方は協力的で、片方はそうではない。協力的な羊飼いたちは、個人で飼育できる羊の数を制限し、そうすることで共有地を保護し、持続可能な食料の供給源を維持する。非協力的な羊飼いたちは、利己心の論理に従い、各自の群れの羊を増やし続ける。結果的に非協力的な羊飼いたちの共有地は荒れ果て、すずめの涙ほどの食料しか確保できなくなる。その結果、最初の集団は、協力的な傾向のおかげで優位に立てる。非協力的な羊飼いたちが餓死するのを待つのもよし、もっと野心的なら、腹をすかせた相手に一方的な戦争を仕掛けることもできる。協力的な集団が勝利をおさめれば、彼らはさらに多くの家畜を育て、さらに多くの子供を養い、次世代における協力的な人の割合を増やせる。協力は進化する。「立派」だからではなく、生存に有利だからだ。

足の速い肉食動物の進化と同じように、協力の進化には競争が欠かせない。先ほどの二つの集団が、家畜を無限に飼育できる魔法の牧草地に住んでいるとしよう。こうした魔法の世界なら、非協力的な集団はまったく不利でない。利己的な羊飼いたちは自分の群れの羊を増やし続け、彼らの群れはひたすら大きくなっていくだろう。協力が進化するのは、協力的傾向のある個人が、協力的傾向のない（あるいはそれほど協力的でない）個人を打ち負かす場合だけだ。このように、道徳が協力のための一連の適応であるのなら、私たちが現在道徳的存在であるのは、道徳意識の高い私たちの祖先が、道徳意識がそれほど高くない隣人たちを打ち負かしたからにほかならない。よって、生物学的適応である以上、道徳は《私たち》を《私》より優先させる装置としてだけでなく、《私たち》を《彼ら》より優先させる装置として進化した。（そうはいうものの、私は、道徳は群選択によって進化したとは考えていないとお断りしておこう[*]。）ここには深い意味がある。

道徳が集団間で競争するための装置として進化したという考えは、少なくとも二つの点から奇妙に思えるかもしれない。第一に、道徳の多くは集団間の競争と無関係に思える。たとえば、中絶問題について賛成派か反対派かということが、集団間の競争と関係するのだろうか？　同性婚、死刑、特定の食べ物の禁忌といった問題に対する道徳的立場についても同様の疑問が浮かぶ。このあと見ていくように、道徳的思考は、間接的な形やまったく目に見えない形で、集団間の競争と関係している場合がある。いまのところこの問題は脇に置いておこう。

奇妙に思える第二の点は、道徳が《彼ら》を打ち負かすための装置であることだ。まるで道徳が「無道徳《アモラル》」か「不道徳《インモラル》」でさえあるように思える。しかし、どうしてこんなことがありうるのか？この矛盾は、道徳が（生物学的な意味で）進化した目的以外のことを行なえるとわかれば解決できる。道徳的存在として、私たちには、道徳を生んだ力と対立する価値観が備わっているのかもしれない。ウィトゲンシュタインの有名な比喩を借用させていただくのなら、道徳は進化の梯子《はしご》を登りきった後で、梯子を取り払うことができる。

　似た例として避妊の発明を考えてみよう。私たちは、複雑な問題に対する技術的解決策を発明できる、大きく複雑な脳を進化させた。一般に、技術的な問題解決スキルは、より多くの子孫を生み、育てるのに役立つ。しかし、避妊については、この大きな脳を、自分たちの子孫の数を制限するために利用している。これは自然の「意図」*を妨害するものだ。同じように、私たちは、自然がまったく「意図しなかった」あたらしい方向へ道徳を向かわせることもできる。たとえば、何の見返りも期待せず、遠くの他人にお金を寄付できる。生物学的観点からすれば、これは避妊の発明とまったく同じ、逆向きの誤作動だ。しかし、進化の梯子を取り払うことができる道徳的存在としての観点からすれば、まさにこれこそが望むものなのだろう。道徳は進化の意図を超越する。

メタ道徳

道徳にまつわる二つの悲劇が人間の幸福を脅かしている。最初の悲劇は、コモンズの悲劇だ。これは、利己性の悲劇、《私たち》を《私》に優先させることのできない個人の悲劇である。道徳は、この問題に対して自然が与えてくれた解決策だ。あらたな悲劇、現代の悲劇は、「常識的道徳の悲劇」だ。これは、あらたな牧草地の生活で生じる問題だ。ここでは、道徳はもちろん解決策の一部であるが、問題の一部でもある。現代の悲劇においては、集団内の協力を可能にするまさにその道徳的思考が集団間の協力を損なっている。あらたな牧草地の羊飼いたちは、それぞれの部族内で、自分たちの道徳的理想によって結束する。しかし、部族どうしはその道徳的理想によって引き裂かれる。これは不幸ではあるが、先ほど説明した結論からすれば驚くべきことではない。道徳は普遍的協力を促すために進化したのではなかった。それどころか、集団間の競争を勝ち抜く装置として進化した。言い換えれば、道徳は、コモンズの悲劇を回避するために進化したが、「常識的道徳の悲劇」を回避するために進化したのではなかった。

それでは、現代の羊飼いである私たちはどうしたらいいだろう？　この本で、私はこの問いに答えていきたいと思っている。どうすれば、自分たちの道徳的思考を現代社会の状況に適応させられるか？　人類が、平和に、幸せに共存するうえで役立つ道徳的思考といったものは存在するのだろうか？

道徳は、集団内の協力問題への自然の解決策であり、競合する利害をもつ個人が、ともに生き、繁栄することを可能にする。では現代社会に生きる私たちが必要とするものは何かといえば、道徳に似たものではあるが一段高いものだ。私たちに必要なのは競合する道徳をもつ集団どうしが、ともに生き、繁栄することを可能にする思考法だ。言い換えれば、私たちに必要なのは**メタ道徳**だ。従来の、第一段階の道徳が、それぞれ異なる利己的な利害を抱えた個人間の不一致を解決するように、異なる道徳的理想を掲げる集団間の不一致を解決できる道徳システムだ。

メタ道徳の概念は、まったくあたらしいわけではない。それどころか、啓蒙時代以来、普遍的な道徳原理を突き止めることが道徳哲学の夢だった。問題は、私たちはこれまで、正しいと感じられる普遍的な道徳原理を探してきたが、そんなものはおそらく存在しないということだ。正しいという感覚は、低レベル（集団内）ではうまくいっても、高レベル（集団間）ではうまくいかないだろう。すなわち、常識的道徳は、「コモンズの悲劇」を回避するには十分かもしれないが、「常識的道徳の悲劇」には太刀打ちできない。平和に、幸せに暮らしたいと願うあらたな牧草地の羊飼いたちは、あらたな、不快に感じる方法で考えなければならないかもしれない。

それでは私たちが探しているメタ道徳を見つけるために、コモンズの悲劇を回避するべく進化した基本的な道徳を理解するところからはじめるとしよう。

第2章 道徳マシン

私はこれまで、道徳は協力を可能にし、コモンズの悲劇を回避するための装置だといってきた。事実、道徳は複数の装置の集まりであり、連携して協力的行動を促し安定させる、一組の心理的な能力と傾向のことである。この章では、これらの装置が現実に心理的レベルでどう働き、私たちの道徳脳でどう実現されているのかを見ていく。もちろん、本当に知りたいのは、私たちが争う理由だ。私たちの道徳マシンは、なぜあらたな牧草地ではうまくいかないのだろう？　しかし、私たちの道徳マシンが期待通りに動かない原因（次章のテーマ）を理解するには、まず、すべてが正常に作動しているとき、これがどう働いているかを知る必要がある。

ハーディンの「コモンズの悲劇」の寓話は、多人数の協力問題を取り上げている。この章では、話を単純にするために、二人の協力問題を説明した別の有名な寓話を取り上げよう。「囚人のジレンマ」として知られるこの寓話には、懲役を免れたい二人の犯罪者が登場する。主人公は犯罪者だが、「囚人のジレンマ」の背景にある抽象的原理は、私たちの道徳脳がなぜこのようであるかを説明する。

マジックコーナー

本書版の「囚人のジレンマ」では、おなじみのアートとバドに、今回は二人組の銀行強盗としてご登場いただこう。強盗は上首尾に終わったのだが、そのあと二人は警察に連行され、取り調べを受けることになる。警察はアートとバドがクロと知っているが、決定的な証拠が足りない。ただし、脱税のようなもっと軽い犯罪で二人をそれぞれ二年間刑務所にぶちこむ程度の証拠ならある。しかし、本当は二人を銀行強盗で有罪にしたい。そうすれば、二人を最低でも懲役八年の刑にできる。それには彼らを自白させなくてはならない。警察は二人の容疑者を別々にして、仕事にとりかかる。

アートとバドは同じ選択を迫られる。自白か黙秘か。アートが自白してバドが自白しない場合、アートは懲役一年で済み、バドは懲役一〇年となる。バドが自白してアートが自白しない場合はその逆になる。二人とも自白すればそろって懲役八年の刑になる。二人とも黙秘すればそろって懲役二年で済む。二人の選択と刑期の関係を図2-1の利得表に示す。

表の四つの四角に、四つの可能性が記されている。アートの選択が横列、バドの選択が縦列を決定する。アートが自白してバドが黙秘すれば、左下の結果になる。アートにはよい、バドには悪い結果だ。バドが自白してアートが黙秘すれば、右上の結果になる。バドにはよい、アートには悪い結果だ。二人とも自白すれば右下の結果になる。どちらにも非常に悪い結果になる。二人とも黙秘すれば左上の結果になる。これがマジックコーナーだ。互いに非常によい結果となり、二人の刑期の合計は最短になる。
それでは、アートとバドはどうするだろう？　二人とも黙秘を貫いて、マジックコーナーに潜り込むと予想するかもしれない。しかし、二人とも利己的な人間で、他の条件がすべて等しければ、そうなると予想するかもしれない。しかし、二人とも自白して、右下の四角におさまり、それぞれ懲役八年の刑を受け、刑期の合計は最長になる。この「悲劇的」結末は、ハーディンの寓話の悲劇的結末にそっくりだ。そして、同じ論理に従っている。図２－１の利得表をよく見ると、バドがどうしようと、アートは自白したほうが得であり、立場を逆転しても同じことが言えるとわかる。そこで、二人が利己的で合理的なら、そろって自白するだろう。警察には願ってもないが、二人には悲劇だ。

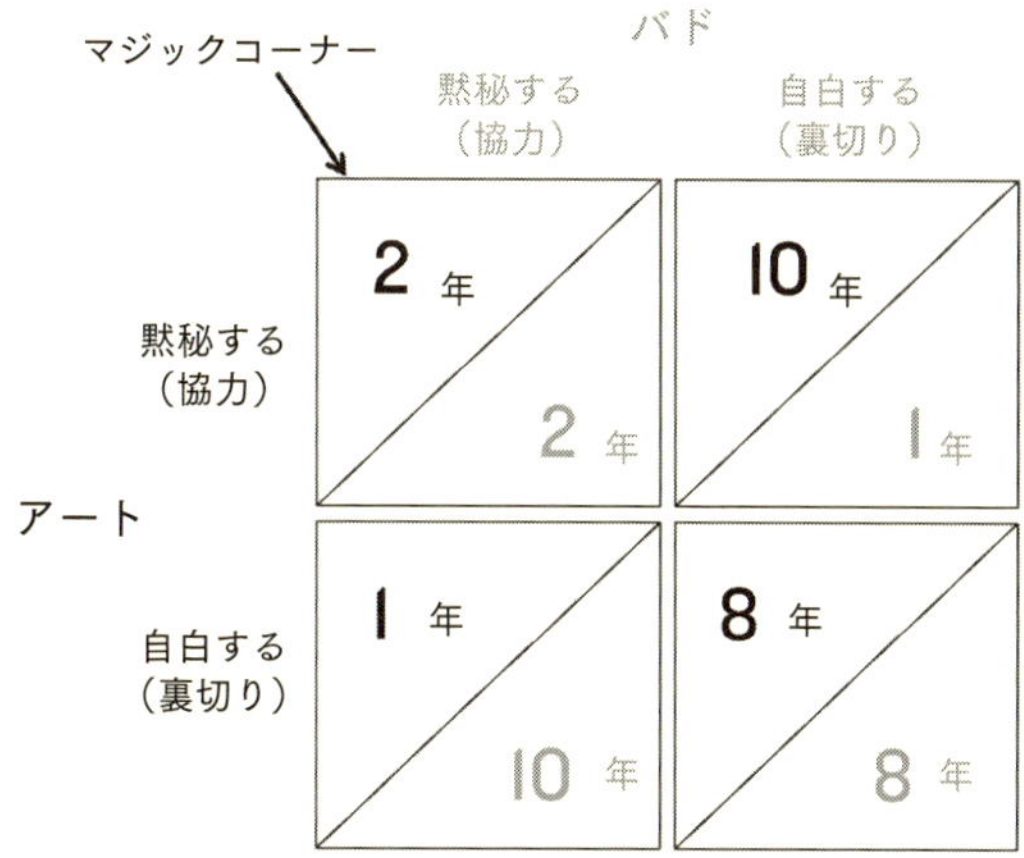

	黙秘する（協力）	自白する（裏切り）
黙秘する（協力）　アート	2年 / 2年	10年 / 1年
自白する（裏切り）	1年 / 10年	8年 / 8年

図 2−1　古典的な囚人のジレンマの利得表．集団としては，2人とも黙秘(協力)するほうが得である．しかし，個人では，どちらも自白する(裏切る)ほうが得だ．

「囚人のジレンマ」には、「コモンズの悲劇」と同様に、個人の利益と集団の利益の対立が関わっている。個人的には、アートとバドは自白した方が得だが、集団としては、黙秘した方が得になる。そこでこんな疑問が生じる。何があれば、アートとバドをマジックコーナーに導けるだろうか？　どうすれば二人は利己的な性向を克服して、協力の恩恵にあずかれるだろう？　さらに、私たち人間はより一般的にこれをどう行なえるだろう？　道徳マシンに登場してもらおう。

血縁の価値

ユダヤ教のタルムードに次のような有名なエピソードがある。ラビ・ヒレルのところに懐疑論者がやって来てこう言った。ユダヤ教への改宗を約束するにあたって、ひとつ条件がある。私が片足で立っていられる間に律法トーラーのすべてを教えていただきたい。すると、ラビ・ヒレルは答えた。「あなたが嫌だと思うことを、隣人にしてはならない。これがトーラーのすべてである。残りはその説明だ。行ってこれを学びなさい。」

いうまでもなく、これは、すべてのおもだった宗教とすべての道徳哲学と見なせるものによって、様々な形で主張されている「黄金律」の一バージョンである。偶然ではないのだが、アートとバドの協力問題のもっとも簡単な解決策でもある。刑務所で一〇年過ごすのは、アートにとってもバドにとっても「嫌な」ことだ。従って、ラビ・ヒレルの忠告を受け入れるのなら、二人はそろって黙秘を貫き、マジックコーナーを見つけるだろう。（もちろん、二人が本当にラビ・ヒレルの忠告に従っていたら、そもそも銀行強盗などしていないだろうが、それは別の問題だ。）

しかし、なぜアートとバドは互いに「嫌な」思いをさせることを気にかけるのだろう？　二人は兄弟かもしれない。それで説明はつくだろうが、またあらたな疑問が浮かぶ。なぜ兄弟は互いを気にかけるのか？　兄弟愛（さらに広げれば家族愛）は、生物の行動を遺伝子の観点でとらえる有名な血縁選択*

の理論によって説明される。血縁関係にある個体は（定義上）遺伝子を共有する。よって、ある個体が遺伝的につながりのある個体の生存確率を高めるために何らかの行動をとるとき、その個体は、ある意味では、自分自身の遺伝子の生存確率を高めることを行なっている。すなわち、遺伝子の観点に立てば、近縁への善行を促す遺伝子は、他者の体の中にあるが大切であることに変わりない自分自身の複製を助けて、自分の生存確率を高めている。

多くの種で、生物学的な意味で思いやりと見なされるもの、すなわち自分自身を犠牲にして他の個体に恩恵をもたらす行為は、心理学的な意味での思いやりを含まない。たとえばアリは、遺伝的近縁個体に恩恵をもたらすが、私たちが知るかぎり、やさしい感情に動機づけられているのではない。もちろん、人間どうしの思いやりある行動は、感情に動機づけられており、その中には、血縁どうしを結びつける強力な情動的絆も含まれる。よって家族愛とは、たんに温かいふわふわとしたものではない。これは、生物学上の戦略装置、遺伝的につながりのある個体どうしが協力の恩恵にあずかることを可能にする道徳マシンの一部なのだ。

しっぺ返し

家族愛は、遺伝的近縁個体どうしがマジックコーナーを見つける上で役に立つ。しかし、血縁でない人たちはどうなるのだろう？　彼らも互いに適切な動機を与えあうことでマジックコーナーを見つけられる。

アートとバドは互いをまったく思いやっていないが、仕事のパートナーとしては最高だとしよう。ひとりで、もしくは別の誰かと組んで銀行を襲うよりも、はるかにうまくいく。前回の銀行強盗が二人組の最後の仕事であると保証されているなら、先に述べた理由から、どちらが相手を裏切っても不思議ではない。しかし、二人の前に銀行強盗としての明るい未来が待っているとしたら、どうだろう？　つまり、二人が警察へ密告する誘惑に抵抗できるかぎり、未来は明るいとしたら？「囚人のジレンマ」が、単独の出来事ではなく、こうした連続する出来事の一部なら、ゲームの論理は変化する。たしかに、アートは、バドに長い刑期を押し付ければ、一年という短い刑期で済む。しかし、そんなことをすれば、バドと組んでいれば手に入れられた栄光の未来を棒にふることになるだろう。刑務所暮らしをたった一年短くするために、ふいにするには惜しい。従ってアートとバドに長期的展望があれば、二人は黙秘する。互いを思いやるからではなく、互いに役に立つから、二人の実りある未来が現在の協力体制にかかっているからだ。こうした条件つき協力(「おまえの背中を掻いてやるから俺の背中を掻いてくれ」)は**互恵性**、もしくは互恵的利他性*と呼ばれている。

一九八〇年代初頭、政治学者のロバート・アクセルロッドと進化生物学者のウィリアム・ハミルトンは、「囚人のジレンマ」の総当たり戦の結果を報告する、古典的な論文を発表した。参加者は人間ではなくアルゴリズム、すなわち「囚人のジレンマ」ゲームの多様な戦略を実装したコンピュータプログラムだった。もっとも単純な二つの戦略は、つねに協力する(つねに黙秘する)か、けっして協力しない(つねに自白する)というものだ。(非協力はふつう「裏切り」と呼ばれる。)アクセルロッドとハミルトンは、研究者たちに、総当たり戦に参加するプログラムの提出を呼びかけた。多くのプログラムは非常に複雑だったが、優勝したのはアナトール・ラパポートが提出した、「つねに協力する」と「けっして協力しない」と同じくらい単純な戦略を採用したプログラムだった。「しっぺ返し」と呼ばれるこのプログラムは、まず協力し(黙秘する)、その後、相手が前回に行なったことをそのままくり返す。相手が前回協力すれば協力する。協力しなかったら協力しない。だから「しっぺ返し」なのだ。近年「しっぺ返し」に辛勝するプログラムも出てきたが、これらもすべて「しっぺ返し」を変形したものだ。互恵性は非常にうまくいく。

　人間では、互恵性の論理が、意識的推論によって実現されることもあるかもしれない。「前回、バドは俺を裏切った。だから、今度も俺を裏切る可能性が高い。よって、今回は協力しないことにしよう」といった具合に。バドも、もちろん、自分の推論を使ってアートの推論を予想するだろう。「今回アートを裏切ったら、アートは俺の協力はもうあてにできないと結論するだろう。だが、俺にとって、いまアートを裏切るより、将来アートと協力することによって得るものの方が大きい。だから、今回は協力しよう。」この類の明示的な戦略的思考が、アートとバドをマジックコーナーに潜り込ませる。しかし、そんな思考は不要な場合が多い。それは、私たち人間には、本人に代わって思考する感情があるからだ。バドがアートを裏切ったとしよう。アートは、推論をたどって、バドと絶交すべきであるという結論に達するかもしれない。しかし、バドの裏切りに怒り、嫌悪、軽蔑*で自動的に反応する傾向がアートにあれば、同じ結果が、より確実に得られるだろう。バドも、アートを裏切れば、アートは自分にそうした悪感情を抱くようになり、今後の仕事に差し障ると直観的に理解するだろう。バドは、アートを裏切るという考えに身震いするかもしれない。ポジティブな情動も互恵性を通じて協力を支えられる。バドはアートに協力することで、アートの感謝と、これからもバドに協力しようという意欲の高まりを期待してよい。

人間に近い霊長類たちも、条件つき協力を行なっているらしい。彼らの場合は、明示的な戦略的推論ではなく感情で行なっている。チンパンジーの食物わけあい行動を観察した古典的研究によると、おとなのチンパンジーは、最近毛づくろいをしてくれた相手と食物をわけあい、最近毛づくろいをしてくれていない個体が食物を求めて来ると威嚇する傾向が高いという。こうした研究は、お互いさまの精神で背中を掻き合える能力の、少なくとも一部は、霊長類の祖先から受け継いだ情動的傾向に由来することを示唆している。

情動は、適切に設定されていれば協力行動を誘発できるが、度を超すと協力関係を破壊しかねない。たとえば、バドが柄にもなく弱気になって、警察に自白し、アートを見捨てたとしよう。何年も後になって、アートとバドの前に、人生に一度あるかないかの大きな山が巡ってくる。そのとき、アートがまだバドに腹を立てていれば、チャンスをふいにすることになる。水に流していれば、報われる。(往年のロックミュージシャンたちも、実入りのいい再結成ツアーのために仲直りするではないか。)コンピュータのシミュレーションもこれと同じ結果を示している。物事が計画通りにいくとかぎらない世の中では、多少は相手を許す条件つき協力者の方が、いつまでも根にもっている者よりうまくいくのだ。チンパンジーも同じ理屈に従っているようだ。ドゥ・ヴァールとロスマレンは、チンパンジーの喧嘩後のエピソードを記した数百件もの記録を分析し、チンパンジーたちは喧嘩の後、通常、キスして、抱擁しあうことを発見した。これは、否定的な情動を和らげる、許しという人間の能力が、不確実な世界で互恵性の論理に従う、生物学的に深い根をもつものであることを示唆している。

親友

アートは、バドの怒りをおそれて、またバドの怒りで実入りのいいコンビが解消されるのをおそれて、黙秘するかもしれない。しかし、長年コンビを組んで銀行強盗をしていると、二人の心に違った動きが出てくるかもしれない。アートとバドは、長期的利益と代価を明示的に思考して協力行動を動機づけできる。しかし、この論理に直観的に従わせる感情が備わっていれば同じようにうまくいくだろう。いや、もっとうまくいくかもしれない。もっと具体的にいうと、アートやバドのような銀行強盗には、協力しあう未来を共有する仲間を気づかわせる自動化された心理プログラムが組み込まれていると便利だろう。

こうしたプログラムはどう働くのだろう？　もっと具体的にいうと、こうしたプログラムは、有望な協力しあう未来を分かちあう相手をどうやって見極めるのだろう？　未来への最高の指針は過去である。ある個人と過去に何度も協力したことがあれば、それはこれからもうまくいく兆候だ。よって、協力は、過去に協力関係を結んだ相手を気づかわせるという心理プログラムによって効率的に自動化されるだろう。こうしたプログラムを「友情」と呼ぶのかもしれない。

友情を、仲間とつるんだり楽しんだりすることではなく、もっぱら協力という観点からとらえるのは変に思えるかもしれない。しかし見かけはあてにならないものだ。まず、自然の意図が経験の中であきらかにされるとはかぎらない。たとえば、セックスの本来の目的は子供をつくることだが、人をその気にさせるのは子づくりとはかぎらない。友情も、突き詰めてみれば、私たちが仲良くやっているときの気持ちとはまったくかけ離れたものかもしれない。実際、自分の友情の物質的なメリットしか考えていないのなら、それは、本当の友人でない証だ。次に、協力装置としての友情という考え方が変に感じられるのなら、それは現代が並外れて豊かな時代だからかもしれない。狩猟採集民族であった私たちの祖先の、饗宴か飢餓かの時代には、快く夕食に招いてくれる友の存在は、些細どころか死活問題だった。祖先の時代、人間はもっと凶暴だった。現代では、友人どうしで命を守りあうケースはまれだろう。しかし、過去はそうではなかったかもしれない。最後に、これはぜひ覚えておいてほしいことだが、多くの協力は「協力」のように感じられない。友人が友人であるのは、ともに行なうことのためだけでなく、単独で行なわないことのためでもある。あなたの友人は、あなたの物を盗まない、あなたの陰口を言わない、あなたの大切な人を寝取らない。こうした日常の不可侵行為は目立たない形での協力だ。アートとバドが山道で互いをやり過ごすのと同じである。このように、私たちが「友情」と呼ぶ協力装置は、無害な親交を出発点として発展していく。

最低限の良識

あなたがアートで、銀行強盗の相棒を探しているとしよう。あなたはバドという男の噂を聞きつける。早撃ちの名人で、逃走するときの車の運転も抜群にうまいらしい。ただ、ひとつ難点がある。自分の得になるとあれば、あなたの脳天を躊躇《ちゅうちょ》なく銃で撃ち抜くだろうというのだ。アート自身も律儀な男ではないが、銀行強盗という仕事の先の読めない性格を考えると、バドのようなサイコパスと組む利点はまったくない。教訓。見ず知らずの二人が協力するときは、互いの幸福について少なくとも最低限の配慮を働かせられるといい。

先にも述べたが、オスのチンパンジーは、リスクがほとんどなく可能であれば、よその群れのオスを進んで殺す。人間でも、赤の他人を、排除すべき脅威やタンパク質源としてしか見ない場合がある。（南太平洋の人食い部族は食べられるよそ者を「長いブタ」と呼んだそうだ。）とはいえ、人間はよそ者に対してもっと悪意のない態度をとれるし、現代社会ではその方が一般的だ。アメリカ南北戦争中、北軍の将校たちは、自軍の兵士たちが銃弾を一発も発射しないまま戦死しているという度重なる報告に愕然とした。多くの兵士は、たとえ自分を殺そうとしている相手であっても、他人に向けて発砲する気になれなかったのだ。この経験からアメリカ軍は次のように結論した。兵士には、人殺しへの抵抗をなくす訓練が必要である。これが近代的軍事訓練のはじまりだった。

近年、ファイアリー・カッシュマン、ウェンディ・メンデスらは、人間の暴力忌避に関する実験研究を行なった。被験者に、第三者の足を金槌《かなづち》で強打するなどの様々な暴力行為を模倣させ、脈拍や血圧などのバイタルサインを測定した（図2－2参照）。

被験者たちは、これらの暴力行為に実害はないことを完全に理解していた。それにもかかわらず、こうした非道な行為をおこなうふりをするだけで、末梢血管が劇的に収縮し、文字どおり被験者の「足を冷やした」（「足を冷やす have cold feet」は怖気づくという意味）。

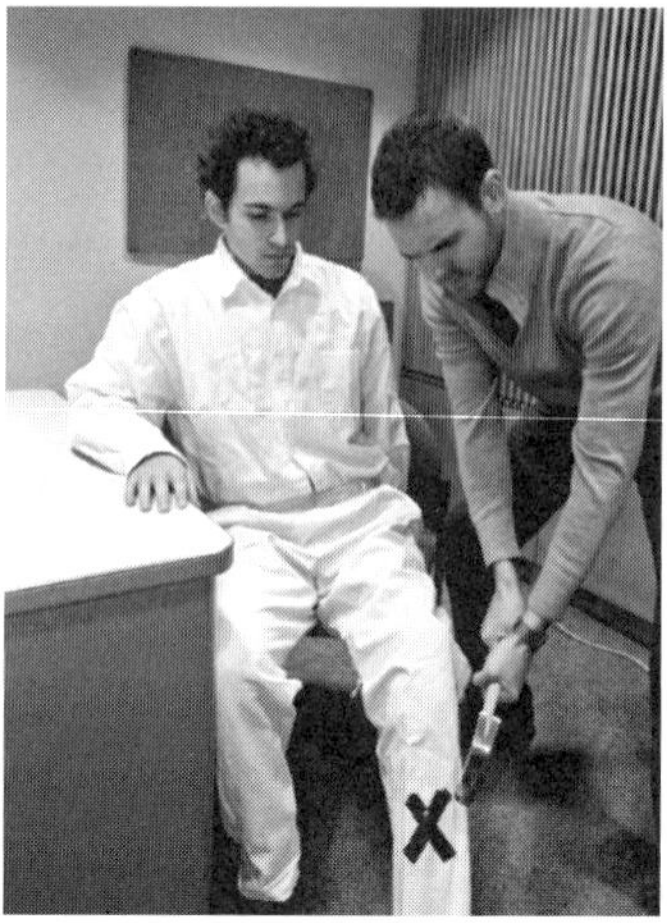

図 2-2　暴力行為を模倣する被験者は，自分たちの行為に実害はないと知っていたにもかかわらず，一貫して強い生理的反応を示した．×印の下にあるのは偽の脚．

さらに、研究者たちは、この血管収縮効果は、疑似暴力行為を自分でしているときにかぎられることに気づいた。他人が疑似暴力をふるうのを目撃する場合や、暴力の真似でなく動作として似た動き(釘を打つなど)をする場合、それほどの効果は生じなかった。被験者の多くは、被害者役の脚をおざなりに叩くなど、疑似暴力をふるうときはできるだけ手を抜くようにしていた。実験への協力をきっぱり拒否した人もいた。もちろん、人はきわめて暴力的にもなる。たいした理由もないと思えるのにそうなる場合も多い。しかし、人間が攻撃的だとしても、私たちの攻撃性は、それがなりうるものと比べたら全然たいしたことはない。普通の状況であれば、私たちは、まったく見ず知らずの人であれ、罪のない人に対して乱暴にふるまうことを考えただけで身震いする。これが私たちの道徳脳の重大な特性であるのは間違いない。(暴力忌避が存在しない世界を想像してみよう。)

私たちの基本的良識は、相手への不可侵を超えて「親切」というポジティブな行為にまで広がっている。残念ながら、私たちは、最高に思いやりがある状態からは程遠い。しかし、私たちはしばしば他人に対して、見ず知らずの人であっても、何の見返りも期待せずに進んで親切にふるまう。一九六〇年代、スタンレー・ミルグラムらは、いまや古典的となった次のような実験を行なった。公共の場所に「落し物の」手紙を置いておく。すると、ほとんどの手紙はめぐりめぐって持ち主のところに戻ってきた。切手代は拾い主の負担になった場合が多かったにもかかわらず、そういう結果となった。私たちは、その店にまた来るつもりがなくても、チップを置いてレストランを出る。慈善団体に匿名で寄付する人もいる。数十年におよぶ社会心理学や発達心理学の研究によって、大半の人がうすうす感じていながらも、一部の研究者から疑問の声があがっていた、次のことが確認された。私たちが人を助けるのは、多くの場合、私たちがその人たちを気の毒に思い、彼らの苦しみを軽減したいと思うからなのだ。実際、懲役年数ではなくお金を使った「囚人のジレンマ」では、誰かを気の毒に感じると、その人と協力しようとする傾向が高まることがある。（お金を使った協力ゲームの実験室環境での実験についてはのちほど詳しく取り上げる。）こうした感情は一般に**共感**と呼ばれ、人が、他者の感情を自分のものとして経験する*情動状態をいう。近年、認知神経科学者は、共感の神経基盤を研究していて、この定義がじつに的確であると気づいた。たとえば、他者が痛みを経験しているのを目撃すると、目撃している人自身が痛みを経験するときに働くのと同じ、情動と関係した神経回路が働く。そして、他者に対して強く共感するという人の脳ほど、この影響を強く示す。

　見知らぬ人に対する共感反応の土台となる神経回路は、もともとは母親による保育のために進化した回路に由来するのかもしれない。神経伝達物質やホルモンとして作用するオキシトシンは、哺乳類の多くの種に見られる母親による保育に、重要な役割を果たしている。人の脳の、オキシトシンに対する感受性を高める遺伝子は、共感能力の高さと相関性があり、鼻にオキシトシンをスプレーすると（オキシトシンは鼻から脳に届く）、「囚人のジレンマ」を応用した実験で、協力を開始する傾向が高まる。

血縁関係にない個体を含めた他者を思いやる私たちの能力が、霊長類の祖先から受け継いだ形質を精緻にしたものであることはほぼ間違いない。数十年前から霊長類学者たちは、類人猿やサルが同情と見える行動を示したエピソードを報告している。霊長類学の草分けであったナジェージダ・ラディギナ＝コーツは、モスクワの自宅でヨニという名のチンパンジーの子を育てていた。ヨニは、家の屋根の上で遊ぶのが好きで、下りてこようとしなくなることがよくあった。しばらくするとコーツは、ヨニを下りてこさせるには同情に訴えるのがいちばんだと気づいた。コーツが泣き真似をすると、ヨニはまっしぐらに駆け寄って、悪さをしたのは誰だと辺りを見回し、コーツの顔にやさしく触れて慰めるのだった。チンパンジーが互いに助けあう場合もあるらしい。オランダのアーネム動物園には七歳のヤキというチンパンジーがいた。あるときヤキは、自分の世話をしてくれるクロムという年長のチンパンジーが、水がいっぱい入ったタイヤを引っ張ってこようとしてうまくいかないのを見ていた。クロムが業を煮やしてあきらめた後で、ヤキはタイヤに近づき、邪魔になっていた別のタイヤをどかし、中に入っている水を少しもこぼさないように用心しながらタイヤをクロムのところまで運んだ。

こうしたエピソードは魅力的だ。進化のいとこたちに関する深い真実を反映しているのかもしれない。しかし、疑わしいと感じるのであれば、反論して退けることもできる。とはいえ、最近では、霊長類学者たちは実験室で統制された実験を行ない、人間以外の霊長類に見られる純粋な思いやりの裏づけを固めている。フェリクス・ヴァルネケン、マイケル・トマセロらは、一連の実験で、チンパンジーがほかのチンパンジーや人間を自発的に、報酬の見込みがない場合でも助けることを証明した。ある実験では、チンパンジーは、人間の実験者の手が届かないところにある物を自発的に取ってきて、その人を助けた。別の実験では、知らない人に対しても、障害物を乗り越えなければならない場合であっても、同じように親切な行ないをした。さらに別の実験では、チンパンジーは積極的に鎖から手を放すことを選択し、自分には何の得にもならないにもかかわらず、他のチンパンジーが食べ物に近づけるようにした。まるで進化の隣人たちの方が、系統樹のはるか先を歩いているかのようだ。最近、ヴェンカト・ラクシュミナラヤナンとローリー・サントスが行なった実験では、オマキザルは、自分だけ報酬をもらえる場合と、自分も隣のサルも報酬をもらえる場合を選べる場合では、通常、隣のサルにも報酬がもらえる方を（たとえお隣の報酬の方が大きくても）選択した。ラットに共感があるという証拠さえある。他のラットを拘束装置から解放するために直接報酬を見送るのだ。

要するに、私たちは思いやりのある種なのだ。限定的な形ではあるけれど。その思いやりの能力の少なくとも一部は霊長類の祖先から（もっと離れた祖先からとはいわずとも）受け継いだものだろう。私たちは誰よりも血縁者や友人を思いやるが、知人や赤の他人も思いやる。普通の状況であれば、見知らぬ他人を傷つけることに強い抵抗を覚える。抵抗感があまりに強いため、他人を傷つけるふりをするだけで血管が収縮するほどだ。それほど負担でなければ、何の見返りも期待せずに進んで他人を助けもする。私たちは互いを思いやる。私たちにとって大切なものは、個人的な見返りだけではない。だからこそ、いっそう簡単にマジックコーナーに潜り込める。

脅しと約束

アートとバドは、マジックコーナーを見つけられる。互いを思いやるのなら、あるいは実り多い未来をともに築けるなら。しかし、もし二人が、ふたたび会うこともない赤の他人だったらどうだろう？　想像してみよう。アートとバドは、人生で一度だけ銀行強盗をする巡り合わせになる。一緒に仕事をするのは後にも先にもこれっきりだ。警察は二人を逮捕して、仲たがいさせようとするだろう。アートとバドは結束していられるだろうか？

あらかじめ黙秘しようと契約を結ぶことはできるかもしれない。この手の約束をするのは簡単だ。難しいのは約束を守る<u>こと</u>だ。問題は、約束自体は利得表を変えないということなのだ。自白か黙秘かという話になれば、アートはやはり自白する方が得だろう。バドも同様だ。二人が相手を思いやらず、守るべき協力しあう未来もないのであれば、約束しようがしまいが、二人とも自白するだろう。

彼らに必要なのは、契約に強制力を与える何らかの手段だ。そこで、アートはバドにこんなセリフを言うかもしれない。「もし裏切ったら、出所でき次第、おまえをぶちのめして、殺してやる。」残念ながら、こうした脅迫に基づいた戦略には、先にあげたもっとたちのいい約束戦略と同じ問題点がある。アートが脅したとしよう。そして脅しにもかかわらずバドが裏切ったとしよう。一〇年後、二人とも出所している。アートが脅しを実行に移すときがきた。しかし、なぜアートはそんな真似をしなくてはならないのか？　誰かの命を狙うのは危険だし、いまさら何の得にもならない。バドが最初から、アートがそんな真似をするはずがないとわかっていれば、アートの脅しは無駄だ。バドはアートの脅しを無視して自白するだろう。もちろん、立場が逆であれば、アートも同じことをするだろう。協力は成立しない。

よって、たんなる脅しは、たんなる約束がうまくいかないのとほぼ同じ理由でうまくいかない。しかし、しかるべくお膳立てされていれば脅しが効力を発揮することもある。たとえば、アートが、プログラム可能なハイテクの殺し屋ロボットをもっているとしよう。アートは、バドが自分を裏切ったらバドを殺すようにロボットをプログラムできる。ここが重要なところだが、アートのロボットはけっしてしくじらず、いったん設定されたら、誰にも、アートにさえ止められないとしよう。アートを裏切ったら殺されるとわかっていれば、バドは裏切らないだろう。アートの脅しは少々常軌を逸している。というのも、アートは、ロボットの行なうすべてに対して責任を負うことになるし、自分の脅しが実行されるのを見たいとはまったく思わないからだ。仮に、何らかの理由で、バドがアートのロボットを使った脅しを無視して裏切れば、アートは自分のロボットを止めるために全力を尽くすだろう。（もちろん、そんなことをしても手遅れだ。）とはいえ、こうした常軌を逸した脅迫を前もってしておけば、バドが事情を承知して合理的に行動するかぎり、アートはバドの協力を取り付けられる。そしてもちろん、バドも同じ方法でアートの協力を取り付けられる。（お気づきのように、この戦略はＭＡＤ、すなわち相互確証破壊〔核戦略の概念。二つの核保有国の一方が、相手から核先制攻撃を受けても、相手に耐えがたい損害を確実に与えるだけの核報復能力を温存して均衡を保つ状態〕だ。）

ああ、私たち人間は、プログラム可能な殺し屋ロボットをまだ開発していない。しかし、経済学者ロバート・フランクによると、私たちの脳には、同様の機能を実行する情動機構*が組み込まれている。アートが非常に気の短い男だとしよう。バドに裏切られたら、アートはひどく腹を立て、何が何でもバドを殺そうとするだろう。たとえ一〇年かかっても、たとえ地の果てまでバドを追いかけることになろうとも。その執念深い性格を知れば、バドにはアートを裏切るまいとする強い動機が生じる。よって、執念深い人間であり、そのことが知られることによって、アートは自分自身の殺し屋ロボットになれる。名高く信頼性の高い脅迫で、他者を自分と協力しようという気にさせられる。もちろん、執念深い人間であるには高い代償が伴う。事実、バドへの復讐に一生を捧げて、すべてを失うかもしれない。ただし、すべて思い通りにいけば、実際にバドを追いかけ回す必要はないだろう。バドのような人間にアートに刃向かう度胸はないだろうから。このように、人を報復行動に駆り立てる情動は、ある種の合理的不合理であるか、合理的不合理になる場合がある。自分の利益にならないことをするよ、と公然と誓うことで、自分の利益を守るわけだから。

復讐を好むのは人間だけではない。キース・ジェンセンらは、チンパンジーが、別のチンパンジーが餌を食べるのを妨害できるようにした実験を行なった。ジェンセンらによると、チンパンジーAがチンパンジーBの食べ物を盗むと、Bは紐を引っ張って、Aの餌が載ったテーブルが崩れ落ちるように仕向け、餌をAの手の届かないところにやってしまう確率が高くなった。フィールド研究によると、野生のチンパンジーもほぼ同じことを行なうらしい。

人間には、他者を自分と協力しようという気にさせるネガティブな社会的情動がある。しかし、協力は、もっと高潔な感情でも実現されるかもしれない。アートとバドがたんなるならず者なら、二人の約束は役に立たない。先に述べたように、ならず者に約束を守る理由はないからだ。みんなもそのことは知っている。しかし、アートとバドが高潔な泥棒だとしたらどうだろう？　アートはバドを思いやりはしないだろう。しかし、自分の約束を守ることに強くこだわるかもしれない。約束を破ろうものなら、自分に嫌気がさして、近くの噴火口にすぐさま身を投げるような男かもしれない。そう、これこそパートナーにふさわしい男だ。復讐に燃える怒りが、他者への脅しを信憑《しんぴょう》性のあるものとするように、罪と恥の激しい感情に苛《さいな》まれやすい心は、自分自身への脅しを揺るぎないものにする。ご想像の通り、約束を破ることは、いや約束を破るという想像さえ、情動に関係する脳領域の活動増大を引き起こす。

先に、協力的思いやりの形として家族愛と友情を取り上げた。これらの感情も、復讐に燃える怒りとまったく同じ戦略上の拘束服であり、合理的に私たちを不合理な行動へと向かわせる。とはいえ、今度は、情動の拘束服を着るのは、未来をともにしない人々ではなく、他者とよりよい未来をともにするかもしれない人々だ。たとえば、警察がアートにじつにおいしい話を持ち掛けたとしよう。バドを裏切れば、アートを釈放するだけでなく、銀行強盗問題の専門家として警察で雇ってやろうというのだ。つまり、警察はアートに、バドではなくわれわれと組まないかと持ち掛ける。アートはバドを気づかう。もっともな話だ。二人はこれまで協力してやってきたし、これからも協力してやっていく展望があるのだから。しかし、警察はアートに、バドには夢物語でしかないもの、安定した高収入つきの、わくわくする世間体のよいポストを約束してくれている。警察との方がよりよい協力しあう未来が築けそうだ。バドに対する友情が強いとしても、それがバドとの協力によって得られるチャンス次第で、膨らんだりしぼんだりするようなものであれば、アートはバドを裏切り、警察に与《くみ》するだろう。アートにとって乗り換えはたいへん結構な話だ。しかし、乗り換えをいとわないことが周囲に知られているとすると、それは、アートにとってあまり結構なことではない。とくにバドは、うまい話が舞い込んだら、さっさと相棒を裏切るような男とは組もうとしないだろう。

忠誠心という美徳の話に移ろう。アートが、銀行強盗の相棒を、相手の「市場価値」（相手が提供する協働のチャンスの価値）以上に大切にするのなら、アートはもっと魅力的なパートナーになるだろう。スティーヴン・ピンカーが述べているように、忠誠の論理がとりわけ明白なのは恋愛関係の領域だ。あなたは結婚相手としてたいへん魅力的だ。しかし、あなたよりほんの少しだけ条件のいい人はかならず存在する。自分のパートナーがいつかそういう人に巡りあうとわかっているとき、もっといい相手が現われてもパートナーはあなたを捨てたりはしないとわかっていれば安心できる。そうすれば、そのパートナーと結婚して家庭を築きたいと――これが大きなリスクを伴う共同事業であることは間違いない――いっそう強く願うようになるだろう。パートナーが、あなたの、市場価値に換算できるたくさんの資質を十分に評価してくれるのはすばらしいことだ。しかし、それだけでは二人がずっと一緒にいるには足りないだろう。あなたがパートナーに本当に求めているのは、その人が、あなたと、あなただけと、一緒にいたいと深く揺るぎなく願うことなのだ。要するに、あなたはパートナーに自分を愛してほしいのだ。すばらしい資質のためだけでなく、あなたがあなたであるという、それだけの理由で。愛だけが、子育てという危険な賭けに必要な忠誠心を与えてくれる。つまり、愛は、たんに思いやりが強められただけのものではないようだ。それは心理機構の中でも非常に特化された部分であり、見捨てられることはないと子育てのパートナーを安心させることで、協力して行なう子育てを可能にする情動の拘束服だ。

協力の車輪の動きを滑らかにできる別の種類の忠誠心もある。個人レベルの忠誠心によって、人はより魅力的な友人や恋人になる。同じように、権威を尊ぶ傾向によって、人はさらに大規模な共同事業の魅力的な歩兵になる。あなたが軍や企業のトップなら、どんな人材を組織に求めるだろうか。自分が最善と思うことを(あなたが違うことを指示していても)実行しようとする者だろうか、それともあなたの命令に確実に従おうとする者だろうか？　同じく、あなたが必要としているのは、自分が乗っている船より魅力的な船が通りかかったらさっさと飛び移ろうとする者だろうか、それとも海の底まであなたの船についていく者だろうか？　優秀な歩兵は忠誠心の他に謙虚さという美徳も備えている。自分の立場をわきまえ、そこを離れようとしない。

この立場の感覚は、ポジティブな情動によってもネガティブな情動によっても動機づけられる。ほぼすべての霊長類で、低位の個体は高位の個体に対してネガティブな感情を抱き、おそれを抱きつつ接する。しかし、人間は自分たちのリーダーにときに強い称賛の感情を抱く。一度も会ったことのないリーダーに鼓舞されたり、国家、教会、企業、学校といった成員が固定されていない組織に尽くしたりすることがある。社会心理学者ジョナサン・ハイトはこう主張する。リーダーや組織、より抽象的な理念に献身できる人間の能力は、より大規模な集団での協力を容易にするために進化したのかもしれない。恋愛が、協力して行なう子育てを容易にするために進化したように。この能力は、畏怖を経験する能力によるのかもしれない。これがあるために、私たちは自分自身や身近な社会集団よりも巨大なものに心を動かされたり、献身したりできる。

監視の目と見分ける心

アートとバドはマジックコーナーを見つけられるだろう。互いを思いやるのなら、協力しあう未来があるのなら、脅しを実行する、もしくは約束を守ると堅く心に決めているのなら。しかし、二人にこうした事情が何もないとしたらどうだろう？

アートは、バドが裏切ったら殺すと誓った。しかし、いまバドは独房にいて、アートの脅しにもかかわらず自白したくなる。アートが合理的な人間だと知っているからだ。短気な奴と違って、アートは、腹を立てたくらいでバドを追い回したりはしないだろう。しかしバドはよくよく考えた方がよい。バドが裏切れば、アートはバドを殺すかもしれない。不合理に執念深いからではない。他人が見ているからだ。銀行強盗の仲間たちは知りたがっている。アートの脅しはあてになるのか？　裏切り者のバドを殺せば、この疑問にはっきり答えられる。これは重要な仕事だ。バドは黙秘する方がいい。

従って、約束を守ると評判の人は、より簡単に協力を取りつけられる。評判は、脅しを実行する理由になる。脅しを信憑性のあるものとし、脅された相手に、協力しようという動機を与える。評判はもっと直接の形で協力を強めることもできる。バドが裏切り者だと評判になれば、バドと組んで銀行強盗をしようという者がいなくなり、結果的にバドは大損するだろう。このように、評判は二通りの方法で協力を強化できる。自分が協力的な人間であることを誇示しようと人を動機づける。さらに裏切り者は許さない姿勢を誇示しようと動機づける。私たちの道徳脳はどちらの戦略もとれるように設計されているようだ。

　ケヴィン・ヘイリーとダニエル・フェスラーは次のような実験を行なった。実験に参加してくれた被験者の半分に一〇ドルを渡した。お金を受け取った幸運な被験者は、彼らほど幸運でなかった被験者に、一〇ドルの一部か全部を与える、もしくはまったく与えないという選択をする。これは、選択する側がお金の分配を完全に支配するため「独裁者ゲーム」と呼ばれている。実験は最初から最後まで匿名で、ネットワークでつながったコンピュータを通して行なわれるため、被験者たちには、誰が誰にいくら渡したかはわからない。この実験では、鍵となる操作はじつにさりげなく行なわれる。半数の独裁者が利用するコンピュータのモニターの「壁紙」には、**図2-3**に示すような一対の目が表示されている。もう半数の独裁者は対照条件群で、研究室のロゴが記された標準的な壁紙を見たのだった。

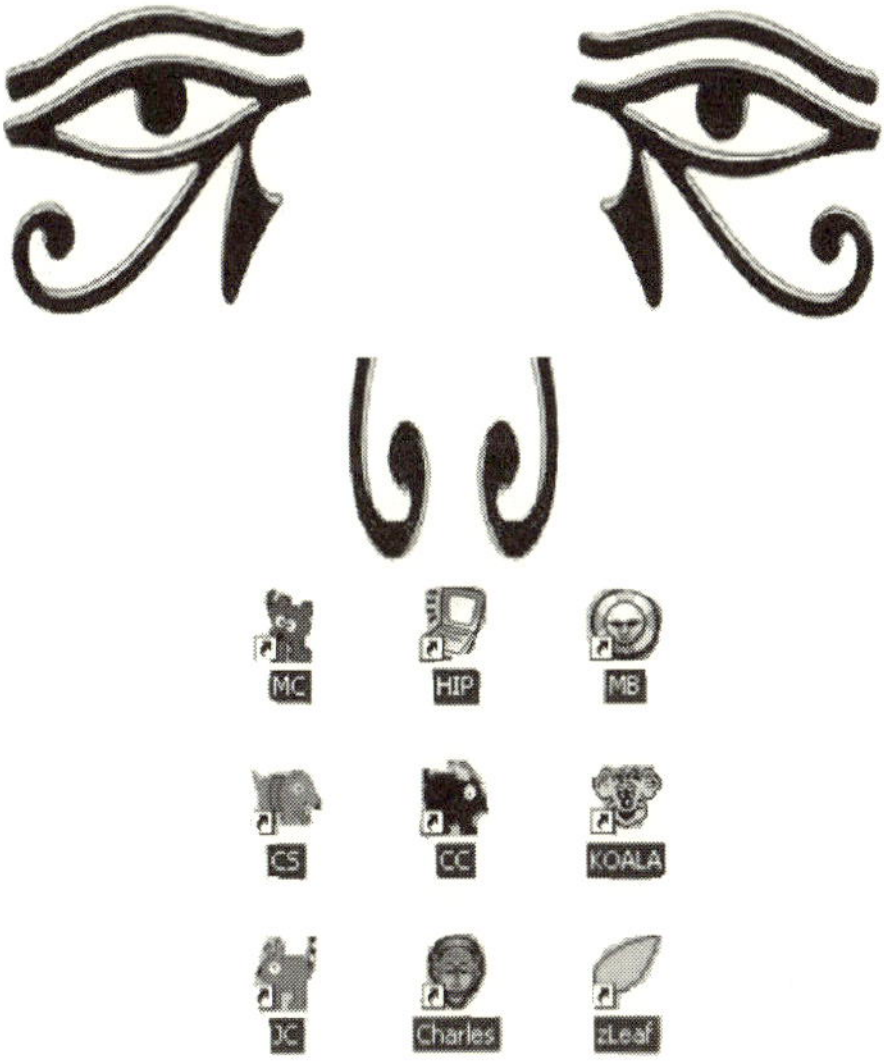

図 2-3　ヘイリーとフェスラーの実験に用いられた目の模様．監視の目を見た人の方が，他人に対して気前よくなった．

　標準的な壁紙を見た人のうち、お金を分けたのは約半数(五五パーセント)に留まった。一方、目を見た人は、圧倒的多数(八八パーセント)がお金を分けた。これに続くフィールド実験では、購買者が適当と思われる金額を箱に入れて飲み物を買っていく無人販売所を利用した。目の写真があると、牛乳に対して支払われるお金は二倍以上になった。

誰もが知るように、人間は見られていると思うと、つまり自意識を感じると行ないがよくなる。ここで驚きなのは、目の写真という、意味のない、低レベルの合図が、人に最善の行動をとらせうることだ。「意味がない」というのは、この合図を見て意識的に反応しようと思う人はいないはずだからだ。「人の目の絵が棚に貼ってあるから、牛乳代を払うことにしよう」という人はいない。むしろこれは自動化されたプログラム、すなわち効率的な道徳マシンの一部の仕業なのだ。

監視の目が私たちに大きな影響力をもつとしたら、それは、監視の目がほぼ間違いなく、おしゃべりな口とつながっているからだろう。人類学者のロビン・ダンバーによれば、人間の会話時間の約六五パーセントは他者のよい行ないや悪い行ないに関するもの、要するにゴシップに費やされているのだそうだ。ダンバーいわく、私たちが膨大な時間をゴシップに費やすのは、人類にとってゴシップは、社会的規制を行なう、すなわち協力を強化する、重要なメカニズムだからだそうだ。実際、あなたが何をしでかしたかを「みんな」が知ることになるという見通しは、よからぬ行動を思いとどまる強力な動機になる。さらに、人は噂話ができるだけでない。噂話は自動的に発生するらしい。多くの人にとって、噂話をしないでいるにはたいへんな努力が必要なのだ。

監視の目としまりのない口でいっぱいの世界では、非協力的な行ないをした人はかならず見とがめられる。そうなった場合に想定される最悪のシナリオは悲惨だ。これから死ぬまで、誰もあなたと関わりをもとうとしないだろう。どうすれば、そんな運命を回避できるだろう？「みんな」に、これからはもっとよい協力者になりますと納得してもらう方法があると便利だろう。詫《わ》びをいうこともできるが、言葉だけではあまり説得力がない。誰だって「ごめんなさい」とはいえる。あなたの顔色がいやおうなくとんでもない色に、たとえば真っ赤になるほうが、自分の行動を心から恥じていることの説得力がずっと増す。実際、狼狽は、まさにこういった信号の役を果たすために設計されたようだ。これからは行ないを改めますと本心から願っているメッセージを発信して社会的立場を回復させるのだから。この信号は効き目があるらしい。違反者が、違反したあとに狼狽している様子を見せた場合、人々はその違反者に好感をもつことを示す研究がある。

もちろん、「みんな」が、違反者が違反したと知っているという事実それだけでは何の違いも生まない。肝心なのは、人が、自分が見たり聞いたりしたことに基づいて相手への接し方を変える点にある。従って、監視の目やそばだてた耳に対する私たちの敏感さは、こうした目や耳の背後に控える心が手厳しい場合、すなわち見たり聞いたりしたことに基づいて相手への接し方を変える準備ができているとき、はじめて意味のあるものとなる。人間が手厳しいのは目あたらしい話ではない。ただし、私たちが赤ちゃんのときから手厳しいというのは最近の発見で、ここ一〇年でもっとも注目に値する心理学実験のひとつによりあきらかにされた。

カイリー・ハムリン、カレン・ウィン、ポール・ブルームは、生後半年と生後一〇か月の赤ちゃんに、**図2-4**に示すグリグリ目玉の付いた幾何学図形が丘を登ったり下りたりするところを見せた。左の図では、丸は丘を登ろうとするのだが、ひとりではてっぺんまでたどり着けそうにない。する

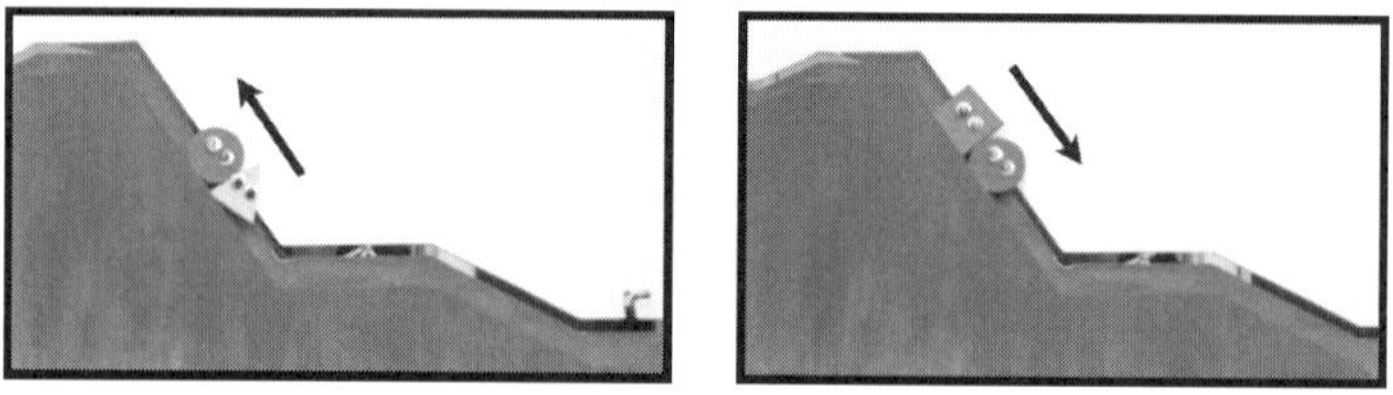

図 2-4　言葉を習得する以前の乳児は，丸が丘を登るのを助ける三角を好み，丸を押し戻す四角を嫌う．

と、親切な三角が丘のふもとから現われ、丸を頂上まで押し上げてくれる。右の図でも、丸は丘を登ろうとしているがうまくいかない。すると、いじわるな四角が丘の頂上から現われて、丸を下に押し戻す。赤ちゃんは退屈するまでこれらの動きを何度も見た。そして（ここが検査の核心部分だが）実験者たちは、赤ちゃんの前に、一方の端に親切な三角に似たおもちゃ、もう一方の端にいじわるな四角[*]に似たおもちゃを載せたトレーを置いた。生後一〇か月の赤ちゃんでは一六人中一四人が、生後半年では一二人全員が親切なおもちゃを取ろうとした——じつに確かな結果だ。

次に研究者たちは、先ほどと違う赤ちゃんたちに同じ実験を行なった。ただし今回は、丸が目標をもった行為者ではなく、生命をもたない物体に見えるようにした。実験者たちはグリグリ目玉を外し、赤ちゃんに、丸が自分で丘を登っているよう（生きて意思をもっているしるし）には見えないようにした。この実験では、三角や四角が誰かを助けたり邪魔したりするのではなかった。たんに丸を丘の斜面にそって押し上げたり、押し下げたりするだけだった。この実験では、予想通り、赤ちゃんは三角の方を四角よりも（つまり、押し上げる方を押し下げる方よりも）好むということがなかった。赤ちゃんの好みがすぐれて社会的であるとわかる。赤ちゃんは、押し上げることではなく親切にしてくれることが好きなのであって、押し下げることではなくいじわるするのが嫌いなのだ。

このように、人間の赤ちゃんは生後半年という、歩いたり話したりできるようになるずっと前から、行為や行為者について価値判断を行なっており、協力的な(他者を思いやる)兆候を示すものに手を伸ばし、その反対のものを避ける。実験に参加した赤ちゃんはとても幼いので、その行動が「この四角は赤い丸にやさしくなかった。すなわち、四角が私にやさしくするとは思えない。よって、四角を避けることにしよう」といった意識的推論から出てきたのでないことはあきらかだ。むしろ、こうした判断は、低レベルの合図(ある種の動きや目に似たものの存在)に敏感な、自動化されたプログラムによって生じる。そして、これほど早く出現するのであるから、この機構が私たちの遺伝的形質に組み込まれていることはほぼ間違いない。

会員限定

二人の囚人は、互いを思いやっているのなら、もしくは協力しあう未来があるなら、マジックコーナーに入れる。見ず知らずの二人でも正しい脅しをかければ、もしくは守るべき評判があれば、マジックコーナーに入れる。しかし、脅しも評判もなしに、他人どうしが協力することは可能だろうか？

「口の堅い銀行強盗同盟」という巨大銀行強盗組織があるとしよう。名前のとおりこの組織の会員は、警察の取り調べを受けるときは黙秘を貫くという厳格な掟に従う。この同盟は規模が非常に大きいため、ほとんどの会員は互いに面識がなく評判も知らない。すなわち、ほとんどの会員がまったくの赤の他人というわけだ。この同盟の会員になると大きな特典がついてくる。赤の他人であるにもかかわらず、会員どうしは一緒に銀行強盗ができる。相棒がぜったいに自分を裏切らないとわかっているからだ。これにて一件落着だろうか？

いや、問題を先送りしたのに近い。こうした同盟が存在すると仮定することは、突き詰めれば協力的な集団の存在を要求するものだ。難しいのは、こうした集団を発足させてから、その結束をいかに守るかだ。同盟の会員になるということは本質的に、自分が裏切られないことを見返りとして他の会員を裏切らないことを約束するというものだ。そして先にも触れたように、自己中心的な世界ではたんなる約束は役に立たない。約束を破っても代価がかからないなら、なぜ約束を守る必要があるのか？　約束を破った会員は同盟から罰されるのかもしれない。それは効果があるかもしれないが、さらにこう突っ込んでみたくなる。こういった同盟を誰が仕切るのか？　そして見ず知らずの他人を、やはり見ず知らずの他人を裏切ったかどで罰することで、何か得になるのか？　罰を与える権威の役割についてはすぐ後で考えよう。ここでは話を簡単にするために、同盟の会員は生まれつき口が堅かったとしておこう。彼らが仲間どうしで仕事をしているかぎりは、うまくいく。さて問題は、どうすれば口の軽いよそ者につけこまれずに済むかだ。ごろつきの銀行強盗が、口の堅い銀行強盗同盟に近づいてきて、同盟の会員と組んで次々と銀行を襲い、警察の尋問を受ければいつでも、ピンチに気づいていない会員を裏切って刑務所送りにするだろう。

あらかじめ悪い評判を聞いていれば、ごろつきの銀行強盗を避けられるかもしれない。しかし、今回はそれができないと仮定している。信用できない部外者に関する情報がないとき、信用できる内部者に関する情報なら積極的に提供できるだろう。たとえば、堅く閉じた唇形のシールを貼ったちょっとした身分証を携帯するとか。これがあれば、互いを見つけられるし、会員でない者と組むのを避けられる。こうした身分証システムは役に立つだろう。ただし、よそ者が偽の身分証をつくれないとしての話だ。こうした同盟がうまくやっていくには会員の確実な目印が必要だ。

これはよくある問題だ。あらゆる協力集団は部外者による搾取から自分たちを守らなくてはならない。これを行なうには、《私たち》を《彼ら》から見分ける能力と、《彼ら》より《私たち》をひいきする傾向が必要だ。赤の他人を家族のように遇する人もまれにはいるが、それがあたりまえに行なわれている人間社会はないし、それには正当な理由がある。そんな社会は、自由にアクセスできる資源を潤沢に貯えていて、戸口に訪れた見ず知らずの人に、まるで彼らが長いあいだ音信不通だったきょうだいであるかのように、財宝を浴びせようと待ち構えているようなものだろう。このことと辻褄が合うのが、人類学者ドナルド・ブラウンの研究だ。彼は人類の文化の相違点と類似点を調査し、内集団バイアスと自民族中心主義が普遍的であることをつきとめた。

私たちはみな、同心円状に広がる複数の社会的な円の中心にいる。私たちをまず囲んでいるのが、もっとも近い血縁者や友人たちであり、それをもっと遠い親戚や知人たちのより大きな円が取り囲む。知人や親戚の円の外側にいるのが、種類や規模も様々な集団(村、氏族、部族、民族集団。ご近所、街、州、地方、国。教会、宗派、宗教など)の一員となることで関係をもつ他人だ。こうした入れ子型の集団に加え、所属政党、出身校、社会階級、応援しているスポーツチームや好きなもの嫌いなもので自分を組織化する。社会的空間は複雑で多様な次元から成るが、常識と膨大な社会科学調査の両方から少なくともひとつのことがあきらかだ。人間は、自分を中心とする社会的宇宙の中で、人がどこに位置するかにきわめて鋭い注意を向け、自分たちにより近い人をひいきする傾向がある。ときに偏狭な利他主義ともいわれるこの傾向を、**部族主義**と呼ぼう。

もっとも内側の社会的円(家族、友人、知人)に属する人々を、自分の協力集団の成員と見なすのはたやすい。しかし、人間はもっと大きな集団の中でも、積極的にも(橋を建設する、戦争で戦うなど)、もっと消極的にも(不可侵であることによって)協力している。しかし、他人と協力するには、協力できる他者と、私たちにつけこむおそれのある他者を区別する手段が必要だ。言い換えると、私たちには社会的身分証(ID)を示す能力、読み取る能力、そして読み取った内容に応じて行動を調整する能力が必要なのだ。

旧約聖書に登場するギレアド人の物語によると、紀元前一二〇〇年頃、ギレアド人はエフライム人を打ち破り、彼らをヨルダン川の対岸に追いやった。戦いの後、生き残ったエフライム人が故郷に戻ろうとして、渡し場を守るギレアド人に「渡らせてほしい」と頼むと、ギレアド人は簡単なテストでエフライムの難民を狩り出した。ヘブライ語の「シボレス」という単語(植物の穂を意味する)を発音せよといったのだ。古代エフライム人の方言には「sh」という音がなかったため、エフライム人はこの言葉をうまく発音できなかった。聖書によると、四万二〇〇〇人のエフライム人が「sh」といえなかったために殺されたという。

こんにち、「シボレス」は、文化集団の一員であることを識別する確実な指標という意味で用いられる。キャサリン・キンズラーらの研究によると、人間には乳幼児の段階から最初のシボレス(すなわち言語的な手がかり)を集団の同一性の指標、また社会的選好の基礎として利用する傾向がある。イギリス人とフランス人の子供を対象にした一連の実験から、生後六か月の乳児は外国語なまりのない話者の方を見たがる、一〇か月の乳児は母語を話す人からおもちゃを受け取りたがる、五歳児は、外国語なまりのない子と仲良くなりたがることがわかった。人間の脳は、発話が可能になる前でさえ、言語を、信用できる《私たち》と信用できない《彼ら》を区別するために利用するらしい。

シボレスは、部族主義に関するより一般的な事項の実例でもある。それは、恣意的な違いが、恣意的ではない機能を果たす場合があるということだ。ギレアド人の発音そのものが重要なのでない。重要なのは、ギレアド人とエフライム人の発音の仕方が違うことだ。同じように、恣意的な文化的慣習が、協力を支える上できわめて重要な役割を果たしているのかもしれない。どんな服を着るか、どんな風に体を洗うか、食事、仕事、踊り、歌、ジョーク、求愛、セックスなど、日常生活を支配するすべてのきまりが、よそ者を風変りに見せる非恣意的機能を果たし、《私たち》と《彼ら》を隔てている場合がある。

現代社会において、《私たち》対《彼ら》のもっとも顕著な区切りのひとつが人種だ。近年、心理学者が、潜在的連合テスト（ＩＡＴ）を使って、人種に対する態度を調査している。ＩＡＴは、人が様々な単語や絵などを、異なる概念のカテゴリーにどれだけ速く分類できるかを測定して、連合の強さを評価する検査だ。（ご自身で試していただきたい。*）典型的なＩＡＴでは、コンピュータで二種類の分類課題を交互に行なう。たとえば、画面に現われる言葉が、よいものを表わす言葉か、悪いものを表わす言葉かで分類する。よい言葉（たとえば「愛」）が表示されたら左側のキーを、悪い言葉（たとえば「憎しみ」）が表示されたら右側のキーを押す。同時に、人種に基づく人の顔写真の分類も行ない、白人の顔であれば左側のキーを、黒人の顔であれば右側のキーを押すというようにする。ＩＡＴは、分類にかかる時間と、カテゴリーとキーの組み合わせ方によって分類に要する時間がどう変化するかを測定する。たとえば、右側のキーがよい言葉と白人の顔、左側のキーが悪い言葉と黒人の顔という組み合わせの場合と、右側のキーが悪い言葉と白人の顔、左側のキーがよい言葉と黒人の顔という組み合わせの場合があるとする。仮に「悪い」と黒人について同じキーを押す場合の方が速ければ、その人には「悪い」と「黒人」の間に潜在的連合があることを意味する。その他の概念の組み合わせについても同様だ。ＩＡＴは、ほとんどの白人が、黒人より白人に対する潜在的選好をもつことをあきらかにしている。ほとんどの白人は、よい言葉と白人の顔、悪い言葉と黒人の顔を、反対の組み合わせよりすばやく結びつけるのだ。こうしたＩＡＴの評点は、脳の活動に反映される。黒人の顔を「悪い」と結びつける傾向が強い人ほど、黒人の顔に対して、警戒心の高まりと関係する脳の領域(扁桃体)における強い神経活動を示す。子供用に開発されたＩＡＴから、早くも六歳の子供もおとなと同様の人種に基づくバイアスをもつことが確認されている。そして、なんと驚くことに、サル用に開発されたＩＡＴでは、サルも、内集団の仲間への潜在的選好を示す。サルも、果物のようなよいものと内集団の成員、クモのような悪いものと外集団の成員を結びつけたのだ。

残念ながら、人種的偏見は実験室だけの現象ではない。先に触れたように、経済学者たちは、白人風の名前(エミリー、グレッグ)が書かれた履歴書には、内容は同じで黒人風の名前(ラキーシャ、ジャマール)が書かれた履歴書より、未来の雇用主から電話がかかってくることをあきらかにしている。さらにぞっとすることに、アメリカの裁判記録の研究によると、被害者が白人で被告に死刑が求刑された事件では、黒人の被告は白人の被告より死刑判決を下される確率が高く、黒人の被告が典型的な黒人らしい容貌の場合、この傾向がいっそう顕著になるのだ。人種が政治に及ぼす影響も深刻だ。経済学者のセス・スティーヴンズ＝ダヴィドウィッツは、「ニガー」もしくは「ニガーズ」という単語を含んだグーグル検索の頻度を示すアメリカの地図を作成した。「ニガー」の検索頻度が高い地域（大半は人種をだしにしたジョークを探す目的だった）では、二〇〇四年の大統領選挙の民主党候補ジョン・ケリー〔白人〕への投票率に比べ、二〇〇八年のバラク・オバマ候補に対する投票率が有意に低かった。この人種憎悪によって、オバマの対立候補の得票率は三パーセントから五パーセント上がったらしい。全国規模では、出身州の有利さに匹敵する。ほとんどの大統領選挙で結果を左右するのに十分な影響がある。

人種的偏見が強く、また広く見られることから、人種差別は私たちにもとから「組み込まれている」と思われるかもしれない。しかし考えてみれば、これは筋の通らない話である。狩猟採集民族だった私たちの祖先の世界では、異なる人種の成員として分類される人々に遭遇する機会はほとんどなかった。むしろ、丘の反対側に住む《彼ら》は、《私たち》と身体的にほとんど見分けがつかない場合が多かっただろう。このことから、人種は生得的な引き金などではなく、集団の一員である目印としてこんにちたまたま利用されているに過ぎないとわかる。進化の観点からすれば、人間の心に備わっている社会的な仕分けシステムは、仮にそういったものがあるとするなら、遺伝的に受け継がれる身体的特徴ではなく、言語や衣服のような、文化的に獲得される特性に基づいて人を分類する、もっと柔軟なものであるはずだ。

ロバート・カーズバンらはこれを踏まえて実験を行ない、被験者たちの人種に対する感度と、集団の一員である文化的目印に対する感度を競わせた。彼らは被験者に、人種が混じった二つのバスケットボールチームの選手たちが言い争う様子を見せ、「喧嘩をはじめたのはおまえたちだ」といった党派心むき出しのセリフと組み合わせた選手たちの写真を示した。次に、不意打ちの記憶力テストを行ない、選手の写真と、セリフを組み合わせるように頼んだ。被験者がどんな間違いを犯すかを観察することで、被験者が選手をどう分類していたかを知ることができた。被験者が人種にきわめて敏感であれば、白人の発言を黒人の発言と取り違える、またはその逆を行なうことはまれなはずだ。逆に選手がどのチームに所属しているかに敏感なら、ある選手の発言を別のチームの選手の発言と取り違えることもまずないはずだ。カーズバンらは、選手の所属チームを示す顕著な目印がない状態では、人は、もっぱら人種に注意を向け、どのチームの所属であるかにはあまり注目しないことに気づいた。すなわち、この場合、被験者が発言者の人種を取り違えることは比較的少なく、所属チームを取り違える方が多かった。しかし、選手がチームを表わす色のTシャツを着ると正反対の結果になった。とつぜん人種はあまり問題でなくなり、所属チームがより重要になった。

カーズバンらは自分たちの進化理論に基づいてさらに次のような予測をした。先に説明したように、人種は進化上深い根をもつ区分でないため、人種に基づいた分類は弱められることがある。同じ論理は男性と女性を区別する性別にはあてはまらない。狩猟採集民族であった私たちの祖先は日常的に男性と女性に遭遇していた。さらに、男性と女性は生物学的に重要な点で異なっている。これは性別に基づく分類が、人種に基づく分類と比べて変えにくいはずであることを示唆する。そして実際に予測通りの結果になった。白人であろうが黒人であろうが、どちらのチームのTシャツを着ていようが、被験者が、女性の発言と男性の発言を取り違えることはまずなかった。

この実験から、私たちが、集団の成員であることを示す恣意的な目印を基に簡単に人を特徴づけることがわかる。しかし、そのこと自体は、私たちがこうした社会的分類をどう利用しているかについて何もあきらかにしない。ヘンリー・タジフェルらが行なった有名な研究は、社会的分類がじつに簡単に社会的選好の土台になることをあきらかにしている。タジフェルは、被験者を偶発的な違いに基づいて二つのグループに分けた。たとえばある実験では、あらかじめ行なわれた評価課題で、点数を高くつける傾向があった（もしくは点数を低くつける傾向があった）かどうかで二つのグループに分けるふりをした（実際には無作為に分けた）。それから被験者たちに、実験の別の参加者に匿名でお金を分配するように指示した。実験グループはその場かぎりのもので、グループ分けには何の根拠もなかったにもかかわらず、人には内集団の成員をひいきする傾向があることがわかった。実際、タジフェルは、グループ分けがあきらかに無作為になされている場合でも、人は内集団の成員をひいきすることを発見した。内集団びいきは、たんに均衡を破るための戦略ではなかった。人々は、外集団のメンバーにより多くお金を与えるくらいなら、内集団のメンバーにより少ないお金を与える場合が多かったのだ。

近年、部族主義が特定の神経系と結びつけられた。先に述べたように、オキシトシンは、哺乳類全般に見られる母親による保育に関わる神経伝達物質とホルモンで、人間の共感や信頼の高まりと関係がある。「抱擁物質」と呼ばれることもあるオキシトシンは、かつて考えられていたよりもずっと差別的であることが判明した。カルステン・ド・ドルーらが最近行なった実験によると、オキシトシンを鼻から吸入させると、男性は、内集団の成員に対してより協力的になるが、外集団の成員に対してこうした変化は起きず、とくに外集団へのおそれが強い場合その傾向が顕著だった。オキシトシンが内集団びいきを助長させることは、ＩＡＴでも測定されている。また、わずかながら外集団に対する反感が強まる兆候も見られる。さらにオキシトシンは、内集団の成員と外集団の成員のどちらを優先させるかという、道徳ジレンマへの反応に影響を及ぼす。オキシトシンを投与すると、内集団の成員を犠牲にすることに対する不安感が増したが、外集団の成員の場合に変化はなかった。

　要するに、私たちの脳は部族主義向けに配線されている。私たちは、直観的に世界を《私たち》と《彼ら》に分け、《彼ら》より《私たち》をひいきする。古くから集団の成員の確実な目印とされてきた言語的手がかりを乳児の頃から利用する。現代社会では、（とくに）人種に基づいた区別を行なうが、人種は、根深い、生得的な心理的区分ではない。むしろ、それは、集団成員の数多くある目印候補のひとつに過ぎない。タジフェルの実験からあきらかなように、私たちは、きわめて恣意的な基準に基づいて、人をやすやすと《私たち》と《彼ら》に分類する。むちゃくちゃな話に思われるし、実際いろいろな意味でむちゃくちゃだ。しかし、巨大な集団の中で、それも、文化的に獲得された「ＩＤバッジ」の助けを借りなくては互いを確認できないないほど大規模な集団の中で協力によって生き延びている種には、予想されることだろう。

　先に進む前にこれだけは断わっておきたい。部族主義向けに配線されているからといって、部族主義向けに配線が固定されているわけではない。脳は、経験と能動的な学習を通じて配線しなおすことができる。さらに、私たちの脳には、行動の制御をめぐって競合する様々な回路が存在する。中には比較的修正しやすいものもある。これについては、さらに後の章で詳しく取り上げよう。

利害関係者

アートとバドは信憑性のある脅しで互いをマジックコーナーへ誘導できる。強力な第三者が同じ役割を果たす場合もある。たとえば、アートとバドは、ある犯罪組織の成員で、ボスから、「相棒を裏切ったら、殺すぞ」と一方的な申し出を言い渡されているかもしれない。おなじみのジョークを踏まえて、この脅しを「申し出」と呼んだが、「黙っていてくれれば、礼をしよう」といった純粋な申し出も同じ目的を達成できる。

強制的協力が歴史の原動力のひとつであったのは間違いない。族長、王、皇帝たちは、しだいに大きくなっていく飴とムチを利用して、生産的な協力体制を強化した(そして収益の上前をはねた)。一七世紀のイギリスの哲学者トマス・ホッブズにいわせると、これはよいことだった。ホッブズは王を、平和を維持する「リヴァイアサン」として、すなわち、人生が「卑劣で、野蛮で、短い」自然の状態から私たちを救い出す地上の神として称賛した。

リヴァイアサンは地上の神でなくてもいい。信仰者の間では、超自然の権威は協力の理想的保証人だ。超自然の存在は全知全能で、協力には最大の報いを、裏切りには最大の罰を保証できるのだから。デヴィッド・スローン・ウィルソンが主張するように、宗教は、大規模集団での協力を可能にするために文化進化を通じて進化した装置かもしれない。神への敬意とよき協力者であることが関係しているという考えは、もちろん目あたらしいものではない。信仰者は「神をおそれ」ない人たちを昔から警戒してきたし、これからも警戒するだろう。

進化の観点からは、強制される協力は理にかなっている。当事者全員の単純な私利私欲以外の何物も必要としないからだ。協力する手下は、ボスから報酬を受け取り、罰を避ける。ボスは(地上のボスであれば)、生産性の向上した手下集団を活用して利益を得る。とはいえ、こんな疑問が浮かぶかもしれない。利害関係にある第三者からの報酬と罰は、リヴァイアサンがいなくても協力を安定させられるだろうか。これは重要な質問だ。というのも、民族誌研究により、農耕以前の社会は、全員に何をすべきかを指示するリヴァイアサンがいなくても、かなり徹底した平等主義であることがわかっている。

もういちど、口の堅い銀行強盗同盟について考えてみよう。前回登場してもらったときは、この一味は生まれつき口の堅い人々の集まりで、彼らの課題は、いかに部外者につけこまれないようにするか、だった。しかし、一味の中には、非協力的になることを躊躇なく選べる者もいるかもしれない。今回の課題は、同盟の成員に規律を守らせることができるかどうか、強力なボスがいなくてもそれが可能かどうか、だ。同盟の成員たちは自分たちで秩序を維持できるだろうか?

同盟が小規模であれば、非協力的な行為はしっぺ返しという直接の報復で罰せられるだろう。アートがバドを裏切れば、バドは、次回アートがもっと協力的になるように、アートを罰することができる。バドは、アートを罰することで直接利益を得るので、これは**直接互恵性**と呼ばれる。しかし、同盟が大規模であれば——大規模であると仮定しよう——おそらく次回はないので、バドがアートを罰する意味はない。しかし、同盟の成員たちが、個人的に何も得るものがなかったときでも、どういうわけか裏切りを互いに進んで罰しようとするのなら、それは協力を大きく後押しするだろう。罰に意欲的な者で同盟がいっぱいになれば、裏切りが罰される確率が非常に高くなるので[*]、裏切りはぐんと減り、罰も少なくて済む。

非協力的な行為を罰しようとする、この一般的な意欲は**間接互恵性**の一種だ。罰する者は直接代価を負わなければならないが、他の成員が行なう罰によって間接的利益を得るので間接的なのである。ここから最初の「コモンズの悲劇」が連想されるのは当然だ。この種の間接互恵性は、自分の利益より集団の利益を優先させるため、それ自体一種の協力であり、一種の利他主義でもある。よって、こうした罰はしばしば「利他的処罰」と呼ばれる。ただし、この言葉は誤解を招くおそれがある。というのも、利他的処罰者は、集団の善について考える必要はないからだ。利他的処罰者は、自分(もしくは他人)に悪事を働いた人を懲らしめるのを楽しんでいるだけかもしれない。この点をもっとわかりやすくするために、私はこうした代価を伴う罰を**向社会的**処罰と呼ぶことにする。

私たちは、向社会的な処罰者だろうか？　確かめてみよう。はるか遠くの外国の街に連続強姦殺人鬼がいて大勢の女性を脅かしているとしよう。この男は逮捕されないかぎり悪事を続けるだろう。あなたは、この連続殺人鬼が司直の手に確実に委ねられるように匿名で二五ドルを寄付するだろうか？　二五ドルが無理なら、一ドルではどうだろう？　よし、寄付しよう。それがあなたの答えなら、おめでとう――あなたは向社会的処罰者だ。他者の協力を確実にするために、個人的な代価を払おうというのだから。(不可侵も一種の協力であることを思い出そう。)

研究室で行なわれた多数の実験により、人が実際に向社会的処罰者であることが確認されている。こうした実験でもっとも有名なのが、エルンスト・フェールとシモン・ゲヒターがいわゆる「公共財ゲーム」を使って行なった実験だ。これは、「コモンズの悲劇」とよく似た多人数版の「囚人のジレンマ」だ。参加者は全員、ゲームの冒頭で決まった額のお金を受け取り、いくつかのグループに分けられる。参加者は一ラウンドごとに共同資金として一定金額を出資する。共同資金に預けられたお金は実験者によって何倍かに増やされてから、参加者に均等に分配される。誰がいくら出資するかはわからないようになっている。

この場合、集団としての合理的行動は、参加者全員が所持金を全額共同資金に出資するというものだ。そうすれば、実験者によって増やされるお金の総額が最大になり、集団全体の取り分も最大化される。たとえば、四人の参加者が最初にもらった一〇ドルを全額、共同資金に出資すれば、共同資金は四〇ドルになる。実験者が共同資金を二倍にすれば、総額は八〇ドルとなり、各自に二〇ドルが配られることになる。これはかなりの儲けだ。ところが、個人としての合理的行動は（利己主義者だったら）、まったく出資しない――つまり、他の参加者の出資金に「ただ乗り」するというものだ。ただ乗り者は、最初に受け取ったお金をまるまる手元に残し、なおかつ共同資金の分け前にもあずかれる。この場合、ただ乗り者がひとりで三人が協力的であれば、ただ乗り者は一五ドルの純益を得るが、残りの人は各自たった五ドルの純益しか得られない。公共財ゲームのただ乗りは、「囚人のジレンマ」での裏切りや、「コモンズの悲劇」で羊を好きな<u>だけ</u>増やす行為と似ている。

公共財ゲームをくり返すと次のようなパターンが見られる。ほとんどの人が最初は協力的で、少なくとも所持金の一部を共同資金に出資する。しかししだいに、ただ乗りをする人が現われる。共同資金への出資額を減らしたり、お金をまったく出さなくなったりするのだ。協力的な参加者は、自分がカモになっていることを知ると、出資額を減らしたり、出資をやめたりする。ラウンドを重ねるごとに出資額が減り、「うんざりだ」という参加者が増え、出資金はかぎりなくゼロに近づく。悲劇だ。

ところが、協力的参加者にただ乗り者を罰する機会を与えると、状況が変化する場合が多い。この場合の罰は「代価を伴う罰」で、誰かの取り分を減らすためにいくらか支払わなくてはならない。たとえば、次のラウンドで、ひとりが一ドル支払うと、ただ乗り者の取り分が四ドル減る。これは経済的に誰かの頭をゴツンと殴ることに相当する。実験者が、ただ乗り者を罰する機会を与えると、通常、共同資金の額は増える。重要な点は、処罰者が罰から何も得るものがなく、全員がそれを承知していても、この現象が起きることだ。それだけではない。ゲームに罰が取り入れられると、即座に、誰かが実際に罰を下す前に、協力が高まる。つまり、ただ乗りしようと考えている人が、ただ乗りをすると、自分を罰したところで(物質的に)何の得もない人々にまで罰されると予測するわけだ。

なぜ私たちは向社会的処罰者なのか？　これについてはさかんに議論されている。ある人たちは、向社会的処罰は、直接互恵性と評判管理に向かって人類が進化させた性向のたんなる副産物だという。私たちは、協力しあう未来が築けそうにない相手を罰する。それは私たちの脳が、すべての人は協力のパートナーであり、誰かがつねに見張っているかもしれないと自動的に思い込んでいるからだ。小規模な狩猟採集集団で暮らすぶんには、不合理な思い込みではない。またある人たちは、向社会的処罰は、生物学的選択や文化選択を通して集団レベルで進化したという。向社会的処罰は集団にとってよいものであり、向社会的に処罰を与えることで、その人は、自分の集団が他の集団を打ち負かすのを助けているというのだ。これはたいへん興味深い議論ではあるが、自分の立場をはっきりさせる必要はない。本書の目的にとって重要なのは、向社会的処罰が生じるということと、それが現在よく知られている心の特徴に合致するということだ。

予測されるように、向社会的処罰は情動によって引き起こされる。フェールとゲヒターは参加者に、ただ乗りをした人にもし実験室の外で会うことがあったら、その人についてどう感じると思うかを尋ねた。ほとんどの人は、怒りを感じると思うと言い、立場が逆だったら怒りは自分たちに向けられるだろうと言った。このあきらかに道徳的な怒りを**義憤**と呼ぼう。

私たちが、他者が他者をどう扱うかにいかに関心があるかを何よりはっきり表わしているのが、物語などのフィクションに対するのめりこみだ。私たちが純粋に利己的なら、世渡りの知恵と突飛な才覚を駆使して犯罪組織を出し抜く孤児たちについての作り話を聞くために、大金を払ったりしないだろう。私たちは、想像上の英雄と悪漢の物語に心を奪われる。それは、こうした物語が、現実生活での協力者やごろつきへの反応を導く社会的情動を作動させるからだ。私たちは無関係な第三者ではない。

道徳マシン

単細胞から人間のような超社会的動物まで、地球上の生命の物語は、しだいに複雑さを増していく協力の物語といえる。協力があればこそ、私たちは今ここにいるわけだが、同時に、協力の維持は最大の試練でもある。道徳は、この試練に対して人間の脳が出した回答なのだ。(この考えをいきいきと広範に論じているのが、ジョナサン・ハイトの『正義の心』〔邦題は『社会はなぜ左と右にわかれるのか――対立を超えるための道徳心理学』〕だ。)

アートとバドが教えてくれたように、本来利己的な個人が、協力的なマジックコーナーに潜り込むためのいくつかの相補的戦略が存在する。「囚人のジレンマ」で協力を可能にする戦略は、あらゆる社会的ジレンマに、すなわち《私》と《私たち》の間に対立が生じるあらゆる状況に適用できる一般的な戦略だ。たとえば、アートとバドの協力戦略は、「コモンズの悲劇」を回避する戦略(「互いを思いやる羊飼いは、自分の群れの規模を進んで制限する」)に簡単に読み替えられる。リヴァイアサンたる羊飼いは、羊飼いたちが確実に規則に従うことを可能にする。羊飼いたちは集団の中でズルをする人に絶えず目を光らせ、自分たちをカモにしようとする部外者を締め出すことで協力を維持できる。さらに重要なことに、こうした戦略は現実世界の問題解決にも適用できる。強欲な羊飼いにあてはまることは、脱税者、怪しい実業家、不法な汚染者、侵略者、「友達のふりをした敵」らにもあてはまる。(これについてさらに詳しく次章で取り上げる。)

それぞれの協力戦略に対して、私たちの道徳脳には、戦略を実行するための情動的傾向が備わっている。それらをひとつずつ見ていこう。

他者への思いやり……自分の取り分だけでなく、他者の取り分も同じように大切にするのなら、

二人の囚人はマジックコーナーを見つけられる。この戦略に対応して、人間には**共感**が備わっている。さらに一般化すると、私たちには、他者、とくに家族、友人、恋人の身に起きることを気づかう情動が備わっている。私たちの情動はまた、他者に直接、かつ意図的に危害を加えることを躊躇させる。そして（それほどではないものの）他者が危害を加えられるのを見過ごすことも躊躇させる。私はこれを最低限の良識と呼ぶ。

直接互恵性……いま協力しなければ、将来協力して得られる利益が消えてしまうとわかっていれば、二人の囚人はマジックコーナーを見つけられる。この戦略に対応して、人間には**怒り**や**嫌悪**などのネガティブな情動が備わっている。これらの存在は実際よく知られていて、私たちに、非協力的な個人を罰しようとか、避けようとする動機を与える。同時に、こうしたネガティブな情動への傾向は、間違いがつきものである世界への適応戦略である**許し**の性向によって和らげられる。私たちは**感謝**を通じて協力へのポジティブな動機を互いに与えあう。

確実な脅しや約束……互いの非協力的行動を罰すると固く誓っているなら、二人の囚人はマジックコーナーを見つけられる。この戦略に対応して、人はしばしば**復讐心**を抱く。多くの人に備わっている（これもよく知られている）のが、たとえ代価が利益を上回っても非協力的行為を罰しようとする情動的傾向だ。同様に、非協力的行動をとった自分自身を罰することを確約しているのならば、二人の囚人はマジックコーナーを見つけられる。この戦略に対応して、人はときに**高潔**になるし、**羞恥心**や**罪悪感**といった自罰的情動の傾向も知られている。人は、これに関係した**忠誠心**という美徳も示す。愛とセットの忠誠心もそれに含まれる。より高位の権威への忠誠心には、**謙遜**という美徳や**畏怖**を感じる能力も関わっている。

評判……ここで非協力的なふるまいをすれば、事情をよく知る他人にこれから協力してもらえなくなるとわかっていれば、二人の囚人はマジックコーナーを見つけられる。この戦略に対応して、私たち人間は、乳児でさえ、**手厳しい**。私たちは、人が他者にどう接するかに注目し、それに応じて相手へのふるまいを調節する。さらに、**ゴシップ**を発信し消費するという抑えがたい性向によって、自分たちの判断の影響を増幅させる。そのため、私たちは、他者の監視の目に非常に敏感になる。他者の目があるために私たちは**自分を意識する**。自意識がうまく働かずに一線を越えたところを見つかると、見た目にはっきりと**恥じ入り**、もうしませんという信号を発する。

分類……協力的な集団に所属することによって、二人の囚人はマジックコーナーを見つけられる。ただしこの集団の成員が互いを確実に特定できればの話だ。この戦略に対応して、人間は**部族主義的**である。集団の成員が発する信号を敏感にキャッチし、外集団より内集団の成員(見ず知らずの人であっても)を直観的に好む傾向がある。

間接互恵性……協力的でない者を罰する(あるいは、協力した者には報酬を与える)他者の存在があるのなら、二人の囚人はマジックコーナーを見つけられる。この戦略に対応して、人間は**向社会的処罰者**である。**義憤**に駆られ、自分には何の得にならなくても、非協力的な者を罰する。他者にも、裏切り者に対して正当な憤りを感じることを期待する。

共感、家族愛、怒り、社会的嫌悪、友情、最低限の良識、感謝、復讐心、恋愛、名誉心、羞恥心、罪悪感、忠誠心、謙遜、畏怖、手厳しさ、ゴシップ好き、自意識、狼狽、部族主義、義憤。これらはすべて人間性のおなじみの特性だ*。そして社会的能力のある人たちはみな、それらがどういうものであるか、何をしているのかについて実際的な理解はもっている。それにもかかわらず、私たちは最近まで、これらの一見ばらばらな人間の心の特性どうしの整合性や存在理由を理解していなかった。この心理機構はすべて、本来なら利己的な個人間の協力を促すために完璧に設計されている。この機構が実現する戦略は、抽象的な数学用語で形式的に述べることができ、逮捕された銀行強盗の例で説明できる。いまのところ、こうした心理機構のすべてが協力を促すために、生物学的もしくは文化的に進化したと証明する手立てはないが、もしそのために進化したのでないなら、これは途方もない偶然の一致だ。

人間の道徳のこうしたとらえ方によれば、通常、協力は直観的だ。協力するために、協力の論理を理詰めで思考する必要はない。私たちには、自分に代わってこうした思考を行なう感情が備わっている。この考えを検証するために、デヴィッド・ランド、マーティン・ノヴァク、私は一連の研究を行なった。私たちはまず、「囚人のジレンマ」ゲームと公共財ゲームを用いた、公表されている実験デ

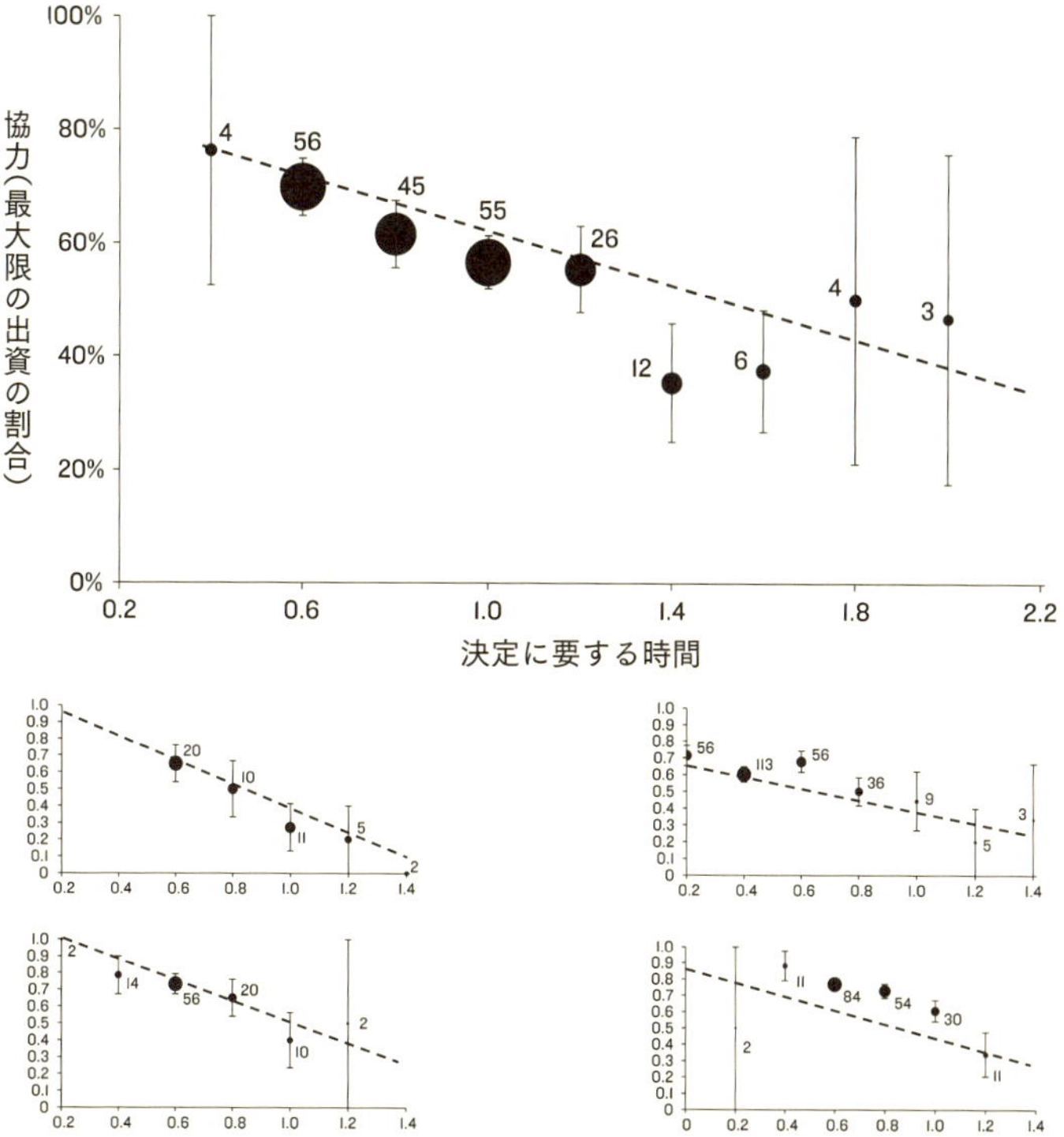

図 2-5　5つの協力実験から得られた決定に要する時間のデータ．決定に要する時間が短いほど，個人の利益より集団の利益を優先する傾向が見られる．これは，協力的なふるまいが(少なくともある文脈においては)利己的なふるまいより直観的であることを示している**.

ータを再分析した。具体的には、人々が決定に要した時間に注目した。そこには同じパターンがくり返し現われていた。決定に要する時間が短いほど協力が行なわれていた。これは協力が直観的なものであるという考えに一致する(図2-5参照)。

その後、自分たちで公共財ゲームを行なった。一方の被験者には決断をすばやく下すように(一〇秒以内)、もう一方の被験者には決断に時間をかけるように(一〇秒以上)強いた。予想通り、すばやい決断を迫られた被験者は協力的傾向が強まり、時間をかけるように強いられた被験者は協力的傾向が弱まった(ただ乗り者が増えた)。別の実験では、公共財ゲームを行なう前に被験者に、直観がよい結果をもたらしたときのこと、もしくは慎重な思考が判断を誤らせたときのことを書き出してもらった。直観的思考の益(もしくは慎重な思考の害)について熟考すると、人はより協力的になった。同じように、慎重な思考の利益(もしくは直観的思考の不利益)について熟考すると、協力的傾向は弱まった。これらの研究は、協力を可能にし、容易にする、自動化された心理プログラムが人間の道徳脳に組み込まれているという本章の要点を浮き彫りにしている。

(次のことに注意。これらの研究から、あなたは、直観はあらゆるよいものの源であり、慎重な論理的思考は道徳の敵であると結論するかもしれないが、それは間違いだ。じつのところ本書の目的はこの間違いをただすことにある。これらの研究が示しているのは、私たちの社会的本能は「コモンズの悲劇」の回避を得意としているということだ。先に記したように、悲劇はこれだけではない。これについてはすぐに取り上げよう。)

私は、本章で説明した心理機構を「道徳マシン」と呼んだ。しかし「道徳」を「協力を強化するもの」と同一視するのは、少なくとも二つの理由から変だと思われるかもしれない。まず、あきらかに道徳に関係する現象ではあるが、協力とは無関係と思われるものがある。たとえば、一部の文化では、ある食物を口にすることや、合意に基づくある種の性行為が不道徳と考えられている。こうした禁忌が人の協力にどう役立つのか？

はっきりさせておこう。私は、人間の脳に組み込まれた協力のための心理的ツールを「道徳マシン」と呼んだが、この機構が協力を促すためだけに利用されているとは言っていない。そうではなく、この機構には協力を促す役割があるため脳に組み込まれていると言っているのだ。だからといって、道徳マシンが別の目的のために利用できないわけではない。たとえば、鼻は眼鏡を支えるために進化したのではなかった。そのように、たとえば同性愛者に向けられる義憤は、協力を促すものではないかもしれないが、義憤に駆られる能力は協力を促す上で役に立つので存在するのだろう。とはいえ、道徳的慣習の中には、協力とは一見無関係に思われるが、実際は関係しているものもあるだろう。たとえばヒンドゥー教は牛を食べることを禁じている。この禁忌は、牛を短期間で肉として消費するのではなく、長期間にわたって乳の供給源とすることで、食料供給を増やしているのかもしれない。プロテスタントの職業倫理は、勤勉と節制を旨とするため、共同体により多くの資源が蓄えられる。自慰(間違いなく個人的な行為)の禁止でさえ社会的機能を果たしているかもしれない。教会などの協力組織は、結婚の祝福に対する独占権を維持する一方、性的喜びに達するその他の道をふさぐことで、権力を強化するのだろう。

二つめとして、私が「道徳マシン」と呼ぶものの中には、完全に不道徳とはいわないまでも、無道徳と思われるものがあるかもしれない。他者への思いやりが道徳的であるのは間違いない。私心なく、協力に関するきまりを守らせるのも道徳的行為だと考える人もいるだろう。だが、直接互恵性はどうだろう？　自分たちに協力しようとしない人を避けよう、もしくは罰しようとする人間の性向は協力を促進させるだろう。しかしこれがとくに道徳的であるとは思えない。それどころかたんなる利己主義に思える。さらに、あまりに人間臭い復讐趣味はどうだろう？　これも協力を促進させるのかもしれないが、多くの人は道徳的に褒められたものだとは思わないだろう。

そのとおり。この心理機構を「道徳的」と呼んだからといって、私はこれを、少なくとも全面的に、肯定するわけではない。それどころか、これからすぐに見ていくように、私たちはこの道徳マシンのおかげで数多くの不要な面倒に巻き込まれている。それでも、純粋に記述的・科学的見地から次のことを理解しておくのは重要だ。私たちの心に備わったこうした特性は、多くがそう褒められたものではないが、有機的統一体の一部であり、協力を可能にするために進化した一組の心理的適応なのだ。さらに、この心理機構こそ、間違いなく道徳的であるすべてのものの、地上界における源泉なのだ。言い換えると、協力を促すために進化したものがすべて「道徳的」という称賛に値するわけではないが、私たちの脳が協力するように設計されていなければ、「道徳的」という称賛に値するものはこの世に存在しなかっただろう。

それではなぜ、私たちの脳は協力用に設計されているのか？　神がそのように設計されたからかもしれない。それとも、自然の偶然に過ぎないのかもしれない。しかし、いまや神の思し召しか偶然の産物かという明確な選択は存在しない。私たちには協力的な脳がある。それは、協力が物質的恩恵を、すなわち遺伝子がより多くの自分の複製をつくることを可能にする、生物としての資源を与えてくれるからだろう。進化の汚泥の中から、人間の善性という花が咲くのだ。

第3章　あらたな牧草地の不和

あらたな牧草地の羊飼いたちの脳には、協力用に設計された道徳マシンがぎっしり詰まっている。ところが、部族間の暴力のために暮らしは台無しだ。比較的平和な時期も、あらたな牧草地の部族どうしは、人間がどう生きるべきかについて根本的に相いれない。なぜなのか？　第2章では、私たちを協力的にさせる道徳マシンをひととおり見てきた。それは、私たちがマジックコーナーを見つけて、コモンズの悲劇を回避することを可能にさせる心理的プログラムだった。第3章ではふたたびこの道徳マシンに注目し、なぜこれほどまでこの装置が現代の社会では役に立たないことが多いのかを理解しよう。なぜ私たちの道徳脳は、「コモンズの悲劇」を回避するのはうまいのに、「常識的道徳の悲劇」の回避にこうもしくじるのか？

衝突の心理

部族間の協力を阻む心理的障害には、大きく分けて、二つの種類がある。ひとつは、単純な、古くからある集団レベルでの利己主義、いわゆる**部族主義**とも言われるものだ。人間はかならずといっていいほど《彼ら》より《私たち》を優先させる。次に、部族主義を超えた、純粋な価値観の違い、協力の適切な条件に関する齟齬《そご》がある。たとえば、北の部族と南の部族の不和はたんなる部族の利己主義として片付けられない。個人主義を掲げる北の部族は、賢く勤勉な羊飼いが、愚かな怠け者の羊飼いの面倒をみるように無理強いされるのは間違いだと純粋に信じている。集団主義の南の部族も、自分たちの集団の成員が、とくに不運な境遇の犠牲者が、裕福な人たちの傍らで飢えて死ぬのを見過ごすのは間違っていると純粋に信じている。北の部族と南の部族は利己的ならずとも争う理由に事欠かない。

この二種類の部族間衝突はおのずと融合する。つまり、集団は、利己的な理由から、ある道徳的価値観を他の価値観より支持する場合がある。私はこの現象を**バイアスのかかった公正**と呼ぶ。北の部族は極端に個人主義的で、南の部族は極端に集団主義的だ。これより穏健な東の部族と西の部族はどうだろう？　たとえば、東の牧草地は西の牧草地より土地が肥沃で、そのため東の部族の方がいくらか豊かで、西の部族の方がいくらか貧しいとしよう。貧しい相手方を援助することになりそうだとなったとき、東の部族は個人主義に傾き、集団主義的色合いが薄まるだろう。西の部族では逆の現象が生じるのではないか。正反対の道徳的傾向に傾いていくとき、東の部族と西の部族は、自分たちに何らかのバイアスがかかっているとは思わないだろう。実際、このように傾いていくプロセスは何世代もかけて、個人が、社会の組織のありようについて、自分の考えを変えたりしなくても生じるプロセスかもしれないのだ。

一部の純粋な道徳観の相違は突き詰めれば程度問題だ。南の人たちが、賢く勤勉な人たちから取り上げ、愚かな怠け者に与えるという不公正に気づいていないわけではない。実際、南の部族内でもっともよく聞かれる不満は、愚かであったり怠け者だったりの、ただ乗りしようとする隣人たちに関するものだ。それにもかかわらず、集団主義を尊ぶ南の部族は、裕福な人がいる一方で同胞を、たとえ愚かであったり怠け者であったりしても、見殺しにするのはあまりに残酷だと考える。一方、裕福な北の部族も、恵まれない人たちに対して、たとえ愚かな怠け者であっても、同情を感じないわけではない。裕福な北の部族はこうした人々を救うためにしばしば寄付をする。とはいえ、愚かな怠け者への援助を無理強いされることに、また、愚かな怠け者の救われる権利を認めて愚かさや怠惰にお墨つきを与えることには反対だ。これは社会全体を蝕《むしば》む。一部の人を見殺しにするよりなお悪いと彼らはいう。

その他の、集団間の道徳観の相違は程度問題ではない。集団によっては、よそ者にはまったく理解できない、少なくとも細かい点についてはまったく理解できない道徳的価値観をもつものもある。よそ者には、こうした価値観は恣意的で奇妙に思われるが、その集団の中では、完全に筋が通っていて、しばしば神聖不可侵である。たとえば、ある部族は女性が公共の場で耳たぶをあらわにするのは忌まわしいと考えている。しかし他の部族は、女性のあらわな耳たぶが問題だとはまったく思わないので、自分たちに不都合であれば、この禁忌を受け入れる理由はないと考える。同様に、特定の個人、機関、文書、神に、道徳的権威や政治的権威を認めている部族もある。たとえば、ある部族の聖典には、黒い羊と白い羊を同じ小屋に入れてはいけないと書かれている。この原則は、すべての神の中の神の代弁者であり、その言葉にはぜったいに間違いがない部族の「最高指導者」のお墨つきを得ている。この場合も、道徳観の相違は程度問題ではない。他の部族の成員は、この部族の聖典、神、指導者の権威をまったく認めていないのだから。

どの人、どの神、どの文書に権威を認めるか？　こうした問題に関する意見の相違は、世俗的事柄をめぐる意見の相違にも発展する。ある部族の聖典によれば、あらたな牧草地は、はるか昔にこの土地を追われた自分たちの祖先のふるさとなのだ。他の部族はこれを勝手な作り話だと退ける。「証拠はどこにある？」と彼らは問う。「聖典のここに！」と信仰者たちは答える。こうした信念はローカル（局所的）なのだ。すなわち特定の人、文書、神といった、固有名詞で呼ばれる存在への傾倒と分かちがたく結びついている。こうした信念に対する、あまり中立的でない——より適切だという人もいるだろう——形容が「偏狭」である。ただし、信仰者たちの間では、こうした信念を偏狭、いやローカルとさえ考える者は、たとえいたとしてもごくまれだ。信仰者の視点からすれば、これらの信念は、普遍的な道徳秩序の知識を反映しているのだが、どういうわけだか、他の部族の成員たちには理解できないのだ。

よって、あらたな牧草地の部族らは争う。どの部族も自分勝手な理由で《彼ら》より《私たち》をひいきするからであり、どの部族も異なる道徳のレンズを通して世界を見ているからでもある。それでは道徳的対立の心理学と社会学を詳しく見ていこう。

部族主義

あらたな牧草地での不和のもっともわかりやすい原因が部族主義、すなわち、外集団の成員より内集団の成員を(しばしば悪びれもせずに)えこひいきする傾向だ。これはごく短い節になる。というのも、人間に、衝突の火種となる部族主義的傾向があることはほぼ間違いないからだ。人間の部族主義的傾向に関する議論が行なわれる場合、問題となるのは、私たちにこうした傾向があるかどうかではなく、なぜこうした傾向があるのか、だ。私の考えを述べよう。証拠は人間に生まれつき部族主義的傾向が備わっていることを強く示唆している。先に紹介したように、人類学の調査は、内集団びいきや自民族中心主義が人間に普遍的なものであることを示している。幼い子は、言語的手がかりを頼りに内集団の成員を特定し、好意をもつ。潜在的連合テスト(IAT)は、おとなにも子供にも、なんとサルにも、外集団の成員に対する広範な、ネガティブな連合があることを示す。人は、恣意的に決められた、その場かぎりの集団であれ、外集団より内集団の成員を進んでひいきする。人は、人種による分類法を別の分類法にあっさり置き換えるが、人間の連合心理の進化学的説明から予測されるように、性別による分類は簡単には置き換えられない。さらに、内集団の成員を選択的にひいきさせる神経伝達物質、オキシトシンが存在する。最後に、血縁関係にない者との協力の進化を生物学的に説明するときにはかならず、自分の協力パートナーたち(その大半、もしくは全員が、自分の集団の成員である)をそれ以外の者よりひいきするという話が出てくる。実際、数理モデルの中には、集団内の利他主義は集団間の敵意なしには進化できなかったことを示唆するものもある。

要するに、私たちは生まれながらの部族主義であるらしく、どう考えても部族主義的であるのは確実だ。である以上、人間の複数の集団が共存しようとするとき、問題が持ち上がるのは必定なのだ——ただし、けっして克服でき〻ない問題ではない。

協力は、どんな条件で？

部族主義のために複数の集団が仲良くやっていくのは難しい。しかし、集団レベルの利己性だけが障害なのではない。比較文化研究から、人間の集団は協力の妥当な条件に対する考え方が、すなわち相手に何を期待すべきで、何を期待すべきでないかについての考えが、驚くほど違うことがあきらかになっている。

ジョゼフ・ヘンリックらは、アフリカ、南米、インドネシア、パプアニューギニアなど世界中の小規模な社会を調査している人類学者と協力して、次のような画期的な研究を行なった。こうした小規模な社会の住民に三種類の経済ゲームをしてもらう。いずれのゲームも、人々のもつ協力への意欲と、他者の意欲に関する予測を測定するために設計されたものだ。そのうちの二つ、「独裁者ゲーム」と「公共財ゲーム」は前章で取り上げた。三番目のゲームは「最後通牒ゲーム」と呼ばれている。

「最後通牒ゲーム」では、提案者と呼ばれるプレーヤーが、自分と受け手の間でお金をどう分けるかを提案する。受け手は、提案を受けることも拒否することもできる。たとえば、提案者による「私が六割、あなたが四割」という提案を受け手が飲めば、お金は提案どおりに分配される。受け手が提案を拒否すれば、どちらもお金は受け取れない。例によって、こうしたすべては匿名で行なわれる。「最後通牒ゲーム」は本質的に、資源の分配における人間の公平感を測定する。相手の取り分を多くする提案は、分かちあいへの意欲を反映している。提案者は、そうすることが公平だと考えているか、受け手がそれを公平だと考えるだろうと予測しているのだから。相手の取り分を少なくする提案は、個人の権利意識と、他者もそれを尊重するだろうという予測を反映している。提案への拒否は「あなたの提案は不公平だ。それをはっきりさせるために喜んで代価を支払おう」という意志表示だ。

ヘンリックらは、「最後通牒ゲーム」の提案額が社会によってかなり差があることを発見した。一方の極にいるのはペルーのマチゲンガ族だ。彼らは受け手に平均二五パーセントを提案した。これに一致して、マチゲンガ族でこの提案を拒否した者は二五人中ひとりだけだった。マチゲンガ族は相手に少ししか提案せず、相手からも少ししか期待しない。アメリカなど西欧先進諸国ではまったく違う結果となる。これらの国々では、平均提案額は約四四パーセントで、もっとも多い提案は五〇パーセントである。提案額が二〇パーセントを下回るとほぼ五〇パーセントの確率で断られる。小規模社会の中には、西欧社会にほぼ近いところもある。たとえば、ジンバブエで再定住した村人たちの場合、提案額は平均して四五パーセントで、低い額の提案は約五〇パーセントの確率で拒否された。対照的に、パラグアイのアチェ族やインドネシアのラメララ族の平均提案額は五〇パーセントを上回り、すべての提案が受け入れられた。パプアニューギニアのアウ族は、しばしば五〇パーセントを上回る提案をしたが、受け手は、こうした非常に気前のよい申し出も、低額の申し出とほぼ同じ確率で拒否した。私たちの脳に組み込まれた道徳マシンは、ところ変わると、働き方も変わる。

前にも述べたように、「公共財ゲーム」は「コモンズの悲劇」の実験室版だ。参加者が共同資金に出資し、実験者が何倍かに増やしたものを、参加者全員で平等に分ける。参加者は出資しなければ（ただ乗りすれば）報酬を最大化できるが、集団は、全員が出資した場合に報酬が最大化される。西欧諸国で（大学生を被験者として）「公共財ゲーム」を行なうと、一般に共同資金への出資額は平均四〇パーセントから六〇パーセントで、ほとんどの参加者は全額出資するか、まったく出資しないかのどちらかだ。（興味深いことに、アメリカ人の協力行動は、文脈を示す手がかりにたいへん影響されやすい。たとえば「囚人のジレンマ」を「ウォール街ゲーム」と呼ぶか「共同体ゲーム」と呼ぶかで協力の仕方が劇的に変化する。）一方マチゲンガ族では、参加者の出資額は平均わずか二二パーセントで、全額出資した人はひとりもいなかった。ボリビアのチマネ族では、西欧の場合と違って、中間に固まり、まったく出資しない人や全額出資する人はきわめて少なかった。このゲームの場合も、地域により大きな差が見られる。

「独裁者ゲーム」は、「提案者」が完全に決定権を握っているため、じつはゲームとはいえない。先に説明したように提案者が最初にお金をもらって、そのお金を他者に全額を与えるか、何割かを与えるか、もしくはまったく与えないという選択をする。「独裁者ゲーム」では、西欧の大学生は通常五〇パーセントを提案するか、まったく与えない。これは「公共財ゲーム」に見られる行動と一致する。（このときも、アメリカ人の行動は文脈によって劇的に変化する。アメリカ人は「独裁者ゲーム」で、一番少ない提案額をゼロではなくマイナス（つまり他者から「取り上げる」）にすると、「何も与えない」を選択する傾向がある。）チマネ族にも一貫した文化的パターンが見られる。彼らの提案額は平均三二パーセントで、かならずいくらかを提案する。ケニアのオルマ族の平均提案額は五〇パーセント、タンザニアのハッツァ族の平均提案額は一〇パーセントだ。ご想像どおり、協力的傾向がきわめて高い社会は、協力的でない人を罰しようとする意欲もきわめて高い。（「独裁者ゲーム」は協力の要素を含まない**一方的な「ゲーム」であるため、どこが協力に関係しているのか疑問に思われる方もいるだろう。）

なぜ、文化によってゲームのやり方がこれほど異なるのだろう？　ご想像の通り、ゲームのやり方には人々の暮らしぶりが反映されている。ヘンリックらは、これらの社会を二通りの方法で特徴づけた。まず、これらの社会を、社会の成員が協力によって恩恵を受けている程度を示す、「協力への報酬」で順位づけした。たとえば、マチゲンガ族では各家が独立して生計を立てているが、インドネシアのラメララ族は十数名以上の大きな集団で捕鯨をする。「最後通牒ゲーム」でのラメララ族の提案額がマチゲンガ族の二倍であるのはそのような経済生活スタイルと合致している。また、「市場への統合」に関して、すなわち人々が日常生活で市場での交換に依存している程度（たとえば食料を買っているのか自給自足しているのか）でも社会を順位づけした。第１章で触れたように、市場経済への参加も大規模な協力の一種だ。ヘンリックらは、「協力への報酬」と「市場への統合」がこれらの文化間の変動の三分の二以上を説明することを発見した。さらに最近の研究が、すべての社会で、「市場への統合」が、「独裁者ゲーム」での利他性を予測するすぐれた指標になることをあきらかにしている。同時に、個人の性別、年齢、相対的な富、ゲームで賭けられる金額など、協力行動の重要な予測変数と思われそうな多くの因子はほとんどあてにならない。

これらの実験の知見は、もっと具体的な形で文化的慣習と一致している。たとえばパプアニューギニアのアウ族とグナウ族をみてみると、これらの部族は「最後通牒ゲーム」で五〇パーセント以上の分配を頻繁に提案し、こうした気前のよい申し出を頻繁に拒否する。彼らには贈り物の文化があり、大きな贈り物を受け取ると、その贈り物のお返しに受け手が贈り手に服従する義務を負う。パラグアイのアチェ族は、「最後通牒ゲーム」の提案者の中でもっとも気前がよかったほうで、ほぼ全員が四

○パーセント以上を提案した。アチェ族は集団主義的傾向が非常に強い。アチェ族では普通、狩りに成功した狩人は野営地の端に獲物を置いて、狩りに失敗したと報告する。すると他の者がその獲物を見つけてきて、野営地にいる全員に平等に分配する。ケニアのオルマ族も集団主義的傾向の強い部族で、「公共財ゲーム」のことを自然発生的に「ハランベーゲーム」と呼んでいた。ハランベーは学校や道路の建設などの集団事業に団結して取り組むオルマ族の慣習を表わす言葉だ。オルマ族は「公共財ゲーム」で共同資金に所持金の五八パーセントを出資した。

もっと最近では、ベネディクト・ヘルマンらが複数の大規模な社会を対象に協力と罰を調査した。こちらの結果も印象的である。彼らは、世界各都市の住民に「公共財ゲーム」をくり返し行なわせた。この実験では、参加者はただ乗りを罰することができた。結果の一部を図3-1に示す。

X軸にはゲームの回(一回目、二回目、……)が、Y軸には平均出資額が記されている。まずお気づきのように、ゲームの開始時点から、参加者の居住都市により出資額がまったく違う。アテネ、リヤド、イスタンブルの住民の出資額が所持金の平均二五パーセント強だったのに対し、ボストン、コペンハーゲン、ザンクトガレンの住民の出資額は七五パーセントを上回っていた。次に、ゲームの展開に大きく三通りのパターンが見られる。たとえばコペンハーゲンのような都市では、出資額は最初から最後まで高い水準を保つ。それは、大半の人が最初から協力に意欲的で、協力的でない少数派を罰するために代価を支払おうとするからだ。(ただしコペンハーゲンのような都市でも、罰する機会が与えられないと、協力は崩壊する。)次に、ソウルに代表される都市がある。ゲームがはじまった時点での出資額は中間くらいだが、ただ乗りが罰によって抑制されるとかなり高いところまで増える。最後に、アテネ、

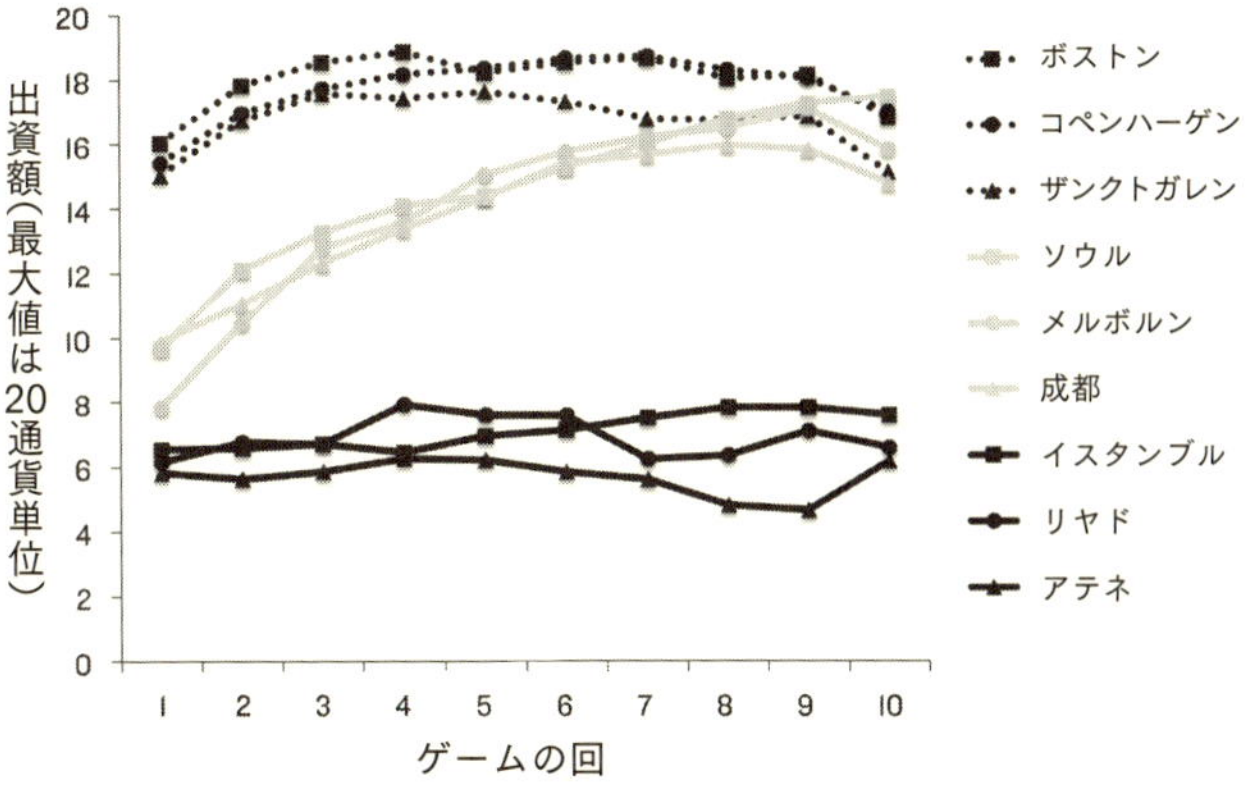

図3-1　様々な都市の住民に連続して何回かの「公共財ゲーム」を行なわせたところ，協力レベルと推移の様子にかなりの違いが見られた*.

リヤド、イスタンブルのような都市がある。これらの都市では出資額は最初から最後まで少ない。この結果は意外である。これらの都市でも、協力的な参加者がただ乗りを罰する機会が与えられているのに、なぜ、ソウルのように回を重ねるごとに協力が高まらないのか。

じつはアテネ、リヤド、イスタンブルのような都市には、対抗する社会勢力が存在する。この種の「公共財ゲーム」では、協力者はただ乗り者を罰することができるが、ただ乗り者も協力者を罰することができるのだ。これは「反社会的処罰」といわれる現象だ。アテネのような都市では、共同資金に出資しなかった人が、出資した人を罰するためにしばしば代価を支払う。なぜそんな真似をするのだろう？　ひとつは復讐のためである。ただ乗り者が協力者に罰されることに腹を立て、逆襲するのだ。しかし復讐だけではないかもしれない。なぜなら、出資金額の少ない者が、なんとゲームの初回から協力者を罰する都市もあるからだ。まるでこう言っているようではないか。「慈善家どもよ、糞くらえ！　俺をおまえのケチなゲームに付き合わせようなんて考えだって起こす

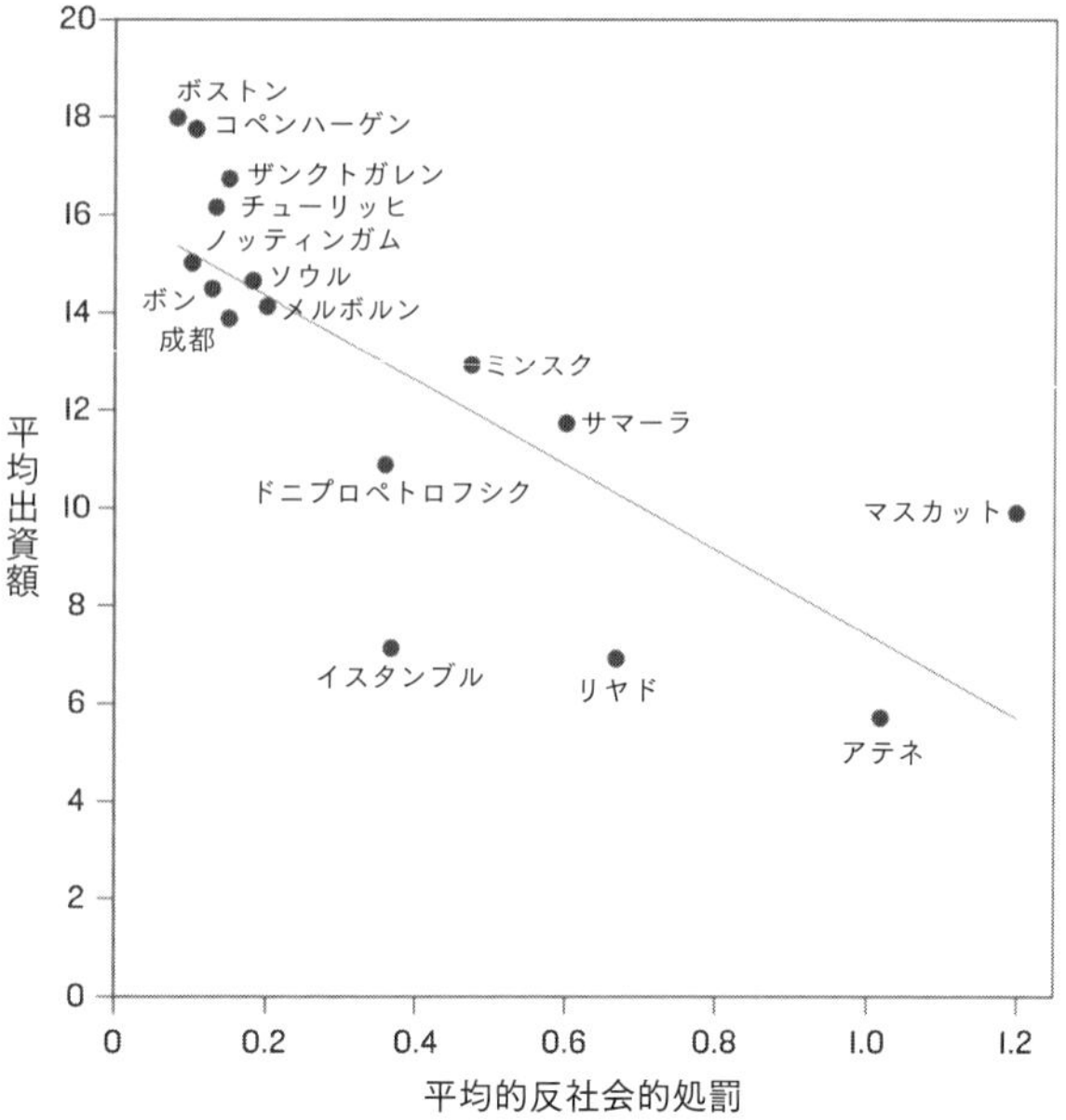

図 3-2 世界各都市で行なわれた連続「公共財ゲーム」の出資額は，協力に対して罰を与える「反社会的処罰」のレベルと負の相関を示す．

な！」図3-2に示されるように、反社会的処罰の広がりは、ある集団が協力下手であることを示すすぐれた指標となる。

このように、いくつかの都市では、本来「公共財ゲーム」で協力を支えるはずの力、利他性や向社会的処罰が、反社会的処罰に圧倒されている。この場合も、人々のゲームのやり方は、その土地の文化を反映しているようだ。実験者たちは、各都市で抽出された何千人もの、世界価値観調査（社会学者たちが、世界各国の人々の社会文化的・道徳的・宗教的・政治的価値観を調査するために行なっている国際的プロジェクト）の質問に対する答えを検討した。すると、反社会的処罰は、脱税や公共交通機関のキセルといった違反に対して、市民の意識がだらしない都市で多く見られることがわかった。私たちが「公共財ゲーム」を使って行なった調査でも（第2章「道徳マシン」参照）、直観的に協力的にふるまう人は、日常でも付き合いのある人々を信頼していると回答した。実験室と実地の悲しい一致といおうか、本書を

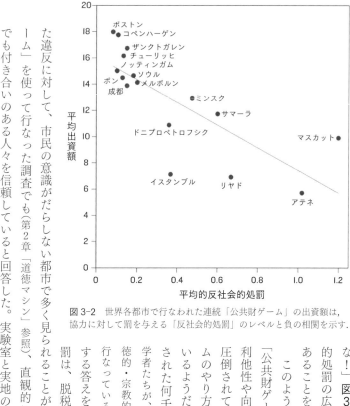

執筆しているほとんどの期間、ヨーロッパは深刻な経済危機に陥っていたが、その元凶はギリシャが財政破綻しかけたからだった(図3－2右下のアテネに注目)。ギリシャ問題によって、EUは分裂の危機にさらされた。デンマーク(図3－2左上のコペンハーゲンに注目)をはじめEUの領袖たる国々は、より大きな善という名目のもとにギリシャを救済するか否か、救済するならどういった条件でするかで論争したのだった。

(先に進む前にこれだけはお断りしておこう。この章にかぎらずどの章でも、ギリシャや他の国々・部族の人々を誹謗することは本書の趣旨ではない。私は、異なる社会システム(重大な責任を負う個人がほとんどいないシステム)の失敗や成功から教訓を得られればと思っている。ただし、こうした教訓から学ぶには、侮辱ととられかねない事柄や、人が偏見をあからさまにするとき口にする言葉と悲しいくらい似ていることを進んで言わなくてはならない。)***

名誉と調和

一九九〇年代初頭、ドヴ・コーエンとリチャード・ニスベットは、アメリカ人どうしの文化的違いを調べる一連の調査を行なった。被験者はミシガン大学の男子学生たちで、「かぎられた反応時間が人間の判断のある側面に及ぼす影響」に関する実験のために連れてこられた。学生たちはひとりずつ呼ばれ、所定の用紙に記入したら、その用紙を細長い廊下の突当りにある机の上に置いてくるように指示された。机に向かう途中、学生は廊下の書類戸棚の前で作業をしている男性(じつは実験の共謀者)の横を通る。学生は廊下を引き返してくるとき、もういちど、その男性の横を通る。すると男性は書類棚の引き出しをバンと閉めて、学生に肩をぶつけて「バカ野郎」とののしる。

罵声を浴びせられた学生の反応は出身地によって異なった。廊下で見ていた観察者によると、平均して、南部出身の学生は北部出身の学生に比べ、侮辱に対して腹を立てることが多く、面白がる反応は少なかった。それだけでなく、南部出身者と北部出身者では生理反応にも違いが見られた。実験者たちが、侮辱の前後に学生たちの唾液を集めたところ、侮辱された南部出身者のコルチゾール（ストレス、不安、覚醒に関係するホルモン）のレベルは、侮辱された北部出身者や侮辱されなかった南部出身者よりも著しく上昇していた。南部出身者は、侮辱された後ではテストステロンのレベルも急激に上昇した。

実験の後半では学生たちに次のような小文を読んで回答してもらった。

パーティに到着して、わずか二〇分ほどしか経たないうちに、ジルがスティーブを脇に引っ張っていった。あきらかに何かを思い悩んでいる様子だ。

「どうしたんだ？」スティーブは尋ねた。

「ラリーのせいよ。私たちが婚約しているって知っているくせに、今晩もう二度も言い寄ってきたわ。」

ジルは人ごみの中へ戻っていき、スティーブは、ラリーから目を離すまいと決めた。案の定、五分もしないうちにラリーがジルに近づき、キスしようとした。

学生たちはこの話を完成させるように言われた。共謀者(つまり実験者の秘密の協力者)に侮辱された南部出身者の七五パーセントが、暴力か暴力による脅しを含む形で物語を完結させた。一方、侮辱されていない南部出身者で同様の結末にした者はわずか二〇パーセントだった。対照的に、北部出身者は、侮辱されたかどうかで結末は変わらなかった。

コーエンとニスベットらは、こうした侮辱が現実の行動にも影響するかどうかをあきらかにしようとした。彼らは、被験者に対して「度胸比べ《チキンゲーム》」をするよう仕組んだ。侮辱された(もしくは侮辱されなかった)学生が廊下の向こうから足早に向かってくる第二の共謀者(身長一九〇センチ、体重一一三キログラムの大男)と遭遇する。廊下を中ほどまで行ったところの壁際には机が並べてあり、被験者と体格のいい共謀者が同時にすれ違えるほどの幅はない。どちらかが譲らなくてはならない。大柄な共謀者は被験者の方へまっしぐらに進んできて、最後の最後まで道を譲ろうとはしない。コーエンらは、被験者が大男にどこまで近づいたら道を譲るかを測定した。侮辱された南部出身者の場合、近づいてくる共謀者に道を譲ったのは、平均して、九四センチメートル離れたところだった。一方、侮辱されていない南部出身者は平均二七四センチメートルのところで道を譲った。北部出身者では侮辱されたかどうかは「チキンポイント(どこで道を譲るか)」に影響しなかった。同時に、南部出身者は侮辱されていないときは、北部出身者より礼儀正しかった。侮辱されていない北部出身者は、平均約一九〇センチメートルのところで道を譲った。

侮辱された(もしくは侮辱されなかった)ことによって、南部出身者と北部出身者の反応はなぜこれほど違ったのか？　コーエンとニスベットは、世界の他のいくつかの地域と同じく、アメリカ南部には、強固な「名誉の文化」があるという考えに基づき、先の結果を予測していた。ヘンリックらと同様、彼らの分析も経済学を出発点としていた。南部経済は、もともと家畜の放牧を基盤としていた。南部の初期の移民たちも、多くは牧畜を経済の柱とするイギリスの辺境からやってきた人々だった。牧畜民は隙をついた攻撃にとりわけ脆弱である。彼らの財は簡単に持ち運べるからだ。（トウモロコシ畑を盗むよりヒツジを盗む方が簡単だ。）攻撃の脅威は、頼りになる警察組織が存在しない土地ではより深刻になる。イギリスの高地やアメリカ南部の一部地域も歴史的に見ればそういう土地だった。牧畜民には一歩も引かない気概が必要だ。さもないとすべてを失うおそれがある。さらに、前章で説明したように、他人に自分たちの根性を試してみようなどという気を起こさせないように、一歩も引かない覚悟を周囲に知らしめる必要がある。お人よしだと知れ渡れば、自分の土地を守るために多大な時間とエネルギーを費やした挙句、負かされてしまうかもしれないのだ。侮辱は名誉を試されることであり、些細な侮辱でも、受け流せば弱さを公表する危険を冒すことになる。裏を返せば、牧畜民であれば短気であること、短気だと世間に知られることが戦略上有利なのだ。

ミシガン大学で狭い廊下を歩いた南部出身の学生たちは、牧畜民ではなかったが、名誉に対する伝統的な観念を非常に重視する文化で育っていた。南部の名誉の文化には、深刻な社会的影響力がある。南部は北部より殺人発生率が高いが、それは、南部では口論やけんかが関係する殺人の発生率が高いからだ。調査によると、南部の人々が他の地域のアメリカ人に比べて一般的に暴力を肯定しているわけではないが、自分の家を守るため、もしくは自分の妻への侮辱に応ずるためにふるった暴力を肯定する傾向は高い。また、個人的な侮辱に腕力で立ち向かわない男に汚名を着せる傾向が高い。

名誉を重んずる南部の文化は、アメリカの外交政策に重大な影響を与えてきたようだ。歴史家のデヴィッド・ハケット・フィッシャーによると、南部は、「アメリカのすべての戦争を、目的や、敵が誰であるかにかかわらず、強力に支持してきた」。フィッシャーは、その原因が「南部の名誉の観念と戦士としての倫理観」にあると考える。たとえば、南部は、一七九八年にはフランスと戦うイギリスを熱狂的に支援したが、一八一二年にはイギリスと戦うフランスを同じく熱狂的に支援している。アメリカ国内の地域別の政治的忠誠は劇的に変わり、共和党と民主党はその牙城の地を交換したが、南部の戦争支持は一貫しており、党の違いを超越している。たとえば、南部の民主党支持者は、フランクリン・D・ルーズベルト大統領のニューディール政策に強硬に反対したが、第二次世界大戦への参戦は支持した。ハリー・S・トルーマン大統領とリンドン・ジョンソン大統領も、内政政策よりも、反ソ的な外交政策に関して、はるかに多くの南部の支持を集めた。

アメリカ南部に浸透する名誉の文化は、自助自立と個人の自律性を重視する。一方、東アジアのより集団主義的な文化は相互依存と集団の調和を強調する。ニスベットらは、南部の名誉の文化と同様に、集団主義も経済環境、この場合は協力的農耕を基盤とした経済システムへの文化的適応だと主張する。こうした認識に基づいて、カイピン・ペン、ジョン・ドリス、スティーヴン・スティッチ、ショーン・ニコルズは、アメリカ人と中国人の被験者に「判事たちと暴徒」と呼ばれる古典的な道徳ジレンマを示した。

街で殺人事件が起きた。ある民族集団の何者かが犯人であるとわかっている……街では長年、異民族間の激しい衝突と暴動がくり返されてきたため、警察署長と判事は、ただちに犯人を特定し、罰しなければ、街の住人たちが暴動を起こし、犯人と同じ民族集団の成員の所有物に多大な損害を与え、相当な数の死傷者が出ると知っている……警察署長と判事はジレンマに直面している。暴動を防ぐために、その民族集団の一員である無実のスミス氏にぬれ衣を着せ、有罪を言い渡し刑務所に入れるか、あくまで真犯人を探して、異民族敵視の暴動が発生する状況を許し、真犯人が捕まるまで暴動の阻止に全力を尽くすか……警察署長と判事は暴動を防ぐために、無実のスミス氏にぬれ衣を着せ、有罪判決を言い渡し、刑務所に入れることを決意する。その結果、暴動は防がれ、相当数の人が死傷する事態は免れる。

大多数のアメリカ人は、無実の人に故意に罪を着せるという考えに、見返りはどうであれぞっとする。哲学者は、あらゆる立場の意見に耳を傾けようすることで知られるが、著名な哲学者エリザベス・アンスコムは、判事たちの肩をもとうとする人とは一線を引いてこう言った。「そんな人とは議論したくない。そこにあるのは堕落した精神だ。[*]」ペンらは、個人の権利より集団の調和を重視する集団主義的文化に属する中国人は、複数の人を救うためにひとりを犠牲にすることをアメリカ人ほど苦痛に感じないだろうと予測したが、その通りの結果となった。中国人は、暴動を防ぐために無実の人を投獄したことを非難したり、警察署長や判事は自分たちの決定について罰されるべきだと言ったりすることが比較的少なかった。興味深いことに、中国人被験者では、無実の人に罪を着せた責任は、暴動を起こそうとする人たちにあると考える傾向が強かった。

　こうした話題は非常にデリケートなものなので*、先に進む前に、いくつか誤解のないようにお断りしておきたい。まず、先に示した実験結果は、ほぼすべての心理学の実験結果同様、集団の平均の違いに関するものだ。この調査は、平均すると、南部出身者は北部出身者より、名誉を守る暴力を肯定する傾向が強いことを示しているが、これはあくまで平均だ。おとなしい南部出身者もいれば、短気な北部出身者もいる。どちらの文化集団にも、その間にあらゆる人たちがいる。中国人と彼らの集団主義的傾向についても同じことがいえる。次に、私は本書で、こうした文化的傾向を称賛したり非難したりしたいわけではない。むしろ、後で説明するように、こうした傾向は文脈の中でどれほどうまく機能しているかに基づいて評価されるべきであり、こうした傾向が自然の文脈の中では非常にうまく機能することもあると信じている。前章で説明したように、罰が協力の維持に重要な役割を果たす場合もある。これと合致して、南部の名誉の文化も見境なく暴力的なわけではない。むしろ、ある種の非協力的行動を罰することにとくに目を光らせる文化なのだ。そして、先の実験であきらかにされたように、平常では礼儀と敬意に重きを置く文化である。私は、南部の名誉の文化が、アメリカの外交政策に重要な影響を与えてきたと言ったが、その影響の是非を問題にしたのではない。私に答えはわからないのだから。ひょっとすると、南部がいくつかの戦争を強硬に支持したことが、アメリカや他の国々の自由を守るためには不可欠だったのかもしれない。同様に、中国の集団主義を批判してはいない。実際、本書の後半で私は、ある道徳哲学を擁護するが、その哲学をあまりに集団主義的だと考える人もいる。

つまり、私が言いたいのはこういうことだ。南部の名誉の文化や中国の集団主義がいいとか悪いとかではなく、こうした文化の違いは、人間の社会環境の多様性を反映する、道徳的多様性のさらなる例なのだ。どちらも協力的な文化だ。しかし協力の条件が異なる。中国の集団主義は、積極的協力を重視し、より大きな善のためには個人の犠牲もやむなしとする。南部の名誉の文化は消極的協力（他者の所有物や権利に対する敬意）を重視し、不当な攻撃やそれに関する脅威に対する攻撃的反応を支持する。

ローカルな道徳

二〇〇五年九月、デンマークの「ユランズ・ポステン」紙は、預言者ムハンマドを描いて風刺した連作漫画を掲載した。これは、ムハンマドを視覚的に描くことをはっきりと禁じたイスラム教の戒律を公然と無視する、意図的な挑発行為だった。新聞がこの漫画を掲載したのは、ジャーナリスト、芸術家、その他の知識人の間で戦わされている自己検閲をめぐる議論に一石を投じられると考えたからだ。多くの知識人たちは暴力的報復をおそれ、イスラム教を批判することに及び腰だった。それは根拠のないおそれではなかった。その前年、コペンハーゲン大学でひとりの講師が、講義で非イスラム教徒に向かってコーランを講読したという理由で五人組に襲撃されていた。

漫画はじつに挑発的だった。デンマークのムスリム団体は、デンマークで抗議活動を行なった。世界中の新聞が議論を取り上げ、問題の漫画を再掲載した。それがきっかけとなってイスラム教圏で暴力的な抗議活動が相次ぎ、一〇〇人以上の死者が出た。もっぱら抗議者に向けた警察官の発砲による犠牲者だった。シリア、レバノン、イランでは、群衆がデンマーク大使館に火炎瓶を投げつけた。漫画家たちの中には殺害を予告されて潜伏した者もあった。インドの州政府大臣だったハジ・ヤコーブ・クレイシは、漫画を描いた「デンマークの漫画家」の首をはねた者に一一〇〇万ドル相当の懸賞金を払うと言った。イスラム諸国でデンマーク製品の不買運動が起き、デンマーク企業は、この事件の後の五か月間で約一億七〇〇〇万ドルの損害を被った。さらに最近では、二〇一二年にユーチューブで配信されたムハンマドをきわめて非好意的に描いた動画に対して世界中で抗議活動が起こり、多くが暴力沙汰に発展した。

こうした衝突は、たんに、異なる集団は異なる価値感を重視するという問題ではない。不当に傷つけられたイスラム教徒は漫画に心底反発した。しかしデンマークのジャーナリストたちは漫画をまったく問題だと思わなかった。（実際、漫画に対する直感的反応の欠如が、彼らが、イスラム世界の反発の大きさをまったく予測できなかった理由だろう。）非イスラム教徒が漫画の掲載に反対した場合でも、イスラム教徒の価値観に対する敬意からであって、当人自身に反対する理由はなかった。言い換えると、ムハンマドの肖像画に対する禁忌は**ローカルな**道徳現象なのだ。先にも述べたように、これは、ムハンマド、コーラン、アラーといった固有名詞で呼ばれる特定の存在の権威と分かちがたく結びつけられている。

デンマークの風刺漫画問題は、おなじみではあるが、明確にしておくべき二つの点を浮き彫りにしている。まず、宗教的な道徳的価値観とローカルな道徳的価値観は密接に結びついている。もっとはっきりいうと、ローカルな道徳的価値観はほぼ例外なく宗教的価値観だ。ただし多くの宗教的価値観、そしてそのなかでも中心的といってもいいものはローカルではない。たとえば前章で取り上げたように、おもだった宗教は例外なく、表現こそ違うが黄金律を中心原理として肯定し、それに加えて一般に(例外もなくはないが)、殺人、嘘、盗みなどを禁じている。ローカルな道徳なら、おそらく宗教的なものだろうが、宗教的道徳がローカルとはかぎらないわけだ。

次に、漫画論争は、ローカルな道徳的価値観が、今にかぎらず遠い昔から衝突のおもな原因であったことを思い出させる。実際、ローカルな宗教的価値観が関わったその他の衝突に比べれば、デンマークの風刺漫画事件などたいしたことのない騒ぎだ。現在も続くイスラエル・パレスチナ紛争は、間違いなく世界でもっとも深刻な対立を生んでいる政治的紛争であり、特定の土地の権利をめぐる、様々な固有名詞の権威に根ざした相いれない主張が付きまとっている。同様に、継続中のスーダンの内戦やインド・パキスタンの衝突も宗教上の対立が原因だ。ローカルな価値観とそれに関係する固有名詞は、一国の中でも世論を騒がせる火種となる。たとえば、アメリカの公立学校でのお祈りや、フランスでの、ムスリム女性の顔を覆う伝統的ヴェールの公共の場における着用禁止がそうだ。中絶や同性愛者の権利など、物議を醸す問題の多くは、世俗的な言葉だけで論じられる場合もあるが、それでもローカルな宗教的道徳的価値観と根深く絡みあっている。

要するに、集団どうしの深刻な衝突は、競合する利害のためだけでなく、また共有されている価値の重みづけの違いだけでもなく、集団固有のローカルな価値観、一般的に宗教に根ざしたローカルな価値観が原因で生じる。先に述べたように、黄金律への傾倒といった、きわめて広く受け入れられている道徳的価値観の多くは、世界中の宗教によってさかんに奨励されている。すなわち、宗教は道徳的分裂の源にも道徳的結束の源にもなりうる。

バイアスのかかった公正

一九九五年、「USニューズ&ワールド・レポート」誌は、ある調査のために次のような質問を読者に投げかけた。「誰かがあなたを訴え、あなたが裁判で勝ったとします。相手はあなたの訴訟費用を負担すべきでしょうか?」回答者の八五パーセントが、そうすべきだと答えた。別の読者には次のような質問が投げかけられた。「あなたが誰かを訴えて敗訴したら、あなたは相手の訴訟費用を負担しなくてはならないでしょうか?」この場合、負担すべきと答えた人は四四パーセントに留まった。

この逆転現象が示しているように、人間の公正さの感覚は、自分の利益にたやすく汚染される。これはたんなるバイアス(偏向)ではなくバイアスのかかった公正だ。公正でありたいと人は純粋に願っているのだから。先の二パターンの質問を同時にひとりの人に行なったとしよう。「私が裁判に勝った場合には、敗れた相手が訴訟費用を負担すべきだが、私が負けた場合には、勝った相手が費用を負担すべきだ」と答える人はまずいないだろう。私たちは純粋に公正でありたいと願うが、ほとんどの議論には公正と見なせるであろう複数の選択肢が存在し、人はその中でもっとも自分に都合のよいものを支持する傾向がある。多数の実験が実験室でこの傾向を実証している。オランダの新聞のつけた次の見出しにこうした発見の概要が巧みにまとめられている。「成果主義は公正だ。とくに私が成果をあげているときは。」

リンダ・バブコックとジョージ・ローウェンスタインらによる、一連の交渉実験は、バイアスのかかった公正の根底にある心理をあきらかにしている。ある実験では、ペアになった二人が、車にはねられたオートバイ運転者の示談交渉を行なった。仮想上の事件の詳細は、テキサスで裁判が行なわれた現実の事件に基づいていた。実験の冒頭で、被験者は原告役と被告役に無作為に割り振られた。二人は交渉に入る前に、目撃者の証言、地図、警察の報告書、現実の被告と原告の証言などを含む、二七ページに及ぶ事件の資料にそれぞれ目を通す。資料を読んだ後、現実の裁判で支払うように命じられた賠償金の額を推測するようにいわれるが、二人はこの時点で自分が原告、被告どちらの立場になるかを知っている。正確に推測した者には賞金が与えられる。推測した金額は、交渉時の立場を弱くしないように、相手には教えない。続いて交渉が行なわれる。被験者たちには示談金の額に応じて実際にお金が支払われる。示談金の額が多いほど、原告役の受け取るお金が増え、示談金が少ないほど、被告役の受け取るお金が増える。示談金の額はゼロから一〇万ドルの間ならいくらでもありうる。二人は三〇分間交渉にあたる。時間がかかるほど両者は「訴訟費用」にかかるお金を失う。三〇分後に合意に達せられなければ、双方に罰金が科せられる。

平均すると、原告役の賠償金の推測額は被告役の推測額より一万五〇〇〇ドル高かった。そして双方の推測金額の差が大きくなるほど交渉は難航した。言い換えると、被験者の現実の認識は自己利益によって歪められた。さらに、そうした現実認識の歪みは交渉に大きな影響を与えた。推測金額の差が比較的小さいペアが合意に達しなかったのは三パーセントに過ぎなかったのに対し、差が比較的大きいペアは三〇パーセントが合意に達しなかった。実験を少し変更して、賠償金額の推測を終えるまで、交渉人が自分たちがどちらの立場になるかを知らなかったとき、合意に達することのできなかったペアは全体で二八パーセントだったのが六パーセントにまで減少した。

　これらの実験は、人がバイアスのかかった交渉人であることをあきらかにしている。しかしさらに重要なのは、人々のバイアスが無意識であることをあきらかにした点だ。原告役は賠償金額を高く、被告役は安く推測した。しかし彼らは意識的に推測金額を膨らましたり、すぼませたりしたわけではない。（正確に推測する金銭的動機があったことを思い出そう。）むしろ、自分が争いのどちらの側にいるのかを知ったことで、何が公正かについての考えを無意識に変えるようだ。それは情報を処理する方法にも影響する。関連する実験で、研究者たちは、被験者が、目を通した資料の中で自分に有利になる内容をよく記憶できることに気づいた。このように無意識に偏向した公正さの認識は、本来合理的な人々が同意に達するのを難しくして、しばしば双方に損害をもたらす。

　現実世界におけるバイアスのかかった公正に関する自分たちの考えを検証するため、この研究チームは、ペンシルベニア州の公立学校教師の給料交渉に関する過去の記録を調査した。こうした交渉では一般的に、教職員組合と教育委員会は、自分たちと条件の似た他の学区の給料に基づいて議論する。ただしどの学区を「似ている」と見なすかには議論の余地があった。研究者たちは、給料交渉は、似ている学区のバイアスのかかった選択によっていっそう難航するのではないかという仮説を立て、教育委員会や、教職員組合の代表に聞き取り調査を行ない、似ている近隣学区を特定するように頼んだ。予想通り、組合の代表が似ているとしてあげた学区の給料の平均額は、教育委員長が選んだ学区の平均額よりかなり高かった。その後、研究者たちは記録を調査していて、組合代表と教育委員長が似ているとしてあげた学区が大きく食い違う場合では、予想通り、教員のストライキが発生する確率が約五〇パーセント高いことに気づいた。

ハーディンが描いたオリジナルの「コモンズの悲劇」では、羊飼いたちは全員対称な立場を占める。そのため公正とされる解決策はひとつしか存在しない。「すべての羊飼いで共有地を等分する」のだ。しかし現実の世界では、利害関係をもつ当事者が完全に対称な立場を占めることはまずありえない。実際、ハーディンの定型化された寓話でさえ、細部を肉づけしようとすると、「すべての家が同じ数の羊を所有すべきか」それとも「家族の人数に応じて羊の数を変えるべきか」といった厄介な問題が持ち上がる。人々の出発点が非対称である以上、人間は、意識的ではないにせよ無意識に、自分の利益にかなうように、公正さの概念を仕立てようとする誘惑に駆られるだろう。

キンバリー・ウェイド＝ベンゾーニ、アン・テンブランセル、マックス・ベイザーマンが行なった実験は、環境のコモンズ問題という文脈におけるバイアスのかかった公正の問題をあきらかにしている。彼らは被験者に、魚の乱獲が経済にも環境にも深刻な影響を与えているアメリカ合衆国北東部沿岸沖の魚種資源の利害関係者として交渉を行なってもらった。対照条件では、被験者に様々な企業の代表者になってもらったが、オリジナルの「コモンズ」の羊飼いのように、ほぼ同じ状況に置かれているものとした。実験条件の重要なポイントは、様々な交渉人が異なる利益構造をもっているということである。たとえば、全員が持続可能な政策を達成することに利害関係はあったのだが、魚種資源に関してより長期的な利害関係をもつ者もあれば、より短期的な利害関係をもつ者もあった。対照実験では、交渉人たちが経済的に対称な立場を占めていて、交渉にあたったグループの六四パーセントが持続可能な解決法について合意に達した。しかし、交渉人たちの立場が対称でなかった場合、合意に達したのはわずか一〇パーセントだった。従って、競合する利己的な利害が全員にあっても、その利害が対称であれば、利己的な利害をあっさりと脇に置いて、互いに合意できる解決策を見出せる。しかし、人々の利己的な利害の形が異なると、何が公正かについての異なる考えに引き寄せられて、合意にたどり着くのがより難しくなる。

皮肉にも、バイアスのかかった公正に引き寄せられる傾向があまりに強いので、状況によっては、全員が道徳的にではなく利己的に考えた方がうまくいくのかもしれない。アムステルダム大学のフィーケ・ハリンクらは次のような実験を行なった。初対面の人どうしにペアを組んでもらい、現実の事件を下敷きにした、仮想上の四つの刑事事件で刑罰の交渉にあたらせた。各ペアは四つの事件の交渉を同時に行なった。ペアの一方には被告人弁護士役を、もう一方には地区検事役を無作為に割り振り、弁護士役には被告の刑が軽くなるように、検事役には刑が重くなるようにつとめてもらった

それぞれの事件で、被告は軽い罰金刑から長期の懲役刑まで五段階の刑のいずれかを科される。交渉にあたる被験者は、弁護士もしくは検事としての立場から、それぞれの結果がどれくらいいいか、悪いかを教える秘密文書を受け取った。四つの事件のうち二件は結果の値が「ゼロサム」ゲームとなるように、すなわち一方が勝った分だけ相手が損をするように調整されていた。ところが、残りの二件は結果の値が「双方両得《ウィンウィン》」の解決が可能になるように調整されていた。これらの事件でも、一方が得をしたらもう一方が損をするが、交渉人ごとに二つの事件の重みが違っていた。つまり、交渉人たちは、自分にとって重要度の低い事件について譲歩し、見返りとして、自分にとって重要度の高い事

件について譲歩を引き出すことができる。言い換えると、双方が進んで譲歩すれば互いに得になるように仕組まれていた。交渉人たちには知らされていなかったが、それぞれの結果について、交渉人にとっての結果の良し悪しに応じて、あらかじめ評価点が設定されていた。研究者たちは、交渉にあたったペアの両者が獲得した点数を合計すれば、それぞれのペアが、隠されている「双方両得」の解決法を見つけ出すのがどれくらい上手かを測定できた。

ここまではすべて交渉実験の標準的な設定だ。この実験ではひとひねりして、交渉人に、交渉に関する心構えを指示した。あるペアは、純粋に利己的な観点で交渉を行なうように、すなわち自分の評価を上げて出世の得になるように刑を軽く、もしくは刑を重くするように努力せよと指示された。別のペアは、道徳的な観点で、すなわち弁護士であれば被告の刑が軽くなる方がより正しいのだから刑を軽くするように、検事であれば被告の刑が重くなる方が正しいのだから刑を重くするように努力せよと指示された。

さて誰がよりよい結果を出しただろう？　利己的な出世主義者？　それとも正義の追求者だろうか？　意外にも、よりよい結果を出したのは利己的な出世主義者だった。気をつけてほしいのだが、利己的な出世主義者は、正義の追求者を踏み台にして成功したのではなかった。利己的な出世主義者どうしで交渉していたのだ。ハリンクらがあきらかにしたように、利己的に交渉するようにいわれた二人は、正義を追求するようにいわれた二人より双方両得の解決法を見つけ出すのがうまかった。なぜだろう？

ふり返ってみよう。一連の交渉で双方の成功の鍵を握ったのは、交渉人たちが二人とも、自分にとって重要度の高い事件でより大きな利益を得るために、重要度の低い事件で譲歩したことだった。利己的な交渉人であれば、結果的に得になるのだから、こうした譲歩に進んで応じるだろう。おまけに、相手も利己主義者で、自分に得になる譲歩にしか応じないとわかっている。従って、自分たちの立場が対称であると知っている利己的で合理的な二人の交渉人は、パイ（全体の利益）を大きくするために必要な譲歩に進んで応じ、パイを平等に分けるだろう。ところが、交渉人たちが収支を気にするのではなく、正義を追求しているのなら、別の、もっと曖昧な考慮が働くようになり、それとともにバイアスのかかった公正の余地が生じる。あなたの依頼人には、もっと軽い刑が本当はふさわしいのかもしれない。あなたが起訴している被告には、もっと重い刑が本当はふさわしいのかもしれない。こうした事件では、何が本当に公正かについて、もっともとされる見解に幅があるため、その中から自分の利益に合ったものを選べる。一方、自分にもっとも得になる結果を得ようとしている相手から、最大の利益を引き出そうという話に過ぎないなら、選択の幅はかなり狭まり、バイアスのかかった公正がつくり出す袋小路に陥る可能性もそれだけ低くなる。交渉を、互いの利己的な企てと割り切れば、自分と交渉相手に何らかの非対称性があると思うことは難しくなる。自分たちの計算高さについて、割り切っている二人の利己的な交渉人に、隠れる場所はない。こうした驚くべき結果があるからといって、あらゆる道徳的思考を放棄して純粋な利己性を支持すべきだということにはならないが、これは道徳的思考に潜むひとつの危険を浮き彫りにしている。バイアスのかかった公正には強力な破壊力がある。そのため、道徳を脇に置いて、たんに利益を追求しようとする方がよい場合もある。

ときには、自分自身、何が公正なのかわからなくなることもあるだろう。しかし、部族の信頼が厚い成員の意見に飛びついて自分の判断を歪めることもある。こうした事態がとくに生じやすいのが、公共政策の分野だ。多くの場合、正しい知識に基づく政策決定に不可欠な詳細に一般市民が精通するのは不可能だ。ジェフリー・コーエンによる実験は、バイアスのかかった公正のこうした部族主義的ブランドをみごとに実証している。コーエンは、自称保守派と自称リベラル派のアメリカ人に二通りの福祉政策案を示した。一方は、現在実施されているどの福祉プログラムよりも手厚く、もう一方は現在実施されているどの福祉プログラムより手薄な政策だった。予想された通り、リベラル派は保守派より手厚い政策を、保守派はリベラル派より手薄な政策を好む傾向があった。次に、先ほどとは異なる自称保守派と自称リベラル派の被験者にも同じ政策案を示したが、今回は、民主党による政策、もしくは共和党による政策といった具合にレッテルを貼った。予想どおり、民主党のお墨つきは、リベラル派にとって政策をいっそう魅力的なものに、共和党のお墨つきは、保守派にとって政策をいっそう魅力的なものにした。とはいえさらに驚くべきは、この党派バイアスの強さだった。この実験では、党派のお墨つきの効果は、政策内容の効果を完全に打ち消した。リベラル派は、きわめて保守的な政策でも、リベラルのレッテルが貼られていれば、保守派のレッテルが貼られたきわめてリベラルな政策より好んだ。保守派も同じだった。保守的な内容ではなく、保守派のレッテルを評価した。そして、すでにお察しの通り、ほとんどの被験者が、自分たちの判断は党派のレッテルに影響されていないと回答した。すべて無意識なのだ。*

バイアスのかかった認識

何が公正で何が公正でないかに関する私たちの判断は、関係する事実をどう理解しているかに大きく左右される。たとえば、二〇〇三年のアメリカのイラク侵攻に対する市民の意見を考えてみよう。われわれ侵攻に反対した人々は、これを支持する人々に戸惑った。「なぜ、イラクを攻撃するのだ？　われわれを攻撃したのはウサマ・ビンラディンだ。サダム・フセインではない」と。戸惑った人々は知らなかったか、もしくは十分に認識していなかったのだが、当時、アメリカ人の大多数は、サダム・フセインがアメリカ同時多発テロ事件に個人的に関与していたと信じていた。アメリカ以外の国に住む多くの人々も九・一一事件についてそれとは違った誤解をしている。二〇〇八年の世界世論調査によると、ヨルダン、エジプト、パレスチナ自治区の大多数の人が、九・一一事件はアルカイーダ以外の何者か（アメリカ政府、もしくはイスラエル政府と考える人が多い）による陰謀だと信じている。

なぜ、事実を正確に把握することがこれほど難しいのか。ひとつには、たんなる利己的なバイアスのせいだ。事実がとかく曖昧なとき、人は自分にもっとも得になる事実の解釈を選ぶ。次に紹介する古典的な社会心理学の実験では、二つの大学の学生に、両校の間で行なわれたフットボールの試合の映像を見せる。審判は何度も微妙な判定をする。学生にはそれらの判定の正確さを評価することが求められた。予想通り、どちらの大学の学生も、審判が自分たちの大学のチームに不利な判定をしたとき、審判が間違っていると指摘する傾向があった。別の古典的研究では、強硬な死刑支持者と死刑反対者に死刑の犯罪抑止効果に関する肯定的証拠と否定的証拠をとりまぜて示した。様々な証拠を見れば死刑に対する穏健な見方が助長されてもよさそうなものだが、逆のようだ。人は、自分たちの元々の意見を裏づける証拠を反対の証拠よりも説得力があると見なし、その結果、死刑反対派も支持派も、様々な証拠を検討した後では自分の意見をかえって強く確信するようになった。その後の研究では、同じ研究者の何人かが、アラブ人とイスラエル人に、一九八二年にベイルートで起きたパレスチナ難民キャンプ虐殺事件の報道を見せた。アラブ人グループとイスラエル人グループが見たのは同じ報道だったが、どちらのグループも報道は相手に都合のいいようにバイアスがかけられていると結論した。研究者たちはこの現象を「敵対的メディア認知」と名づけた。さらに近年、ダン・カハンらは次のような研究を行なった。抗議活動をしている人たちの映像を被験者に見せ、この人たちは言論の自由の権利を行使しているに過ぎないのか、一線を越えて、歩行者を妨げたり脅かしたりする違法行為をおこなっているのか判断するように指示した。一部の被験者には、抗議者たちは中絶クリニックの外で中絶に抗議しているところであると、別の被験者には、大学の新兵募集施設の外で、同性愛者に対して自分の性的志向をあきらかにすることを禁じる「聞かざる・言わざる」政策に抗議しているところだと説明した。中絶反対であれ同性愛者の権利容認であれ、抗議理由に共感していない被験者は、抗議者たちは法律が定めた一線を越えていると回答する傾向が強かった。

こうしたケースでは、人は曖昧さにかこつけて自分に都合のよい信念を形成する。しかし、ときには自分のバイアスが原因で自己利益に反する、もしくは反するように思える信念を形成する場合もある。気候変動に関する信念を考えてみよう。専門家の間では、地球の気候が人間の営みのせいで変化しており、私たちはこの流れを遅らせるか、可能であれば食い止めるために強力な措置を講じなくてはならないという圧倒的な総意が存在する。それにもかかわらず、多くの人が、とくにアメリカでは、気候変動に関する証拠に懐疑的だ。この場合、事実を正しく把握できないのは、単純なバイアスの問題だけではない。一部の人たち――たとえば、大量の炭素を排出している企業のＣＥＯなど――は、気候変動の現実を否定することで得をするかもしれないが、大半の気候変動懐疑論者を含め、ほとんどの人はそうではない。それにもかかわらず、二〇一〇年ギャラップが行なったアメリカの世論調査によれば、地球温暖化の影響がすでに生じていると考える人は共和党支持者の三一パーセントに過ぎず、六六パーセントが地球温暖化の深刻さは報道で誇張されていると回答している。地球温暖化については、民主党支持者にも共和党支持者にも、事実を正しく認識する強い動機があるはずだと思われるだろう。なにはともあれ、地球が今後も住みよい星であるかどうかは民主党支持者同様、共和党支持者にとっても大問題であることに変わりはない。（近い将来天に召されると思っている人たちにはそうでないかもしれないが。）なぜ、これほど多くのアメリカの政治的保守派が、自分たちの利益とはあきらかに逆に、気候変動に関する事実を否定するのだろう。イデオロギー的な理由かもしれない。一般に、保守派は共同体の問題解決に全員が一致団結して取り組む必要性について懐疑的だ。これはこの問題の重要な側面と思われるが、なぜ保守派が、地球温暖化をわずか数年前ほど心配していないのか（これについてはすぐ後で説明する）、なぜアメリカの保守派が他の国々の保守派に比べて地球温暖化に関心がないのかを説明してはいない。

カハンらによると、事実の正しい認識という問題自体が、じつは、個人の利益と集団の利益の対立の関わるコモンズ問題であると認識することが重要なのだ。気候変動に関する事実を認め、それに従って行動することが、私たち集団の利益に関わることは間違いない。しかし、一部の人にとって、個人としての利得表はもっと複雑だ。たとえばあなたが、住民が気候変動に懐疑的で、おまけに気候変動に懐疑的でない人に対しても懐疑的な共同体で生活しているとしよう。気候変動を信じるのと懐疑的であるのと、どちらが楽だろうか？　ひとりの一般市民として、あなたが気候変動について考えていることが、地球の気候に影響を及ぼすことはまずないだろう。しかし、気候変動に関するあなたの考えは、周囲の人との付き合いにかなり影響しそうだ。もしあなたが、気候変動懐疑論者に囲まれて暮らす気候変動信者だったら、気候変動の話題が出たときにとるべき道は、(A)怪しげな沈黙を守る、(B)自分の考えを偽る、(C)本当の考えを言って、村八分にされる危険を冒す、のどれかだ。どれもあまり魅力的でない。そして代償はあきらかだ。一方、あなたが友人宅のバーベキューで言いたいことをぐっとこらえたところで、人類の歴史の行方が変わる可能性はかぎりなくゼロに近い。だから、多くの人が気候変動に懐疑的なのは、地球の物理的環境ではなく、自分の社会的環境に対処しようとしているのだと考えれば、完璧に筋が通るとカハンは言う。これは集団の合理性に対する個人の合理性の勝利であり、もちろん無意識に行なわれている。

　この問題に関するカハンの分析から、いくつかの検証可能な予測が立てられる。世間一般には、いまも気候変動に懐疑的な庶民は、無知なだけで、批判的思考能力全般に劣る人ではないかと考えられている。この見解によれば、平均よりも科学的知識全般に通じ(「科学リテラシー」が高く)、数量的情報の処理を得意とする(「数字」に強い)人ほど、気候変動とそれに伴うリスクが現実であると信じているはずだ。ところがカハンは次のように予測した。気候変動に対する意見は、その人の科学リテラシーや数量的思考能力以上に、その人の文化的態度、すなわち所属する部族への忠誠心に関係している、と。世間の通念に反して、カハンの理論は、科学リテラシーの高い人は、真理に引きつけられる以上に、自分たちの部族での立場(それがたまたまどんなものであれ)を擁護することに長けているだろうと予測する。

こうした仮説を検証するために、カハンらは、アメリカの成人を代表する大規模なサンプルを抽出して数学と理科の試験を実施し、これと並行して「序列主義と平等主義」、「個人主義と共同体主義」という二つの側面から文化的世界観を測るために設計されたアンケートにも回答してもらった。序列を重んじる個人主義者は、選ばれた高位の人々が社会のために決定を下す状態を心地よく感じ、その人たちの権威に干渉しようとする集団行動を警戒する。平等を重んじる共同体主義者は対照的に、それほど統制の厳しくない社会組織の形を好み、一般市民の利益を守る集団行動を支持する。いまの論点にとって重要な知見は、序列を重んじる個人主義者には気候変動に懐疑的な傾向があり、平等を重んじる共同体主義者には、気候変動は集団で対処する必要のある深刻な脅威だと信じる傾向がある、ということだ。

最後に、研究者は被験者に、気候変動に対する意見を尋ねた。世間一般のリベラルの通念に反して、科学リテラシーや数量的思考能力が高くなると、気候変動のリスクの認識はわずかに減った。しかし、被験者を部族ごとに分けると実態が見えてくる。予想通り、平等を重んじる共同体主義者は、気候変動を重大なリスクとして認識していると回答したが、こちらの集団では、科学リテラシーおよび数量

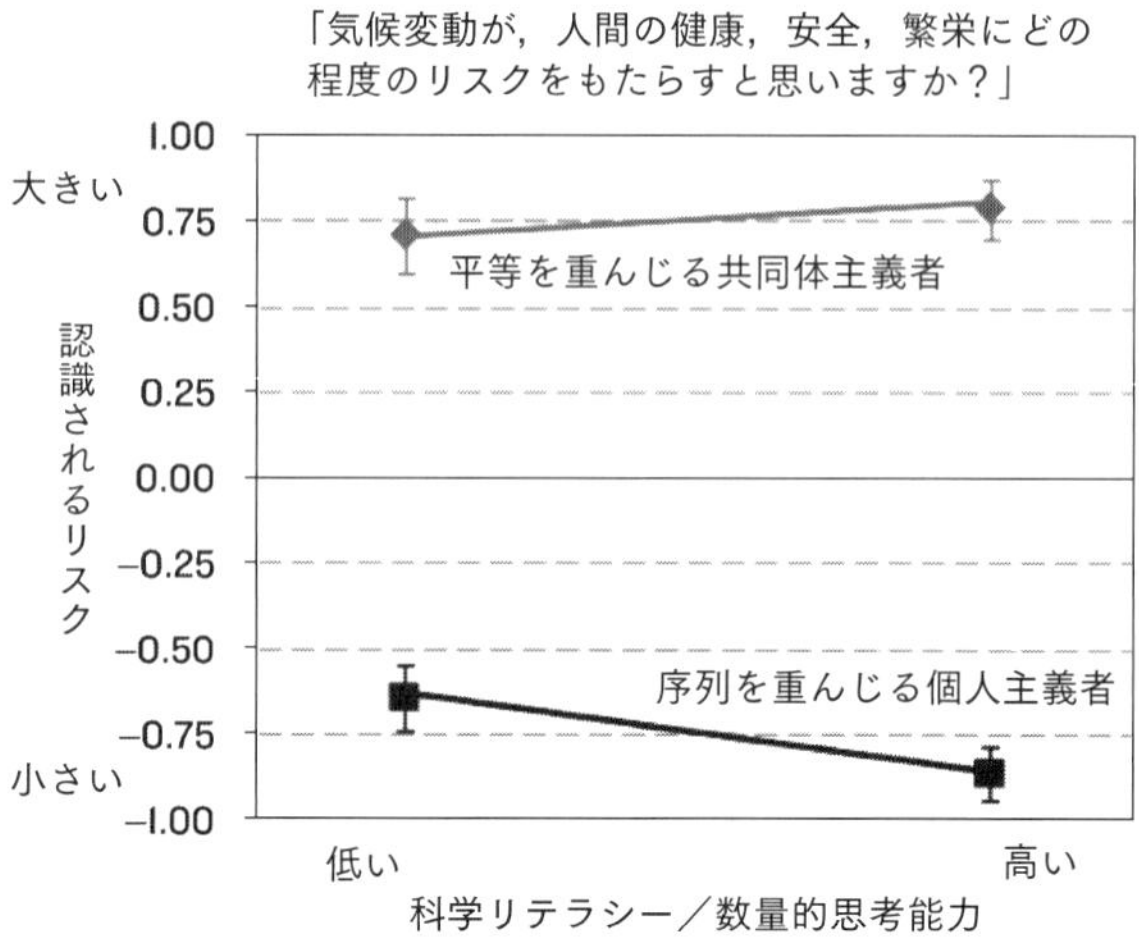

図 3–3　科学リテラシーと数量的思考能力は，一般人の，気候変動のリスクに関する見解とほとんど関係がない．むしろ，人は，それぞれの部族の信念に従う傾向がある．

的思考能力と、リスクの認識の間に相関関係はなかった。一方、これも予想どおり、序列を重んじる個人主義者は、気候変動のリスクに懐疑的だった。そしてこちらの集団では、科学リテラシーおよび数量的思考能力が高くなると、気候変動のリスクに対する懐疑心がやや強くなった。（そのため全体として、科学リテラシーおよび数量的思考能力の高さと、気候変動への懐疑心の強まりに相関関係が生じた。全体の結果は、序列主義を重んじる個人主義者の集団内部の結果に引きずられたものだったのだ。）しかし全体としてみると、科学リテラシーと数量的思考能力は、気候変動のリスクに対する人々の信念の指標としてはいまひとつだった。むしろ、人々の信念は、全般的な文化的態度によって、すなわちどの部族に属しているかによってかなり予測できた（図3-3参照）。

さて、誤解のないようにお断りしておこう。これらの結果から、気候変動に対するどの人の意見も、その人の友人がたまたま誰であるかに左右されるのだから、気候変動を心配する正当な根拠はないと結論すべきではない。（とはいえ、もしそれがあなたの信じたいことならば、あなたはそういう結論を下すだろうが。）もしあなたが乾癬の治療法を知りたいのなら、平均的なアメリカの成人より一標準偏差ぶん科学リテラシーの高い友人のジェーンではなく、専門家である皮膚科医に相談するだろう。この研究の被験者は気候科学の専門家ではなかった。彼らは一般的なアメリカの成人で、科学リテラシーと数量的思考能力の点数もアメリカ成人の平均値あたりに釣鐘型曲線をつくった。専門家でない人々の間では気候変動に関する幅広い意見の相違があるが、何度もいうように、専門家の間では、気候変動は現実でリスクは深刻だという圧倒的総意が存在する。ここでの教訓は、すべては「相対的」なのだとか、文化的な雑音をはねのけて気候変動に関する真実に到達する方法はないということではない。また、大衆が、概して、部族の偏見の救いがたい奴隷であるということでもない。それどころか、すべての部族の民は、たいていの問題であれば、専門家のアドバイスをありがたく受け入れる。（乾癬の治療法に対する考え方は、部族への忠誠心ではあまり予測できない。）むしろここでの教訓は、誤った信念が、ひとたび文化に根を下ろし、部族の旗印となると、これを変えることは非常に難しくなり、もはや人々を啓蒙するといった問題では済まなくなるということだ。

一九九八年の時点では、共和党支持者も民主党支持者も地球の気候変動がすでに進行中であると認識している人は同じくらいに多かった。その後、気候変動を裏づける科学的証拠は着実に増えたが、共和党支持者と民主党支持者の見解ははっきりと分かれ、二〇一〇年には気候変動が現実に起きていると考える人が、民主党支持者では共和党支持者のほぼ二倍になった。共和党支持者の科学的リテラシーと数量的思考能力がこの一〇年で衰えたためではない。民主党支持者の科学的知識が劇的に向上したからでもない。むしろ、気候変動が政治問題化して、一部の人たちが、専門家から正しい知識を得るか、部族のよき成員でいるかの選択を迫られるようになったからだった。

ただし、別のいくつかの問題では、リベラル派の意見が専門家の総意と対立していることにも触れておこう。カハンらによると、たとえば、リベラル派（平等を重んじる共同体主義者）は、地層隔離（高レベル放射性廃棄物を地下深部の地層に埋設し、人間の生活環境に影響を及ぼさないように隔離する方法）は核廃棄物の安全な処分方法だという専門家に反対する傾向が強い。文化的バイアスは、ひとつの部族の専売特許ではない。

バイアスによってエスカレートする

部族に対する忠誠心は事実に関する不一致を招く場合がある。その他のバイアスも、私たちが世界を知覚する方法に組み込まれているかもしれない。ユニバーシティ・カレッジ・ロンドンのスークウィンダー・シェールギルらは簡単な実験を行なって、バイアスのかかった認知が対立の深刻化に果たす役割に関する仮説を検証した。まず、二人の被験者にペアになってもらい、一方の被験者の指を小型の圧搾機につなぎ、〇・二五ニュートンという小さな力を加えた。次に、その被験者に、機械が自分の指を押したのとまったく同じ力でパートナーの指を押すように指示した。重要なのは、パートナーにこの指示を気づかれないようにすることだった。指を押す力は、押す人と押される人の指の間に挟んだ力センサーで測定された。次に役割を交代して、指を押された人に相手の指を押してもらったが、その場合も自分の指が押されたのとまったく同じ強さで押し返すように指示した。こうしてつねに直前に相手が加えたのと力の強さを変えないように、交互に指を押してもらう。すると、実験に参加したどのペアでも、力の強さはただちに最初の力の約二〇倍までエスカレートした（図3－4参照）。

　なぜこのような現象が生じたのか？　じつに奇妙だが、この実験で加える力がエスカレートしていったのは、自分で自分をくすぐることができないことと関係があるらしい。ある動作をするとき、脳はその動作が感覚にもたらす結果を自動的に予測し、その情報を利用して、動作の感覚的影響を弱める。そのため自分がつくり出した感覚は、他者によってつくり出された感覚ほど強烈ではない。（あなたが何を想像しているかはお見通しだ。そう、その通りだ。）その結果、あなたが指を押しているとき、あなた自身の指で感じる予測された力は、他者があなたを押しているときにあなたが受け取る、予測されていない力ほど強烈には感じられない。別の言い方をすると、誰かを殴るときは、自分でわかっているので、当たったときの衝撃をそれほど強いとは感じないが、他人に殴られるときは、その種の警告をあらかじめ脳の中で受け取っていないため、より強烈に感じられるのだ。

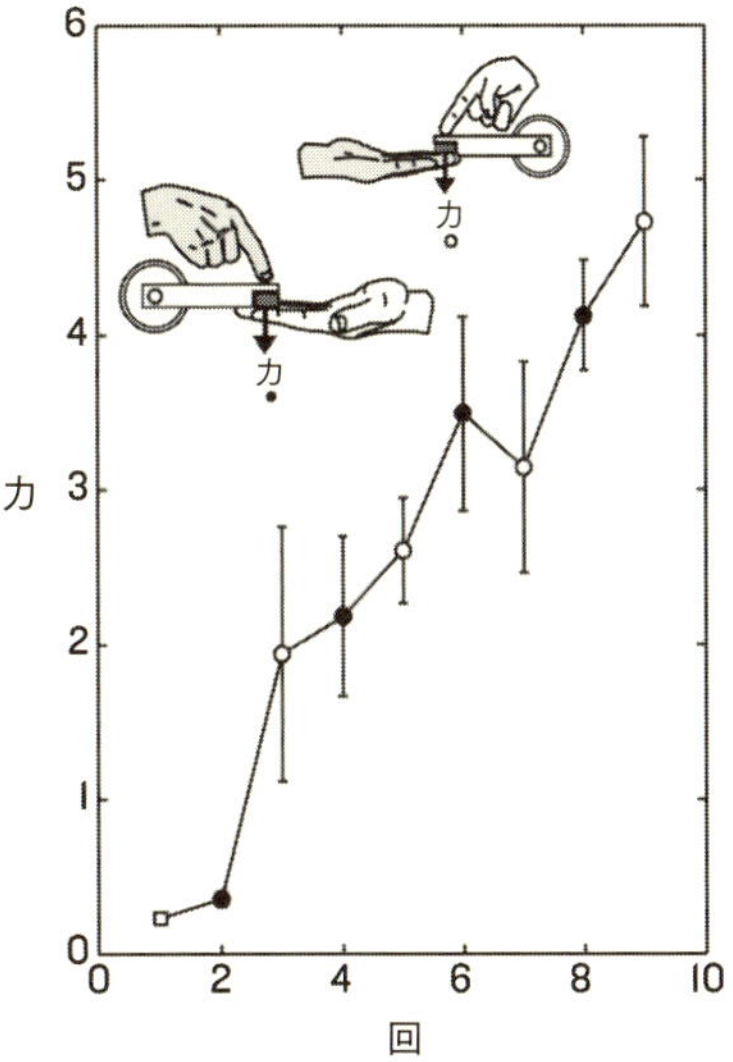

図3-4　回を重ねるごとに，被験者は，力の強さを一定に保とうとしているにもかかわらず，互いの指をより強い力で押すようになる．

　この実験が、現実世界での暴力のエスカレートに対する説明を与えるか、たんなる比喩かは議論の余地があるが、根本的なメカニズムは本当に似ているのかもしれない。かならずとは言えないかもしれないが、私たちが、自分たちの手で傷つけた他者の痛みより、他者の手で傷つけられた自分たちの痛みに敏感であるというのは説得力がある。メディアやクチコミといった人間社会の神経系は、他者の辛い経験より、自分たちの集団の辛い経験に関するメッセージをはるかにたくさんばらまいていそうだ。その結果、私たちの道徳的バイアスが、周囲の出来事を知覚するために利用するシステムの中に組み込まれている場合があるかもしれない。

この認知の原理は、なぜ私たちが、自分たちが引き起こす危害の影響を過小評価するのかだけでなく、自分たちが行なう善の影響を過大評価するのかも説明する。ユージン・カルーソらは、四人の共著者による学術論文の著者たちに、各著者の貢献度を個別に見積もるように頼んだ。著者たちが自分に与えた貢献度を合計すると、平均して一四〇パーセントになった。私たちは自分が行なう貢献については、自分で行なうので完全に認識しているが、他者の貢献には部分的にしか気づいていない。

あらたな牧草地の生活と不和

あらたな牧草地で暮らす架空の部族と同様に、現代社会に生きる私たちも、価値観、信念、利害の違いを乗り越えて共存しようとしている。歴史的基準からすれば、現代は、全体として、きわめてよい社会だ。スティーヴン・ピンカーが『私たちの本性のよりよい天使』〔邦題は『暴力の人類史』〕で説明するように、人間の暴力は、ここ数千年、数百年、そして数十年の間に激減した。ピンカーは、この流れを、私たちの考え方、感じ方、社会の組織のあり方が、文化の力によって根本的に変化したためと考えている。こうした変化の中には、民主的な統治、武力の利用を合法的に独占する国家、共感を育む娯楽、弱者の法的権利、検証可能な知識の源としての科学、双方両得の通商への移行も入っている。こうした流れは、先に触れたいくつかの驚くべき発見に反映されている。前述のように、市場への統合がより進んだ社会で暮らしている人ほど、救いがたく貪欲であるより、赤の他人に対してより利他的で、協力するのがうまい傾向がある。

従って、人類の歴史を俯瞰するのであれば、あらたな牧草地の生活の問題は九〇パーセント解決されている。とはいえ、未解決の一〇パーセントが目立つ地上の眺めはまったく違って見える。人類は、評価されている以上に著しい進歩を遂げたにもかかわらず、いまだに途方もない問題を突きつけられている。現代の悲劇によってつくり出された、回避可能な苦しみは、過去の苦しみに比べてましというわけではない。そして私たちの乏しい知性で本当に理解するにはあまりにも巨大である。

序章で、現代社会が抱える最大の問題のいくつかをとくに取り上げた。

貧困……一〇億人を超える人々が極度の貧困状態にあり、生き延びるだけで必死の思いをしている。貧困にまつわる問題には、飢え、栄養不良、飲料水の手に入れにくさ、粗末な下水設備、大気汚染や水質汚染、医療・衛生設備の悪さ、経済的機会の少なさ、政治的抑圧（とくに女性に対する抑圧）が含まれる。

暴力的紛争……スーダン西部のダルフールなどの地域で継続中の紛争で毎年何千もの人が犠牲となり、数十万人が過酷な環境で難民生活を送っている。

テロ／大量破壊兵器……国どうしの武力衝突は減ったが、大量破壊兵器によって、これまで大国にしかできなかった大規模な破壊行為を小規模な集団も行なえるようになるだろう。もちろん、こうした兵器を所有する国家も甚大な被害をもたらすことがありうる。

地球温暖化／環境劣化……人類が環境を破壊し続ければ、平和と繁栄への流れを逆行させるおそれがある。

以上は地球規模の問題だ。平和な国も内政上の諸問題を抱えている。これらは地球や歴史といった大きな基準から見れば小さいが、数百万規模の人々に深刻な影響を与えており、その中の多くの人にとっては死活問題だ。序章で取り上げたように、現在アメリカでは、税金、医療保険、移民、差別是正措置《アファーマティブ・アクション》、中絶、終末期問題、幹細胞研究、死刑、同性愛者の権利、公立学校における進化論教育、銃規制、動物の権利、環境規制、金融業界に対する法的規制をめぐる議論が続いている。私は、道徳心理学の深い理解を通じて、こうした問題に進展をもたらせればと期待している。

本章では、部族間の衝突を激化させる六つの心理的性向を考えてきた。

一、人間の部族は部族主義であり、《彼ら》より《私たち》を優先させる。

二、社会の組織のあり方、個人の権利と集団のより大きな善のどちらをどの程度優先させるかについての考えは、部族ごとにまったく異なる。部族の価値観は、脅威に対する反応の仕方を定める名誉の役割のような、その他の側面についても異なる。

三、部族には独特の道徳的約束事がある。典型的なものが宗教的約束事で、これによって、他の集団が権威として認めない、ローカルな個人、文書、伝統、神などに道徳的権威が授けられる。

四、部族は、その中の個人と同様に、バイアスのかかった公正に陥りがちであり、集団レベルでの利己主義によって、正義感が歪められる場合がある。

五、部族の信念には簡単にバイアスがかかる。バイアスのかかった信念は、単純な利己心から生じる場合もあれば、より複雑な社会的力関係から生じる場合もある。ある信念がひとたび文化的な旗印になると、部族の利益を損なうものであっても長く続く場合がある。

六、周囲の出来事に関する情報処理の方法が原因で、他者に与える危害を過小評価し、対立をエスカレートさせる場合がある。

私たちが抱えている最大の道徳問題の中には、絵に描いたような「常識的道徳の悲劇」がある。すなわち道徳的だが、道徳的であることの意味が違う部族間の衝突だ。その最たる例が、哲学者スティーヴン・ガーディナーが「完璧な道徳の嵐」と呼んだ地球温暖化問題だろう。まず、地球温暖化問題にはバイアスのかかった公正がつきまとう。たとえば、炭素排出量を制限する「キャップアンドトレード」方式の道徳的側面を考えてみよう。「キャップアンドトレード」方式では、地球全体の炭素排出量を定め、各国に排出枠(炭素クレジット)を割り当てる。各国は炭素クレジットを使うこともできるし、他国に売ることもできる。問題は、「キャップアンドトレード」方式では炭素クレジットの割り当てをあらかじめ決めなくてはならない、という点だ。そして、公正な割り当てとはどういうものかについては意見が鋭く対立している。(どこかで聞いたことのある話に似ていないだろうか。)ひとつの方式では、過去の排出レベルを出発点にする。別の方式では、人口に比例した排出権を各国に認め、人間ひとりに対して、ある標準サイズの炭素クレジットを割り当てる。間をとった様々な折衷案があることはいうまでもない。お察しの通り、先進国は過去の排出量に基づく炭素クレジットが公正と考える傾向が強く、開発途上国は人口を基準とした割り当てを支持する。当然ながら、公正の問題はキャップアンドトレード方式にかぎられた話ではない。キャップアンドトレード方式の代替案としてもっとも広い支持を集めているのが、炭素排出量に対して税金をかけるという案だが、これについては誰に税金をかけるのか、税率をいくらにするかについての合意が必要だ。現時点では、炭素排出量について国際的な合意は成立していない。炭素排出量(総量)が世界第二位のアメリカが、地球の炭素排出量削減を定めた一九九七年の京都議定書を不公正だと考えていることがおもな理由だ。ジョージ・W・ブッシュは、二〇〇〇年の大統領選挙に際して、京都議定書に反対するアメリカ国民の一般的な感情を次のように代弁した。「これだけは言っておこう。私は、京都議定書の目論見どおり世界の空気を浄化するために、アメリカに重荷を背負わせるつもりはない。」アメリカかアメリカ以外の国の、少なくともどちらかの公正の感覚にバイアスがかかっているのだ。

　国際紛争ではほぼかならず「公正さとは何か」の問題が生じる。パレスチナ人の行ないを考えれば、イスラエルがヨルダン川西岸地区を占領するのは公正なのか？　イスラエル人の行ないを考えれば、パレスチナ人がイスラエルの民間人を殺すのは公正なのか？　身の丈に合った軍備とはどの程度の規模をいうのか、どのくらいなら過剰なのか？　ある特定の国だけが核兵器を保有することを許されているのは公正か？　独裁的な支配者を封じ込めるために、罪のない市民を苦しめる経済制裁を科すのは公正か？　独裁国家を民主国家に改めるために、何千人という人々を犠牲にするのは公正か？　交渉や国際関係の専門家たちは、紛争解決におけるバイアスのかかった公正の問題を昔から嘆いていた。ロジャー・フィッシャーは、著書『基本的交渉戦略』で次のように説明する。

　相手に対して、私たちの考える公正、歴史、原理、道徳に基づく「あるべき」決定を行なうべきだと指摘しようものなら、どんなによくても、当面の問題から争点がずれてしまうか、最悪の場合、望んでいた結果を台無しにする。

　官僚は自分たちが道徳的に正当な方法で行動していると考える。その考えを改めさせるには、彼らの善悪の感覚に訴えなくてはならない。しかし、ほとんどの政府がこれと反対のことを行なう。まず、彼らは、自分たちの国民の善悪の感覚に訴え、反対勢力を悪者にして支持を増やそうとする。これは成功するかもしれない。しかし、そうすると反対勢力の扱いはもっと厄介になる。私たちがいわなくてはならないことに耳を傾けようとしなくなるのだ。

歴史家のアーサー・シュレジンジャー・ジュニアは、一九七〇年代初頭に次のように述べている。

これは、バイアスのかかった公正の追求が、すべての人に最悪の結果をもたらすことをあきらかにした、ハリンクの交渉術研究の先駆けである。

罪を犯した同胞に、審判席から道徳律を押し付けることが、道徳的に清廉潔白であるという自分たちの感覚を喜ばせることは間違いない。しかし、それは、外交政策の本質に関する危険な誤解を増長させる……なぜなら、利害や状況の対立を、善悪の対立にすり替える人は、かならず、自分を道徳的に高い立場に置くからだ。外交問題は善悪の問題でできていると見る人は、はなから自分は、相手にとって何が正しいか、相手以上によくわかっていると考える。自分が正しいと激しく思い込むほど方便や調整を拒絶して、自分たちの原理をどこまでも押し通そうとする傾向が高まる。国際政治において度の過ぎた正義ほどたちの悪いものはない。

先に述べたように、公正とは何かという問題は、経済的不平等から、胎児をどう扱うかという問題まで、ほぼすべての内政問題においても生じる。

どうすれば、あらたな牧草地の問題を解決できるだろう？　ここまで、私たちは道徳問題の構造とその背後にある心理を考えてきた。すべての動物と同じく、私たち人間には利己的衝動が備わっている。しかし、他のどんな動物よりも、私たちには社会的衝動も備わっている。私たちをマジックコーナーへ押し込んで《私》対《私たち》の問題を解決する自動化された道徳マシンのことだ。第3章では、残念ながらこの道徳マシンが（長い付き合いの利己性とバイアスとともに）、より高次の、すなわち集団レベルでの根源的な道徳問題、すなわち《私たち》対《彼ら》の問題をつくり出していることを知った。ここまでに学んだことを考えると、あらたな牧草地の問題には救いがないのかもしれない。人間の社会的衝動のおかげで個人間の衝突を逃れたかと思ったら、部族間の衝突というもっと厄介な事態が待ち構えていた。しかし幸いにも、人間の脳は、たんなる利己的衝動と社会的衝動の塊ではない。私たちは考えることができる。道徳的思考の働きを理解し、道徳的思考と道徳感情の違いを認識する最良の出発点、それは「心」と「頭」を対決させる哲学的ジレンマだ。

第二部

速い道徳、遅い道徳

第4章　トロッコ学

いよいよ私の研究の本題に入っていこう。しかしその前に、私が道徳哲学の世界に入った経緯と、なぜこれを重要と考えているかに少々触れておこう。

八年生〔日本の中学二年生〕のとき、私は学校のディベートチームに入った。そこでは、二人のディベーターがある「論題」について賛成と反対の立場から論じるリンカーン＝ダグラススタイルのディベートをやっていた。論題は全米委員会によって決定され、二か月ごとに変更された。最近、自分がディベートに夢中だった頃の論題をインターネットで発見した。ここに記したのは、高校二年生のときのものだ。

- アメリカは国家の懸案より地球の懸案を優先すべきである。是か非か。
- すべてのアメリカ市民は、一定期間、兵役を果たすべきである。是か非か。
- アメリカの地方自治体は、ポルノを禁止する権利を有すべきである。是か非か。
- 天然資源の開発は環境保護より優先されるべきである。是か非か。
- 倫理的な公共サービスの維持において、個人の法への服従は、個人の良心への服従以上に重要な役割を果たす。是か非か。

当時は気づいていなかったが、これらはすべてコモンズ問題、すなわち社会の中の個人や、国際社会の中の国家にとっての、協力条件に関する問題だ。

放課後と週末、私とディベートチームの仲間は、レーガン＝サッチャーばりの気張った、似合いもしないスーツを着て、人気《ひとけ》のない高校の教室に一列になって入場し、あらたな牧草地の哲学的戦いを再現し、無作為に割り当てられた政策を情熱的に擁護した。私はすぐに広く使えるディベートの戦略を編み出した。ディベーターはディベートの冒頭で「価値前提」を、すなわち卓越していると自分が見なす価値を表明する。たとえば、ポルノ禁止に反対する主張を行なう場合は、自分の価値前提を「自由」とするかもしれない。良心への服従に対する法への服従の優位を主張する場合は、価値前提を「安全」とするかもしれない。次に、自分の価値前提の優位性を主張する。たとえば、価値前提が「安全」であるなら、トマス・ホッブズの言葉を少々引用して、安全は他の価値を実現する上で必要であるため、優先されると主張するかもしれない。こうして、価値前提の土台を固めてから、自分の擁護する政策が、この卓越した価値にもっともかなっていると主張する。

私は、「自由」や「安全」といったよく使われる価値前提を好まなかった。というのは、その人のお気に入りの価値が何であれ、その他にも優先すべきものがかならずあるのではないだろうかと思われたからだ。たしかに自由は重要だ。しかし、それがすべてか？　たしかに安全は重要だ。しかし、それがすべてか？　卓越した価値がなぜひとつといえるのか？　そして私は功利主義を発見した。一八世紀と一九世紀のイギリスの哲学者ジェレミー・ベンサムとジョン・スチュアート・ミル*によって創始された哲学だ。

功利主義はすばらしい思想だが、名前がひどい。あらゆる道徳哲学、政治哲学の中で、これほど過小評価され、誤解されている思想はないと思う。本書の第三部から第五部で、なぜ功利主義が非常に賢明で、誤解され、過小評価されているのかを論じていこう。しかしここでは、功利主義の心理学を議論するのに足りる程度の単純な理解からはじめよう。この章を読み終える頃、読者の功利主義に対する感情は複雑に、いや以前より悪くなっているかもしれない。だが、それでかまわない。第三部から第五部まで進む中で納得してもらえるよう取り組むつもりだ。

それでは、そのすばらしい思想とはどんなものか？　功利主義は、何であれ、すべての当事者にとって、全体として最善の結果をもたらすことを行なうべきであるという。（厳密にいうと、ここで私が説明しているのは**帰結主義**である。これは功利主義を含むもっと広い哲学のカテゴリーだ。詳しくは第6章で取り上げる。）別の言い方をすると、人間は、何であれ、より大きな善をもたらすことを行なうべきである、となる。たとえば、Aという選択をすれば六人が死に四人が助かる、Bを選択すれば四人が死に六人が助かる、そして他の結果が等しければ、AよりBを選ぶべきだという考え方だ。あまりにわかりきったことで、この考えを「思想」、まして「すばらしい思想」と呼ぶ価値などないと思われるかもしれない。しかし、すぐ後で見ていくように、これが道徳問題一般について考えるよい方法であることは、まったくわかりきったことではない。そして、第三部から第五部までかけて見ていくように、この原理をごちゃごちゃした現実世界にあてはめるのは並大抵のことではないし、人が功利主義の使われ方を想像するときにしばしば思い描くものとはかけ離れている。

ディベーターとして、私は功利主義が気に入った。功利主義が与えてくれる価値前提によって、異なる価値どうしを天秤にかけられるようになったからだ。自由は安全に勝るか？　それとも安全が自由に勝るのか？　功利主義には賢明な解がある。絶対的に優先される価値は存在しない。私たちは、自由の価値と安全の価値を天秤にかける必要がある。そして、最良のバランスとは、全体として最善の結果をもたらすものなのだ。

私はこのあらゆるものに応用がきく戦略をすっかり気に入って、あらゆるディベートで、どんな立場に割り振られても、功利主義を自分の価値前提とした。毎回、ミルやその仲間の権威ある言葉でぴりっと味付けした、よく使われる功利主義の口上ではじめた。そこから先は、自分に割り振られた立場が、より大きな善にいかに役立つかを示す証拠を都合のいいものだけ取り上げればよかった。

この戦略はじつにうまくいった。私は、功利主義を価値前提とするだけでなく、対戦者の選んだ価値を攻撃する武器としても利用した。対戦者が何を価値前提としようと、その価値をより大きな善と対決させた。それもできるだけ効果的に。立論ではなく、ディベーターどうしが直接質問しあう質疑応答のときに攻撃を開始した。たとえば、相手が言論の自由を主張すれば、私はあらかじめ準備しておいた反例をさっと繰り出した。

私「あなたは、今回、言論の自由はもっとも重要な価値だとおっしゃいましたね？」

うかつな対戦者「はい。」

私「それでは、言論の自由以上に優先されるべき価値は存在しないということで、よろしいですか？」
うかつな対戦者「そうです。」
私「それでは……たとえば、誰かが、ただ面白半分に、満員の劇場で「火事だ！」と叫んだとします。そしてみんなが出口に殺到して踏みつぶされて亡くなる人が出るとしましょう。「火事だ！」と叫ぶ権利は、踏み殺されない権利より重要でしょうか？」

一本あり！「言論の自由」は格好の餌食ではあったが、たいていの価値前提に対して、私は、このおなじみの「満員の劇場」に似た反例を持ち出したり、即興でつくったりした。

一八世紀のドイツの哲学者イマヌエル・カント(多くの人によって、とくに功利主義の批判者たちによって、歴史上もっとも偉大な道徳哲学者と目されている)も、ディベーターたちの間で人気だった。対戦者が価値前提としてカントの「定言命法」を持ち出して「目的は手段を正当化しない」と主張することがあった。そんなとき、私は次のような質問をした。「故障したエレベーターに誰かが押しつぶされそうになっています。エレベーターを止めるにはボタンを押さなくてはなりませんが、ボタンに手が届きません。しかし、誰かを押してボタンを押させることはできます。人の命を救えるのであれば、ボタンを押す手段として第三者を利用してもかまわないでしょうか？」

私は功利主義戦略が気に入っていた。うまくいくからだけでなく、信じていたからでもあった。もちろん、先に述べたように、どんな立場を割り振られようと、より大きな善をもたらすのは自分の側だと主張しなくてはならない。しかし、これがディベートというゲームの大前提であるし、毎回ディベートで立場が変わるたびに、違う、欠陥のある哲学を担ぎ出すよりもよい戦略だと思えた。
そんなあるとき、フロリダ州ジャクソンビルで行なわれたトーナメント戦で、マイアミのずば抜けて鋭いディベーターと対戦することになった。私が標準的な功利主義の口上を披露すると、相手は質疑応答で次のような質問をした。

対戦者「あなたは、人は、何であれ最善をもたらすことを行なうべきであると言っています。よろしいですか？」
うかつな私「はい。」
対戦者「それでは……ここに五人の人がいるとしましょう。全員が死にかけています。それぞれ臓器に問題があるのです。ひとりは肝臓の障害、ひとりは腎臓の障害、といった具合に。」
うかつな私「は、はあ。」
対戦者「功利主義の医者がいて、彼らを救うために、ひとりの人間を誘拐して、麻酔をかけ、いろいろな臓器を取り出し、この五人に移植したらどうでしょう。最善の結果がもたらされるではありませんか。いかがです？」

ぐうの音も出なかった。何と答えたか、記憶にない。功利主義的立場から現実主義に訴えて、突拍子もない臓器移植は実際にはより大きな善に結びつかない、なぜなら乱用の可能性があるため、人々は怯えながら暮らすことになるから、とか言ったのかもしれない。しかし、何を言ったところで足りなかった。この試合には負けた。それより痛かったのは必勝戦略を失ったことだった。さらに最悪だったのは、自分の中に芽生えていた道徳的世界観を失うという脅威にさらされたことだった。（彼女のいない*一〇代の少年にとって、芽生えつつあった道徳的世界観を失うことが、とてつもない喪失に感じられることだってあるのだ。）

高校の最終学年の途中で、大学への入学が認められるや、私はディベートチームを抜けた。両親はうろたえた。ディベートチームのコーチには裏切り者呼ばわりされた。でも、私はゲーム感覚で議論するのに嫌気がさしていたのだ。哲学的な議論をするのであれば、自分が信じることのできる主張をしたかった。そして当時は、自分が何を信じているのかわからなかったのだ。

一九九二年秋、私はペンシルベニア大学ウォートンスクールに入学した。一か月も経つと自分はビジネスには向いていないと悟ったが、その一年間で、その後長い付き合いになる教授たちや概念に出会った。一学期間、ミクロ経済学の授業をとり、ゲーム理論を知った。ゲーム理論は、「囚人のジレンマ」や「コモンズの悲劇」といった戦略的意思決定問題を扱う学問だ。私は、ゲーム理論の抽象的な美しさに魅せられた。地球温暖化、核兵器の拡散、そして私の寮の共用キッチンが永久に片付かない理由、こうした一見無関係な社会問題の根底に共通する数学的構造があり、これらの問題の数学的本質を理解すれば、問題が解決できるという考えを好ましく思った。

その年、はじめて心理学の授業をとった。担当教官はすぐれた教師で科学者のポール・ロジンだった。それは講堂で多人数の学生相手に行なわれる標準的な入門クラスではなく、小規模なセミナーだった。ロジンは問いを投げかけ、学生たちと議論を戦わせ、実験を見せてくれた。こうした実験のひとつで、人間の神経系が電気信号を送る速さを計算した。用いたのは、ドイツの物理学者で医者でもあったヘルマン・フォン・ヘルムホルツが発明した方法だった。ヘルムホルツは一九世紀に実験心理学を創始した人物のひとりである。

まず、ロジンは私たちに手をつないでひとつながりの鎖をつくるように指示した。最初の人が隣の人の手を握り、次にその人がさらに隣の人の手をといった具合に順番に手を握っていく。鎖の端から端まで握る動作が伝わるのに、どのくらい時間がかかるだろうか？　これを何回かくり返す。ロジンはストップウォッチを持ってそばに立ち、毎回タイムを計り、後でその結果を平均した。次に、隣の人の手ではなく足首を握る同様の実験を行なった。左足首を握られたと感じたら、即座に隣の人の左足首を右手で握る。これを順番に続けていく。これもロジンはタイムをくり返し測定して平均を計算した。平均すると、足首を握る方が鎖を伝わるのに若干時間を要した。それから、実験に参加した人たちの手から頭までと、足首から頭までの距離を測定した。この二つの距離の差が、手から手ではなく、手から足首へ握ったときの信号が伝わるときに余分に移動しなくてはならない距離になる。私たちは多数の試行を平均して、信号がこの余分な距離を移動するのに要した時間を見積もり、それによって信号の速さを見積もった。私たちの見積もった値は教科書にある答えとほぼ正確に一致した。ロジンはその答えを、私たちには内緒で前もって書きとめておいたのだ。

こうした実験を取り入れた授業のおかげで、私は科学的思考の力に目を向けるようになった。もう少し具体的にいうと、賢明な方法は、人間の心の謎を解答可能な疑問に変えられるとわかったのだ。この方法について驚いたことのひとつは、一九世紀まで誰も考えつかなかっただけで、数千年前でも同じ方法が使えたはず、ということだ（人を大勢集めて、何度もくり返せば、ストップウォッチは必要ない）。ここで威力を発揮しているのは、先端技術ではなく、鋭い推論と創造性を結びつけた思考様式なのだ。

ロジンは、私を社会生物学にも引き合わせてくれた。これは社会的行動、とくに人間の社会的行動を進化的観点からとらえる学問分野だ。（この学問分野はのちにいくつかの分野に枝分かれした。そのひとつが、進化が人間の心をどう形づくったかの理解を目的とする進化心理学だ。）社会生物学者は、なぜ――学生じみた下品な言葉づかいをお許しいただきたい――女の子は好きなときにエッチできるのに、男はそうじゃないのかを教えてくれた。この説明は、ロバート・トリヴァースの「親の投資」理論に由来する。その理論によると、女性は、生きていける子孫をつくり出すために、（最低でも）九か月の妊娠と数年間にわたる授乳という莫大な労力を注がなくてはならない。一方男性は、安上がりな精子を少々預けるだけでいい。（もちろん、子孫にたくさん投資する男ほど成功する子孫をもつ可能性が高くなるが、男にとって投資の最低ラインは低い。）トリヴァースいわく、従って、女性は伴侶の選択により厳しくなるだろう。最初の提供希望者の精子を受け入れる女性は、もっとえり好みをする女性ほどには、適応力にすぐれた子孫をもてる見込みは少ないというわけだ。ところが男性の場合、遺伝物質を人より気前よく提供したところで負担は生じない。（こんな話をしていたら、むかし流行ったレッド・ホット・チリ・ペッパーズの「ギブ・イット・アウェイ（くれてやれ）」という歌を思い出してしまった。）多くの人はこの進化論的説明を、伝統的な男女の役割をエセ科学で正当化しているとして退けた(いまも退けている)。しかし私は感銘を受けた。伝統的な男女の役割分担を支持していたからではない。(それどころか周りの女性があまりえり好みをしなくなってくれたら嬉しかったのに。)トリヴァースの理論が、観察できる社会的事実を説明するだけでなく、いくつかの明白でない予測を立てていたからだ。(これらは、その後正しいことがあきらかになった。)トリヴァースによれば、重要なのはオスかメスか自体ではない。親の投資が多いか少ないかだ。オスが養育に多くを投資する種では、伴侶の選択に厳しくなるのはメスではなくオスであるはずだ。はたして、鳥や魚の中には、成長過程にある子をオスが守り養う種があり、その場合、伴侶のえり好みが厳しいのはオスの方だ。

大学生になって、私ははじめて家計をやりくりするようになった。このあらたな自由を手にして、あらたな責任感も芽生えた。私は毎月の生活費の大半を、CDを買ったり、フィラデルフィアの中心街で興味を惹く食べ物を試したりといった、ささやかな贅沢に使っていた。しかし、どうすればこれを正当化できるだろうか？　極貧にあえぐ女性が「一〇ドル恵んでくださらない？　お金も食べ物もないの。子供が死んでしまう」と自分に訴える姿が思い浮かんだ。その目をまっすぐ見て「悪いね、ジョン・コルトレーンのCDをもう一枚買わなきゃならないんだ。お子さんには死んでもらうしかないな」なんて言えるだろうか？　自分にそんな真似はできないとわかっていた。(しょっちゅう、ホームレスのそばを通りがかっていたのだけれど。)とはいえ、この議論の行き着く先も同時にわかっていた。世界には、私がCDコレクションを充実させる必要以上に、私のお金を切実に必要としている人たちはいくらでもいる。私の義務はどこで終わるのだろう？(この問題については第三部で詳しく取り上げよう。)

そんなとき、ジョナサン・バロンという心理学の教授の存在を知った。紹介文には、心理学、経済学、倫理学に関心があるとあった。話してみるべき相手と思えた。私は面会を申し込んだ。バロンは、私が生まれる数年前に哲学者ピーター・シンガーが最初に提起して以来、哲学者たちはずっとこの問題について議論を続けてきたのだと教えてくれた。彼もこの問題に悩んでいた。

バロンと私はとても馬が合い、共同研究をはじめた。後になってようやく気づいたのだが、当時、珍しいテーマに夢中になっていた自分が出会ったのが、世界で唯ひとりの、正真正銘の功利主義的道徳心理学者だったなんて、ちょっとありそうにないことだ。その頃の自分は、どの大学にもひとりはいると思っていた。バロンと私は環境関連の意思決定における「数量に対する鈍感さ」という問題に取り組んだ。「汚染された二つの河川を浄化するのにいくら支払いますか?」と質問すると、ある答えが返ってくる。別のグループに「汚染された二〇の河川を浄化するのにいくら支払いますか?」と質問すると、平均して、先ほどとほぼ同じ答えが返ってくる。二〇の河川を浄化する方が二つの河川を浄化するより一〇倍よいことに思われるだろうと思う(願う)かもしれない。だが、まったくのところ、数は問題ではないことが多い。二つの川も二〇の川も、まったく同じに思えるのだ*。バロンと私は、なぜ人が「数量に対して鈍感」なのかをあきらかにしようとしていた。私たちの研究はこの問題を解決できなかったが、有望視されていたいくつかの理論を排除することはできた。これもひとつの進歩だった。この研究プロジェクトを基に、私は最初の科学論文を書いたが、それ以上に重要だったのが、バロンとの研究を通じて「ヒューリスティクスとバイアス」の研究を知ったことだった。ヒューリスティクスは、人が意思決定を行なう際に用いる思考の近道のこと、バイアスは、ヒューリスティックな思考が原因で生じる不合理な誤りのことだ。

ビジネスへの関心を失った私は、ハーバード大学に移籍し、哲学を専攻した。ハーバードでの最初の学期に「考えることを考える」という講義を受講した。講座を受け持っていたのは、哲学者のロバート・ノージック、進化生物学者のスティーヴン・ジェイ・グールド、法学教授のアラン・ダーショウィッツという伝説的な教授三人だった。（講義の通称は「エゴが語るエゴ」だった。）シラバスに載っていたのが哲学者ジュディス・ジャーヴィス・トムソンの論文「トロッコ問題」だった。

トロッコ問題

この論文こそ、高校時代の私に不意打ちを食らわせた「臓器移植」ジレンマの大元だったのだ。トムソンの独創的な論文は、一連の道徳ジレンマを取り上げていた。すべて、五人を救うためにひとりを犠牲にするという同じひとつのテーマを様々にアレンジしたものだった。いくつかのケースでは、「臓器移植」ジレンマのように、ひとりの命を五人の命と引き換えにするのはあきらかな間違いに思われた。トムソンの論文から生まれた、こうしたジレンマのひとつが「歩道橋」ジレンマだ。少し修正したものを次に紹介しよう。

制御不能になったトロッコが、五人の鉄道作業員めがけて突き進んでいる。トロッコがいまのまま進めば、五人は轢《ひ》き殺されるだろう。あなたはいま線路にかかる歩道橋の上にいる。歩道橋は向かってくるトロッコと五人の作業員のいるところの中間にある。あなたの隣には大きなリュックサックを背負った鉄道作業員がいる。五人を救うには、この男を歩道橋から線路めがけて突き落とすしかない。その結果男は死ぬだろう。しかし男の身体とリュックサックで、トロッコが他の五人のところまで行くのを食い止められる。（あなた自身が飛び降りることはできない。リュックサックを背負っていないし、トロッコを止められるほど体も大きくないし、リュックを背負う時間もないから。）この見知らぬ男を突き落として死なせ、五人を救うことは、道徳的に容認できるだろうか？（図4-1参照）

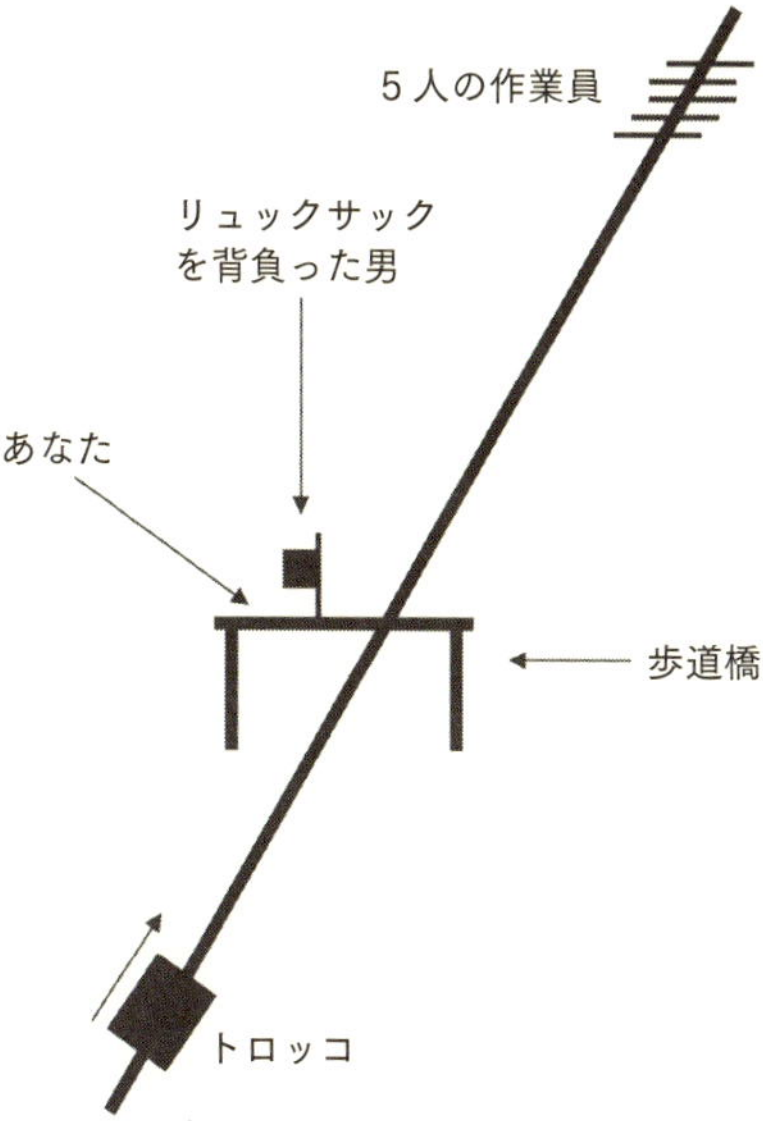

図4-1　「歩道橋」ジレンマ

ほとんどの人が、他の五人を救うために、男を歩道橋から突き落とすのは間違っていると答える。ただし、少なくともジレンマの前提を受け入れるのであれば、これは功利主義的な回答ではない。男を突き落とす行為はより大きな善を促す。それなのに、間違っているように思われるのだ。

　この問題からなんとか抜け出そうと試みる、たくさんの方法がある。もっとも魅力的な脱出戦略は、「歩道橋」ジレンマの前提に疑問を投げかけるというものだ。男を突き落とせば、本当に五人を救えるのか？　五人を救える方法が他にあるとしたら？　男を突き落とすところを第三者に見られて、その結果その人物が人命を尊ぶ気持ちを失い、殺人を犯すことになったら？　この殺人の結果、大勢の人々が積極的な功利主義者に怯えて暮らすようになったら？　これらはしごくもっともな疑問だが、こうした疑問を並べたところで、功利主義者の問題の解決にはならない。たしかに、もっと現実的な前提の下では、男を突き落とすべきではない、正当な功利主義的理由があるだろう。これは重要な点なので、後でとくに取り上げよう。しかしいまのところ、こうした疑問は脇に置いて、より大きな善を促すためであっても、歩道橋から人を突き落とすのは間違っているという考えに真剣に向きあってみよう。

　いったいなぜこれが間違いなのだろう？　功利主義に対する一番よく聞く不満に、功利主義は人間の**権利**を軽んずるというものがある。功利主義に従うと、結果はどうあれ、人間に対して、根本的に間違った行為が容認されるようになるというのだ。先に、カントの定言命法に触れたが、カントはこれを次のような有名な言葉にまとめた。

> 人間性を扱うときは、あなた自身の人格の人間性であれ、他者の人格の人間性であれ、かならず目的として扱うべきである。けっしてたんなる手段として扱うべきではない。

　ざっと言い換えると、「人を利用するな」ということだ。人の利用法として、人間トロッコ・ストッパーとして利用することほど印象的な例を思いつくのは難しい。

「歩道橋」ジレンマには、興味深い同類があるという利点がある。「スイッチ」ジレンマと呼ぶもうひとつのバージョンでは、制御不能になったトロッコの行く手に五人の作業員がいる。手をこまねいていたら轢き殺されてしまうだろう。しかし、分岐器のスイッチを押して、トロッコの進路を待避線に切り替えれば五人は救われる。あいにく待避線にはひとりの作業員がいるので、スイッチを押せば、その人は轢き殺されてしまう(図4-2参照)。

スイッチを押してトロッコの進路を五人からひとりへ向かう方向に切り替えることは道徳的に許されるだろうか？　トムソンにとって、これは道徳的に受け入れられるように思われた。私も同感だった。後で知ったのだが、世界中の人が同感する。それではなぜ、私たちは「スイッチ」ケースに「イエス」といい、「歩道橋」ケースに「ノー」というのだろう？

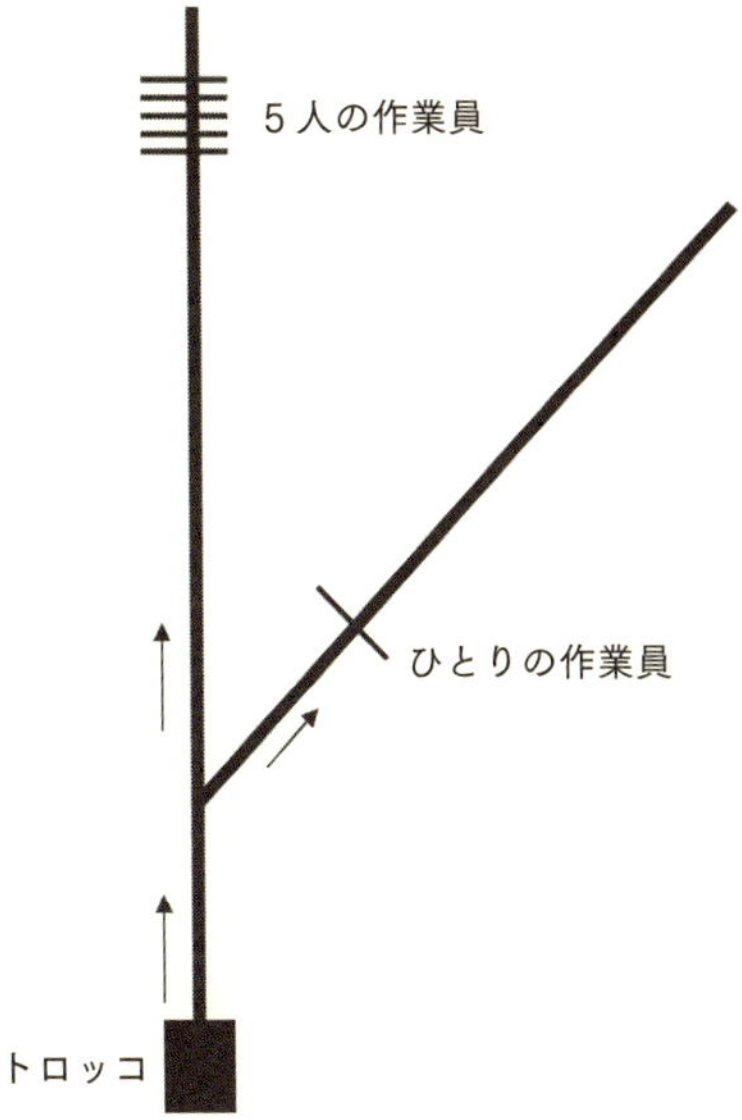

図4-2　「スイッチ」ジレンマ

これは、私にとって完璧な科学の問題だった。トロッコ問題は、一〇代の最初から私を悩ませ続けたありとあらゆる問題を、ひとつのみごとなモデルに、生物学研究におけるショウジョウバエのようなモデルに、まとめていた。まず、トロッコ問題は、高校のあらゆるディベートの背後にある、大きな、哲学的問題を取り上げ、それを次のような骨子に要約していた。「個人の権利がより大きな善に優先されるのはいつか？　そしてなぜか？」中絶、差別是正措置《アファーマティブ・アクション》、税率を上げるか下げるか、戦時下での一般市民の殺害、戦闘のために人を戦場に送り込むこと、医療資源の分配制限、銃規制、死刑――こうした主要な道徳問題は、すべてある意味で、(本物の、もしくは名目上の)個人の権利と、(本物の、もしくは名目上の)より大きな善の対立の問題だ。トロッコ問題は核心をついていた。「歩道橋」ジレンマでは、より大きな善のためにひとりを犠牲にするのは間違いであり、個人の権利のはなはだしい侵害に思われる。一方「スイッチ」ジレンマでは、ひとりの命を五人の命と引き換えにすることは、理想的とはいえないまでも、正当化されるように思われる。これは、すべてそろってきっちりコンパクトなパズルになった、カントとミルの対決だった。この単純な二つのジレンマを理解できれば、多くを理解できるだろう。

　トロッコ問題には美しい、ヘルムホルツ流のすっきりしたところもある。神経系を伝わる信号の速さはどのようにすれば求められるだろう？　腕を上り、脳という不可解な迷宮を通り抜け、さらにもう一方の腕を下っていく信号の経路をたどる必要はない。一方の腕に行くのを止めて足に切り替え、差を求めればよい。トロッコ問題はすばらしい差をつくっていた。こうしたジレンマには関連しうる多数の特質があるが、「スイッチ」と「歩道橋」ケースの差はきわめて小さい。このわずかな差のどこかに、道徳的に重要な、少なくとも重要と思われる違いがある。

　トロッコ問題は意思決定の問題でもある。「ヒューリスティクスとバイアス」の観点から考えればあきらかにされるかもしれない。私たちの直観は、「歩道橋」での行為は間違っていると告げる。脳のどのバネ、どのレバーが、私たちをこの結論へ導くのだろう？　そもそもこのマシンは信頼できるのか？　脳は、少なくともときどき、汚染された二〇の川を浄化するのも二つの川を浄化するのも変わりないと言う。このとき私たちは違う反応をすべき二つの問題に対して、同じ反応をしている。ひょっとしたら、トロッコ問題にはこれと逆のバイアスが関係しているのかもしれない。同じ問題をまったく違う問題であるかのように処理するのだから。ひとりの命を五人の命と引き換えにすることが、あるときは正しく、あるときは間違っているように思えるのは、人間心理のたんなる癖かもしれない。これはじつに興味をそそる考えだった。もしかしたらこれで功利主義の正当性を証明できるかもしれない。それ以外の面では、功利主義はあんなに合理的に思われたのだから。

「考えることを考える」の講義を受けた後の夏、ささやかな助成金を手に入れた私は、トロッコ問題について独自調査を行なった。大量の哲学書と心理学の論文に目を通し、助成金受給者としての義務を果たすべく、「二つの道徳」という題の論文を書いた。この論文で、私は道徳的思考を二種類に分け、それぞれを「抽象的」思考と「共感的」思考と命名した。これが道徳判断の「二重過程」理論のはじまりだった。「二重過程」についてはすぐ後で説明しよう。

翌春、私は行動神経科学の講義を受講した。脳科学者なら、私が求めている答えを知っているだろうと期待したのだ。講義で答えは見つからなかったが、当時刊行されたばかりの、神経学者アントニオ・ダマシオの著書に出合った。『デカルトの誤り』というその本は、意思決定における情動の役割を取り上げていた。ダマシオは、フィネアス・ゲージという、神経学の世界ではよく知られる一九世紀の患者について説明していた。ゲージは、バーモント州の鉄道で職長として働き、人々の尊敬を集めていたが、爆発事故によって、一メートルほどの鉄の突き棒に頭部を貫かれて以来（鉄の棒は眼窩を通って頭頂から抜けた）性格が一変した。ゲージは、事故によって前頭前野内側部（目と額の後ろ、鼻のすぐ上にあたる脳部位）の大半を損傷した。驚くことに、ゲージはわずか数週間で認知能力を回復したかに思われた。会話も計算も、人名や地名を思い出すことなどもできたからだ。しかし、ゲージはかつてのゲージではなかった。勤勉で仕事熱心だった鉄道職長は、責任感のない放浪者になった。

ダマシオは、前頭前野内側部の腹側（下）部（前頭前野腹内側部ＶＭＰＦＣ）を損傷した存命の患者を調査し、一貫したパターンに気づいた。ゲージのような脳損傷をもつ患者たちは、ＩＱテストなど、標準的な認知テストの成績はよい。ところが現実生活では悲惨な意思決定をする。ダマシオらは、一連の研究において、患者の抱える問題の原因は情動の欠損によることをあきらかにした。こうした患者のひとりは、むごたらしい交通事故や水死した洪水の犠牲者の写真を見せられて、こうした悲劇的な光景を見てもいまは何も感じないが、脳を損傷する前は情動的に反応していたことは承知していると言った。ダマシオは、彼らの痛ましい状況を「知ることはできるが、感じられない」と表現した。

このひとくだりを読んだとき、私はホテルの一室にひとりでいたのだが、すっかり興奮してベッドの上でピョンピョン飛び跳ねてしまった。閃いたのだ。これはトロッコ問題とつながっている、と。ダマシオの患者から失われたものが、「歩道橋」ケースに対する普通の人の反応を起こしているものなのだ。そしてもちろん、この考えを検証する非の打ちどころのない方法があった。ＶＭＰＦＣを損傷した患者に、「スイッチ」ジレンマと「歩道橋」ジレンマを提示するのだ。私が正しければ、ＶＭＰＦＣを損傷している患者、すなわちフィネアス・ゲージに似た患者たちは、「スイッチ」ケースだけでなく、「歩道橋」ケースでも功利主義的な回答をするだろう。しかし残念ながら、VMPFCを損傷している人の心当たりがなかった。

翌年私は、「道徳的心理と道徳的進歩」という題の卒業論文にこのアイデアを書いた。これは本書の萌芽となるものだった。一九九七年秋、プリンストン大学哲学科の博士課程に入学した。最初の二年間は、ゼミを受講し、必修単位をとり、プラトンの『国家』から量子力学の哲学にまたがる幅広いトピックを勉強し、おおむね哲学者としての生活を楽しんだ。一九九九年夏、心理学科に哲学者と話をしたがっている神経科学者がいると聞いた。プリンストン大学が、新設の「脳、心と行動研究センター」の責任者として採用したジョナサン・コーエンだった。コーエンのウェブサイトを見ると、脳イメージングを用いた研究をしていることがわかった。ひょっとすると、神経疾患患者は必要ないかもしれない、と思った。健常な人の脳で「歩道橋」効果を確認できるかもしれないと考えた私はコーエンに面会を申し込んだ。

コーエンの研究室にはまだ、いたるところに未開封の段ボールが置かれ、オフィスには学問の石筍《せきじゅん》のように本や論文が危なっかしく積み上げられていた。コーエンは、オフィスの椅子にふんぞりかえって、「それで、何を思いついたんだい?」と尋ねた。私はトロッコ問題について説明をはじめた。最初に「スイッチ」ケース、次に「歩道橋」ケースを。彼は私を遮り、二つのケースが違う点を一〇も並べ立てた。「その話はちょっと待ってください」と私も彼を遮り、ダマシオの本とフィネアス・ゲージについて説明をはじめた。しかし、まだ話し終わらないうちに彼の口からこんな言葉が飛び出した。「わかった！　わかった！　わかったぞ！　腹側《ふくそく》と背側《はいそく》！　腹側と背側だ！」腹側という言葉はわかったが、背側が何を意味しているのかはわからなかった。サメの背びれのようなものか？（背側は、脳の上半分をいい、四足動物では背中側にあたる。）いずれにせよ、コーエンも夢中になってくれたので嬉しかった。「やってみよう」とコーエンはいった。「ただし、きみは脳イメージングのやり方を勉強しなくてはいかんぞ。」望むところだった。

最初の面会のときにコーエンが理解していて、私が理解していなかったこと、それはトロッコ問題の神経科学的側面のもう半分だった。これは、コーエンの研究にほぼ直結する部分だった。私は、「歩道橋」ケースで、私たちに「ノー」といわせる情動の役割を考えていた。しかし、それでは何が「スイッチ」ケースで私たちに「イエス」といわせるのか？　フィネアス・ゲージや似た症例の人たちの脳に無傷のまま残されているものは何なのか？　もしそのような患者たちが、「知る」ことはできるが「感じる」ことはできないなら、彼らに「知る」ことを可能にさせているものは何か？　私にとって答えはわかりきっていた。五人の命を救う方が、ひとりの命を救うよりよいとする功利主義の、費用対効果の思考だ。しかし、認知神経科学者にとってみれば、心の働きに関してわかりきっていることなど何もない。

コーエンは認知制御の神経科学研究室を主宰している。そのコーエンの定義によれば、認知制御とは、「内的目標と一致するように、思考と行動を調整する能力」を指す。認知制御の古典的実験に、色を答えるストループ課題というものがある。これは画面に映し出される言葉の文字の色を答えるといったもので、たとえば「鳥」という言葉が青い色で書かれていたら、「青」と答えなくてはならない。ところが、「赤」という言葉が緑色で書かれている場合のように、その言葉が色の名前で文字の色と食い違っているとややこしくなる。この場合は「緑」と解答しなくてはならないが、言葉を読む方が、色の名前を答えるより自動的なので、一瞬「赤」と言ってしまいそうになる。こうしたややこしいケースでは内部で葛藤が生じている。あるニューロン群は、「言葉を読め！」と命じ、別のニューロン群は「色を答えろ！」と言っている。(もちろん、ニューロンは言葉を話したりはしないが、イメージしやすいように、本書ではところどころで擬人化を行なう。) こうした競合する命令どうしの衝突を何が解決するのだろう？　そして間違った解決(「言葉を読む」)がされることなく、正しい解決(「色を答える」)が行なわれることを確実にしているものは何なのだろう？

これは、人間の認知能力の顕著な特徴である認知制御の仕事であり、これを可能にするのが前頭前野背外側部(DLPFC)の神経回路だ。色の名前を答えるストループ課題では、DLPFCがこんな呼びかけを行なっている。「おい、みんな。これから色の名前を言うからな。色の名前組は前へ。言葉読み組はやすめ。」DLPFCは明示的な意思決定ルール(「色の名前を言う」)を使って行動を導き、競合する衝動(「言葉を読む」)を克服できる。だからコーエンは、「腹側と背側！」と叫んだのだ。認知制御の神経科学を専門とするコーエンは、「より多くの命を救う」と「色の名前を答える」が同質のものであることを即座に見抜いた。それは、問題への回答を導くために利用できる明示的な意思決定ルールだ。さらにコーエンは、「歩道橋」ケースへの功利主義的回答(より多くの命を救うために男を突き落とすことを支持する)と、「赤」という言葉が緑色で書かれた、ややこしいストループ課題で色の名前を回答することが同質のものであることも見抜いていた。すなわち、功利主義的回答をするには、競

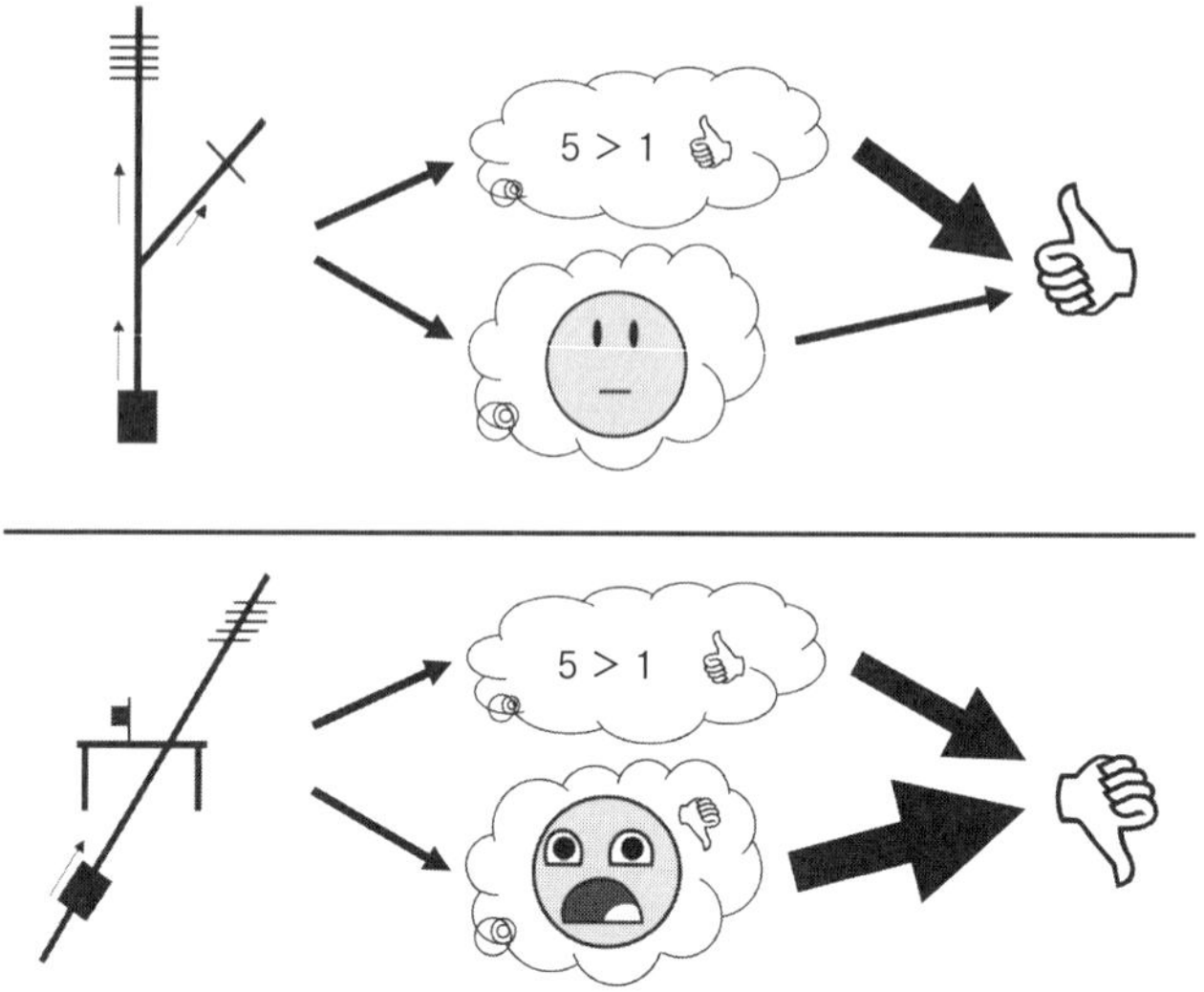

図4-3　二重過程の道徳．トロッコの進路を5人がいる線路からひとりがいる線路に切り替える(上段)のは功利主義的には理にかなっており，それに対立する大きな情動反応も引き起こさない．そのため大半の人は支持する．歩道橋から男を突き落とす(下段)のも功利主義的には筋が通っているが，かなり大きいネガティブな情動反応を誘発するため，ほとんどの人が支持しない．

合する衝動を克服しなくてはならない。

これらの考えを統合したのが道徳判断の「二重過程」理論だ。これは、「歩道橋」ケースと「スイッチ」ケースとの対比によって例証される。二重過程理論と名づけたのは、はっきりと異なる、ときに競合する場合もある、自動反応と制御反応の存在を仮定しているからだ。(二重過程理論については次章でさらに詳しく取り上げる。)「スイッチ」ケースに対する反応では、私たちは、DLPFCを使って功利主義的な意思決定ルールを意識的に適用する。後で詳しく説明するいくつかの理由により、「スイッチ」ケースに含まれる加害行為は情動反応をそれほど引き起こさない。その結果、私たちは功利主義的に反応して、スイッチを押し、救える人の数を最大化することを支持する傾向がある(図4-3の上段参照)。「歩道橋」

ケースに対する反応でも、私たちはDLPFCを使って功利主義的意思決定ルールを適用する。しかしこの場合は、どういうわけか加害行為が、前頭前野腹内側部(VMPFC)による(比較的)強い情動反応を誘発してしまう。その結果、ほとんどの人がこの行為を間違っていると判断する。その一方、この判断が、功利主義的な費用対効果分析に逆らうものであることも理解している(図4-3の下段参照)。私たちはこの理論の検証にとりかかった。

脳をスキャンする

最初の実験として、「スイッチ」ケースに似た一連の道徳ジレンマと、「歩道橋」ケースに似た一連の道徳ジレンマを考え出して、それぞれ「非人身的」ジレンマ、「人身的」ジレンマと名づけた。被験者たちにはこの二通りのジレンマを読んで反応してもらいながら、機能的磁気共鳴イメージング(fMRI)[**]によって脳をスキャンした。それから、二つの異なる道徳判断課題から得られた脳画像をヘルムホルツ式に引き算した。予想通り、「歩道橋」ケースに似た「人身的」ジレンマは、VMPFCの一部を含む、[*]前頭前野内側部の活動を増加させた。別の言い方をすると、「歩道橋」的ケースは、フィネアス・ゲージやダマシオの患者(「知っている」が「感じる」ことができない人たち)が損傷していた、脳の中のまさにその部分の活動増加を引き起こした。対照的に「スイッチ」ケースのような「非人身的」ジレンマは、DLPFCの活動増加を引き起こした。以前コーエンがストループ課題を使った脳イメージング実験で何度も確認していた、まさにその部位だ。第二の実験では、人が「歩道橋」ケースに似たジレンマに功利主義的反応を示すとき(たとえば五人を救うためにひとりを突き落とすことを支持する)、ＤＬＰＦＣの近くの領域に活動増加が見られることがあきらかになった。この実験は、情動に果たす役割で知られる脳の別の領域、扁桃体が、「非人身的」な「スイッチ」的ケースに比べて、「人身的」な「歩道橋」的ケースのことをじっと考えているとき、活動が増えることもあきらかにした。第2章で触れたように、扁桃体の活動は警戒心の高まりと関係があり、とりわけ、外集団の成員の顔に対する反応として表われる。

私たちは、これらの結果が自分たちの理論と完全に一致したので喜んだ。しかし、まだ疑問の余地はあった。まず、実験の対照の仕方がいまひとつだった。理想の世界では、実験では「スイッチ」ジレンマと「歩道橋」ジレンマという二つのジレンマだけを使うだろう。そうすれば、この二つのジレンマは非常によく似ているので、よりすっきりした実験になる。しかし、脳イメージングのデータはノイズが多いため、二個の脳の事象を比較するのは非常に難しい。そこで平均して比較できるように、二種類の脳の事象をくり返し引き起こさなくてはならない。(ロジンが、速さの差を見積もるために、手と手を何回も握らせ、次に手と足を何回も握らせて平均したのとまったく同じだ。)つまり、ペアにして比較するために、「歩道橋」的ジレンマと「スイッチ」的ジレンマをたくさん考えなくてはならなかった。十分類似したジレンマをつくれなかったり、被験者が思考をストップさせてしまい、毎回同じ答えをくり返すだけになったりした場合もあった。さらにまずいことに、私たちには「歩道橋」ジレンマと「スイッチ」ジレンマの本質的な違いがわかっていなかった。そのせいで「歩道橋」ジレンマに似ているジレンマのセットと、「スイッチ」ジレンマに似ている別のセットを考え出すのが難しかった。

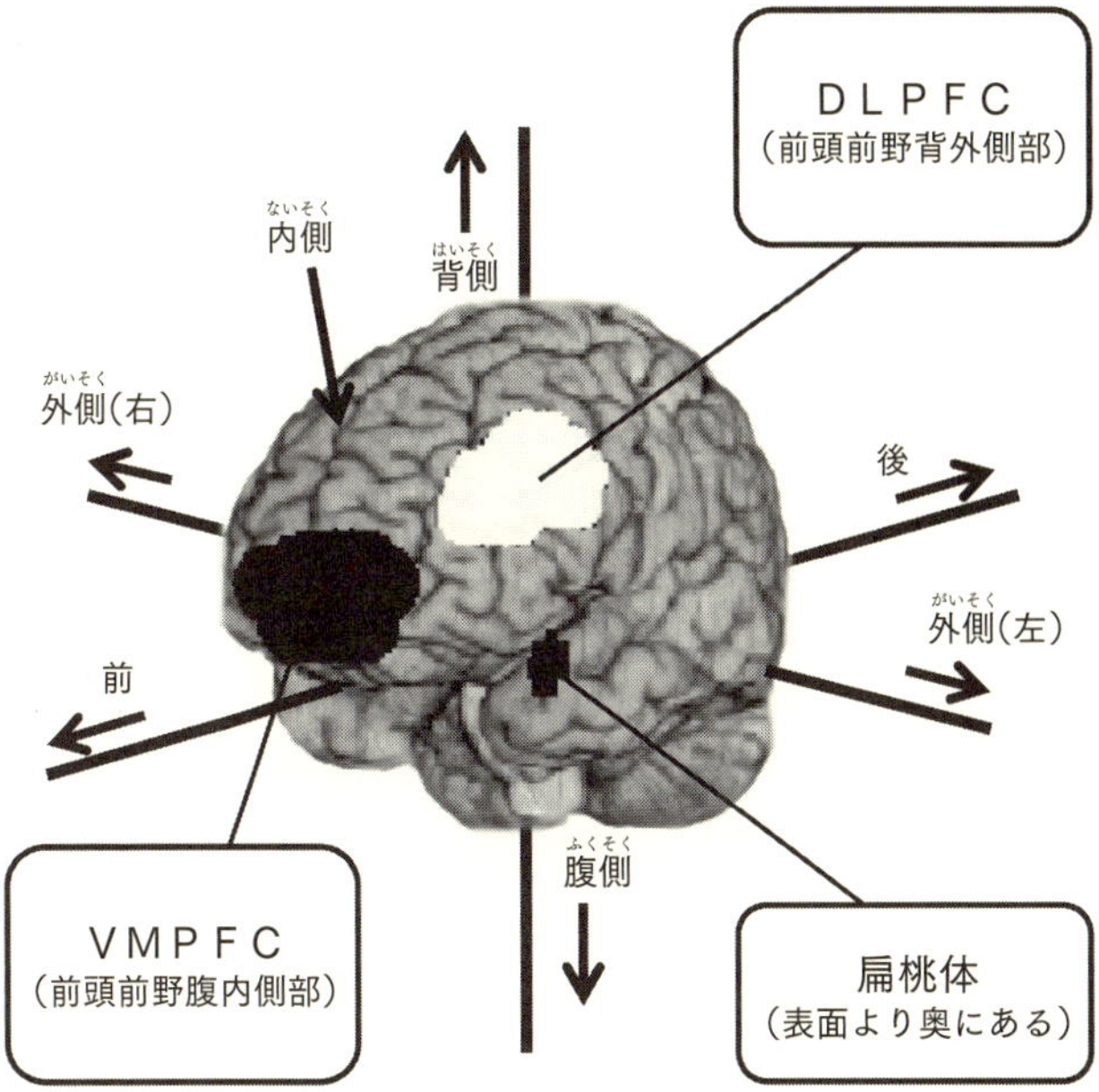

図 4-4　3次元の脳画像．道徳判断に関係している脳の3つの部位を強調した．

それぞれのセットの中でジレンマどうしにどのような共通点がなくてはならないだろう？（この問題には、その後の研究で取り組んだ。第9章で取り上げよう。）そこで、何が本質的な違いかは当てずっぽうで考えた。間違っているかもしれないことはわかっていたが、自分たちの「腹側」と「背側」に関する仮説を検証できる程度には当たっていることを期待して。それでうまくいった。

初期の実験には、もうひとつ重大な限界があった。脳イメージングのデータは「相関」を示すものだ。すなわち画像に現われた脳の活動が、判断を引き起こしているのか、それとも判断と相関しているだけなのか断言できない。たとえば、アイスクリームの売り上げと水死者数には相関関係があるが、アイスクリームは水死の原因ではない。夏の暑い日には、人はアイスクリームをたくさん食べたくなるし、泳ぎに出かける人も増える。そのため水死者の数が増える。科学者がよくいうように「相関関係は因果関係を意味しない」。（ただし、相関関係は因果関係の証拠にはなる。厳密であろうとするあまりに科学者はこのことを忘れがちだ。）このように、「人身的」ジレンマについて熟考することと、ＶＭＰＦＣと扁桃体の活動との間に相関関係はあった。しかし、こうした脳領域の活動が、「歩道橋」のようなジレンマに人が「ノー」という原因なのか？　同様に「非人身的」ジレンマについて熟考することとＤＬＰＦＣの活動の間にも相関関係があった。さらに、ＤＬＰＦＣの活動と、「人身的」ジレンマに功利主義的反応を示すことの間にも相関関係があった。しかし、ＤＬＰＦＣが、「スイッチ」のようなジレンマに対して人々に「イエス」といわせ、「歩道橋」のようなジレンマに対してはそれほど「イエス」といわせない原因なのだろうか？

実験トロッコ学がブームに

科学の醍醐味のひとつに、あるアイデアを世に出し、そのあと他の科学者たちがそのアイデアを発展させるのを眺めるというものがある。私たちが最初の二つの脳イメージング実験を行なってから数年の間に、様々な分野にまたがる多数の研究者が、異なる手法を使い、私たちの結果を土台として、この理論を裏づけるさらなる証拠を提供し、あらたな方向性を与えてくれた。私たち自身も追跡調査をした*のはいうまでもない。

次の重要なトロッコ研究を行なったのはＵＣＬＡのマリオ・メンデスらだった。メンデスらは、前頭側頭型認知症(FTD)の患者の道徳判断を調査した。FTDは、神経変性疾患のひとつで、VMPFCなどの脳領域を冒す。そのため、FTDの患者は、フィネアス・ゲージのようにVMPFCに損傷のある患者とよく似た行動上の問題を抱えている。とくに、FTDの患者は「感情の鈍化」や共感能力の欠如で知られている。メンデスらは、FTD患者、アルツハイマー病患者、健常者に「スイッチ」ジレンマと「歩道橋」ジレンマを提示した。目覚ましい結果が得られた。まさに私たちの予想通りだったのだ。「スイッチ」ジレンマへの反応では、三つのグループは同じパターンを示した。少なくとも八〇パーセントが、トロッコの進路を切り替えて五人を救うことを支持した。「歩道橋」ジレンマで人を突き落とすことについては、アルツハイマー病患者の二〇パーセント、健常者のグループでもほぼ同程度の割合の人しか支持しなかった。ところが、FTDの患者では六〇パーセント近くが支持した。三倍も違う。

メンデスの研究は先に説明した二つの問題を解決している。まず、この実験では脳イメージングを使わず、患者をテストしたので、たくさんのジレンマに対する反応を平均する必要はなかった。これによって、「人身的」(歩道橋的)ジレンマと「非人身的」(スイッチ的)ジレンマの種類を定義するという問題を回避した。きちんと条件のそろった二つのオリジナルのジレンマを比較しただけだった。次に、この研究は「相関関係は因果関係ではない」という問題に取り組んだ。すなわち、情動面に障害をもつ人たちが、「歩道橋」ジレンマに対し「イエス」と答える確率が三倍であることをあきらかにし、情動反応が「歩道橋」ジレンマに「ノー」といわせる原因であることをよりはっきりと示した。

二年後にはダマシオその人が、私がホテルのベッドで飛び跳ねながら思い描いた、まさにその通りの実験を行なった。ダマシオらはマイケル・ケーニヒス、リーアン・ヤングを実験リーダーとして、VMPFCに損傷をもつ、例のフィネアス・ゲージタイプの患者たちに私たちがつくったジレンマ全セットを提示した。案の定、こうした患者たちは、「人身的」道徳ジレンマに対して功利主義的回答をする(歩道橋から人を突き落とすことを支持するなど)確率が他の人より五倍近く高かった。同年、エリーザ・チャラメッリ、ジュゼッペ・ディ・ペレグリーノらイタリアの研究チームも同様の結果を発表した。イタリアの研究チームはさらに、健常な人たちの功利主義的回答に対する躊躇と生理的覚醒の高まり(手のひらの汗を指標とする)を関係づけた。

さらに最近行なわれたおびただしい数の研究も同じ結果を示している。情動反応が、歩道橋から人を突き落とす行為に対して、またその他のより大きな善を促進する、功利主義的な「人身的」加害行為に対しても同様に、人に「ノー」といわせるのだ。VMPFCに損傷をもつ患者は、より多くの赤の他人を救うために、家族がいる方へトロッコの進路を切り替える行為を支持する確率が高い。不安感の少ないサイコパス(社会的・情動的な障害があることで知られる)は功利主義的判断を下す傾向がある。失感情症という自分の情動状態の認識が低下する障害をもつ患者もそうだ。ストレスに対して強い生理的覚醒(この場合は末梢血管の収縮)を示す人は功利主義的判断をあまりしない。直感にかなり頼っていると回答する人もそうだ。被験者を上機嫌にさせると(ユーモアに関係するポジティブな情動。この実験ではネガティブな情動反応を打ち消すと考えられた)功利主義的判断を下す確率が高まる。

複数の研究が、先にあげた情動に関係するもうひとつの脳領域の重要性を指摘している。扁桃体のことだ。サイコパス的傾向が強い人は、「人身的」ジレンマに対する扁桃体の反応が弱い。同様に、私の研究室で、アミタイ・シェンハブが行なった研究では、扁桃体の活動は、「歩道橋」的ジレンマへのネガティブな情動反応と正の相関があり、功利主義的判断とは負の相関があることを示している。この研究は、扁桃体がむしろ初期警報装置のように働くのに対し、VMPFCはその情動信号を「あらゆる事柄を考慮した」決定の中に統合する役目を担っていることも示唆している。近年モリー・クロケットらが行なった興味深い実験では、被験者にシタロプラム（抗うつ薬の一種で、プロザックに似た選択的セロトニン再取り込み阻害剤）を投与し、私たちがつくった標準的な一連のジレンマに答えてもらった。シタロプラムの短期的効果は、脳領域の中でもとりわけ扁桃体やVMPFCなどの情動反応性の増強だ。予測通り、シタロプラムを服用した被験者の間では（偽薬を服用した被験者と比較して）「歩道橋」ジレンマに似た「人身的」ジレンマに対して功利主義的な判断をする割合が低かった。別の研究は、ロラゼパムという抗不安薬に逆の作用があることをあきらかにしている。最近私の研究室でエリノア・アミットが行なった研究は、これらの情動反応を誘発する視覚心像の役割を浮き彫りにした。視覚に頼って考える傾向のある人（視覚性記憶テストの成績で測る）ほど、功利主義的な判断をする割合が低い。逆に、道徳判断を行なうときに視覚処理を妨害すると、被験者の判断は、より功利主義的になる。

要するに、たくさんの証拠が、それもじつにたくさんの種類の証拠が、人が、歩道橋から人を突き落とすこと（また、その他の「人身的」に危害を加える功利主義的行為）に「ノー」というのは、VMPFCや扁桃体による情動反応が原因だといっている。しかし、二重過程説のもうひとつの面（「背側だ！」）についてはどうだろう？　私たちには、功利主義的判断について二つの関連する仮説があった。第一に、功利主義的判断は、功利主義的意思決定ルール（「何であれ最大の善を促進することをせよ」[*]）の明示的な適用から生じる。第二に、競合する情動反応にもかかわらず下される功利主義的判断は、(さらなる)認知制御の適用を必要とする。くり返しになるが、「歩道橋」ジレンマで「イエス」というのは、ややこしいストループ課題で(緑色で「赤」と書かれている場合に)「緑」と答えるようなものだ。こういった場合、人は競合する衝動をものともせずに意思決定ルールを適用しなくてはならない。

すでにこれを裏づける証拠をひとつ見てきた。人が功利主義的判断を下すときにはＤＬＰＦＣが、すなわち「トップダウン」型ルールの適用ともっとも密接に関係する脳部位、ストループ課題の好成績にもっとも密接に関係する脳部位が活動を増加する。他の脳イメージング研究もその後、同様の結果を示している。しかし先にも触れたように、脳イメージングの結果は「相関を示す」ものだ。ＶＭＰＦＣの損傷が情動処理を妨害するのと同じように認知制御を妨害できれば、都合がいいだろう。

認知制御を妨害するひとつの方法として、しようとしていることと並行して、注意力が必要な別の作業を行なわせるというものがある。私たちは実際にこれを行なってみた。すると予測通り、被験者に副次的作業を並行して行なわせると(すなわち「認知的負荷」をかけると)、功利主義的判断には時間がかかるようになったが、非功利主義的判断には影響がなかった。これは、功利主義的判断の方が認知制御に強く依存するという私たちの考えと一致する。認知制御を強めたり弱めたりするもうひとつの方法に、時間的制約を課す、もしくは時間的制約を取り払って熟考を促すというものがある。レナータ・ズーターとラルフ・ヘルトウィッヒらがこの実験を行ない、予測通りの結果を得た。時間的制約を取り払って熟考を促すと、功利主義的判断を下す人が増えた。さらに別の方法として、すばやい直観的判断より熟考を好ましいと思わせるというものがある。被験者の熟考傾向を増すひとつのやり方は、直観に足をすくわれる経験をさせておくことだ。ジョー・パクストン、レオ・アンガー、私は、被験者に直観的な答えが間違っている数学のひっかけ問題を何問か解かせた。すると予想通り、道徳判断を下す前にこうした数学のひっかけ問題を解いた被験者は*その後、より功利主義的判断を下すようになった。これと一致するように、ダン・バーテルズは、直観的思考より頭を使う思考を一般に好む人は功利主義的判断を下す傾向が強いことを、アダム・ムーアらは、功利主義的判断は認知制御能力の高さと関係があることを発見した。

最後に、人は判断を下すとき、どういった道徳的理由を意識しているのかを調査することでも多くのことを学べる。後ほど説明するように、人間の道徳判断に無意識に影響を与えている多くの要因が存在する。とはいえ、トロッコ学研究者になって以来、私は橋から人を突き落とす功利主義的理由づけがわかっていない人に会ったためしがない。「より多くの命を救うため？　なぜ？　そんなこと考えもしなかった！」などという人はいない。橋から人を突き落とす行為を支持するのは、利益が代価を上回るからに決まっている。そして歩道橋から突き落とす行為を不可とするときは、どの人も、競合する功利主義的理由づけがあるにもかかわらず、自分はこの決定を下しているとはっきり自覚している。歩道橋から人を突き落とさない理由は十人十色だ。突き落とすのは間違っていると答えるとき、たいていの人は自分の判断に戸惑っている（「合理的でないとわかっているんですが……」）。それからその判断を一貫した形で正当化しようと四苦八苦するのが普通だ。突き落とすのがなぜ間違いか、説明してくれと頼むと、「それは人殺しだ」といった回答が返ってくることが多い。しかしもちろん、誰かをトロッコに轢かせるのも殺人には違いないし、「スイッチ」ジレンマでは、人はそろいもそろってこの行為を支持する。つまり、功利主義的理由づけはつねに意識されているが、自分たちの反功利主義的動機についてはよくわかっていない場合が多い。これは、私たちの情動の働き方について、ある重要なことを教えている。（第9章で詳しく取り上げよう。）

トロッコの進路にいる患者

哲学者たちがトロッコ・ジレンマについて議論をはじめたのは、そこに深遠な哲学的問題が、すなわち「個人の権利とより大きな善の緊張関係」という問題が、内包されていたからだ。この一〇年間、私たちは、人の心・脳が、これらのジレンマにどう反応するかについて多くを学んできた。そして先に述べたように、分子レベルでの理解もはじまっている。しかし、こうした道徳の「ショウジョウバエ」から得られた教訓は、現実世界の道徳的思考に実際にあてはめられるのか？　これはもっともな疑問で、答えるのは難しい。理想の科学の世界では、被験者に現実の生死に関わる決定を脳スキャナーの中でしてもらい、認知的負荷のかかった状態、VMPFCの損傷後、などの対照実験を計画するだろう。しかし、それは不可能だ。それなら次善の策は、生死に関わる決定を下す職業に就いている人々に架空の判断をしてもらい、それを調べることではなかろうか。

というわけで、キャサリン・ランソホフ、ダニエル・ウィクラーと私は、医師と公衆衛生の専門家の道徳判断を調べる研究を行なった。両方のグループには、おなじみのトロッコ問題に似た道徳ジレンマ以外に、より現実的な医療のジレンマも提示した。たとえば、いくつかの医療のジレンマは、医薬品や医療設備の分配制限(一部の人に医療資源を与えないことで他のところにいきわたるようにする)に関わるものだ。あるジレンマは、他の患者を守るために、伝染病患者を隔離することに関係している。別のジレンマは、多くの人に安価な予防薬を配るか、すでに罹患した少数の患者に高額な治療を施すかのトレードオフの問題である。これらはすべて医療の専門家が現実に直面している問題だ。

まず、どちらのグループ内でも、従来のトロッコ・タイプのジレンマへの回答と、より現実的な医療のジレンマへの回答に、はっきりとした相関が認められた。具体的には、橋から人を突き落とすことを支持する人は、医薬品の分配制限、伝染病患者の隔離などを支持する傾向が見られた。これは、トロッコ・ジレンマで働く二重過程の心理が、現実世界の医療における意思決定でも働いていることを示唆する。

次に、医師と公衆衛生の専門家の道徳判断がどう異なる可能性が高いかに関する肝心の予測を検証した。医師は、特定の個人の健康を増進させることを目標とし、自分の患者を積極的に害するリスクを最小限にする義務*がある。よって、医者は個人の権利にとくに関心が高いと予想される。一方、公衆衛生の専門家にとっての患者とは社会全体を指すため、第一の使命はより大きな善を促進することにある。(この哲学と一致するのが、ジョン・ホプキンズ大学公衆衛生大学院の校訓「健康を守り、命を救え――一度に数百万を」だ。)よって、公衆衛生の専門家は、より大きな善にとくに関心が高いだろう。実際、予測通りの結果となった。公衆衛生の専門家は、医師に比べて、トロッコ・タイプのジレンマにも、より現実的な医療のジレンマにも、より功利主義的回答をした。公衆衛生の専門家は一般の人より功利主義的でもあった。一般の人の道徳判断は医師に近かった。言い換えれば、たいていの人は医師のように、自動的に個人の権利に意識を向ける。より大きな善を優先させるには少々普通ではない何かが必要とされるらしい。

これらの発見は、二重過程の道徳心理が実験室だけでなく、現実の世界でも働いていることを示唆しているため重要だ。この実験のジレンマは架空のものだったが、被験者の職業的思考様式はきわめて現実に近い。公衆衛生の専門家が、架空の道徳ジレンマに対してより功利主義的な回答をするのなら、その理由は次にあげる二つのいずれかしかありえない。功利主義的傾向の強い人が公衆衛生の道に進む。もしくは、公衆衛生の人は、専門家になる訓練を積んだ結果、より功利主義的になる。（またはその両方。）いずれにせよ、これらは現実世界の現象だ。公衆衛生の道に進むような人たちが、架空のジレンマで、より大きな善により強い関心を示すとしたら、これが、彼らが現実世界で選んだ職業に関係しているのはほぼ間違いない。同様に、公衆衛生の専門家になる訓練によって、実験室でより功利主義的な回答をするようになるのであれば、それは、こうした訓練を積んだ人は現場でより功利主義的にふるまうようになるからだろう。結局、こうした訓練の目的は、架空のジレンマへの反応を変えることではなく、現場での仕事のやり方を変えることにあるのだから。

私たちは、医師と公衆衛生の専門家に決断の理由を書く機会をもうけた。彼らのコメントは非常に示唆に富んでいた。たとえば公衆衛生の専門家のひとりは次のように語った。「こうした極限の状況では、……功利主義的な……哲学が最適であると感じた。突き詰めれば、これがもっとも道徳的な行為なのだ……曖昧な点がもっとも少なく、もっとも公正と思われる。」対照的に、ある医師の回答にはこうあった。「自分で決断を下す能力がある人（そしてその人が、たとえば故意に死刑に相当する罪を犯し、その権利が剝奪されているのでないかぎり)に代わって生死に関わる決断を下すことは、道徳的・倫理的原則の重大な違反である。」草場の陰からミルとカントの声が聞こえてくる。

二つの道徳心について

私たちは、実験室と現場で、二重過程の道徳心理を裏づける証拠を目にしている。健常者にも、情動に深刻な障害をもつ人にもその証拠が見られるし、簡単なアンケートを使った研究、脳イメージングや精神生理学、向精神薬を利用した研究でも証拠は確認されている。いまや人間に二重過程の道徳脳が備わっているのはあきらかだ。しかし、なぜ、私たちの脳はそうなっているのだろう？　なぜ、道徳問題に対して、自動反応と制御反応という別個の反応があるのか？　この二つのシステムはときとして相反する答えを出すため、とりわけ問題であるように見える。統合された道徳感覚を備えている方がもっと理にかなっているのではないだろうか？

第2章では、様々な道徳的情動やその他の自動的性向(共感から、短気、ゴシップへの抑えがたい欲求まで)が、連携して、集団内の協力を可能にするのを見てきた。道徳に対するこうした見方が正しければ、罪のない人を歩道橋から突き落とすことへの私たちのネガティブな反応は、協力を強化する多数の衝動のひとつに過ぎない。(第2章で紹介した、実験室で暴力行為を模倣すると被験者の血管が収縮したというカッシュマンの研究を思い出そう。)長年におよぶ生物進化と文化進化によって研ぎ澄まされた、これらの自動的性向が私たちに備わっていることは理にかなっている。しかしなぜこれだけでは足りないのか？　なぜ、意識的で、慎重な道徳的思考に煩わされなくてはならないのか？

理想の世界では、道徳的直観だけあればいい。しかし現実の世界では、二重過程脳をもつ利点がある。

第5章 効率性、柔軟性、二重過程脳

息子が四歳のとき、『虫のすべて――子供が昆虫とクモについて本当に知りたいこと』という本をくり返し読んだ。そこに次のような一節がある。

クモは、子供でも完璧な巣のつくり方を知っています。クモは、本能に従って行動します。本能とは生まれつき備わっている習性のことです。本能のよいところは、頼りになることです。本能のおかげで、動物はいつも決まった行動をとることができるのです。本能のよくないところは、他の行動をとらせてもらえないところです。そのため、昆虫やクモの子は、自分たちの暮らす環境がまったく変わらなければ、うまく暮らしていけるのですが、はじめての状況にはお手上げです。本能が教えてくれるとおりに生きるしかないのです。

クモ類の認知に関するこの説明は、「なぜ二重過程脳が備わっているのか?」という疑問に対するひとつの答えを示唆している。この答えこそ、本書の核を成す考えのひとつであり、過去数十年間で行動科学から生まれたもっとも重要な考えのひとつでもある。

この考えは、序章で触れ、これから何度もくり返すことになる比喩に要約される。「人間の脳は**オートモード**と**マニュアルモード**を備えたデュアルモードカメラのようなものである。」カメラのオートモードは、写真撮影の典型的なシチュエーション(「人物」、「スポーツ」、「風景」)に合わせて最適化されている。撮影者がひとつのボタンを押せば、カメラは自動的にISO感度、絞り、露出などを設定してくれる。カメラを向けて、シャッターを切るだけだ。デュアルモードカメラにはマニュアルモードもあり、撮影者がすべての設定を手動で行なうこともできる。オートモードとマニュアルモードの両方を備えたカメラは、いたるところで見られる設計問題、すなわち**効率性**と**柔軟性**のトレードオフに対するあざやかな解答例である。オートモードは非常に効率的だが、柔軟性にいまひとつ欠ける。マニュアルモードはその逆だ。しかし両方を備えていれば、それぞれのよいところを利用できる。ただし、手動で調節した方がいいのはどんなときで、全自動がいいのはいつかを、心得ていればの話だ。

クモには人間と違ってオートモードしかないが、自分たちの生息環境にとどまっているかぎり、それでじゅうぶん用は足りる。一方、私たち人間は、はるかに複雑な生活を送っているので、マニュアルモードが必要だ。私たちは、個人でも集団でも、未知の問題に日常的に遭遇し、それを克服している。人類は、単一の育種集団から成るにもかかわらず、地球上のほぼあらゆる陸環境に生息している。認知的柔軟性の証だ。ジャングルに生息するクモを北極に放せば、たちまち凍え死ぬだろう。しかし、アマゾンで生まれた赤ん坊は、適切な指導があれば、凍てつく北の大地でも生き延びられる。

人間の行動の柔軟性は、それ自体を糧とする。何かあたらしいものを発明するとしよう。たとえば船の発明は、船を安定させる舷外浮材《アウトリガー》や、船を推進させる帆といった、あらたな発明の機会も生み出す。私たちの行動が柔軟であるほど、私たちを取り巻く環境は変化する。そして環境が変化するほど、柔軟な行動によって成功する機会が増える。こうして人類は、この地球の、まごうかたなき柔軟な行動の王者として君臨している。一本の木があれば、それに登ることも、それを焼くことも、彫刻を施すことも、売ることも、抱きしめることもでき、年輪を数えて樹齢を特定することだってできる。何を選択するかは、どんな好機に、またどんな困難に直面しているかに左右される。そして私たちの選択は、私たち自身や他者が過去に選択した行為にそれほど似ていなくても構わない。

この章では、人間の脳が、より全般的にどう機能しているかを考えていこう。そして前章で説明した道徳判断の二重過程理論が、人間の二重過程脳についてのより広範な理解に適合することを確認しよう。人生のほぼすべての領域において、私たちの成功は、オートモードの効率性とマニュアルモードの柔軟性の両方に委ねられている。（この考えを、そのもっとも影響力のある提唱者がすぐれた一冊の本にまとめている。ダニエル・カーネマンの『速い思考、遅い思考』（邦題は『ファスト&スロー――あなたの意思はどのように決まるか？』）だ。）

情動と理性

私たちはときどき、自分のおかれた苦しい状態を、「心」と「頭」が戦っている、などと表現する。心と頭という比喩は単純に過ぎるが、それでもそこには人間の意思決定に関する深い真理が反映されている。人間の行動を研究する科学分野は例外なく、独自の方法で情動と論理的思考を区別している。

しかし、それらは厳密には何なのか？　なぜ人間はその両方を備えているのか？

情動は、その機能、起源、神経基盤のどれをとっても、じつに幅広い。そのため、「情動」という概念を完全になくすべきだという人もいる。私は、それは間違いだと思う。情動は機構のレベルではなく、機能のレベルで統合されている。別の言い方をすると、「情動」の概念は「乗り物」の概念に似ている。機構のレベルでは、オートバイは、ヨットより芝刈り機との共通点が多い。しかし「乗り物」の概念が便利な概念であることに変わりはない。その概念は、抽象度の高いレベルでまさに役立っている。

情動は、自動的なプロセスだ。頭の中で一〇まで数えるという行為は選択できるが、情動の経験は同じようには選べない。（大好きな人、もしくは大嫌いな人を心に思い浮かべるといった、情動を誘発しそうな行為を選択できるくらいのものだ。）情動は自動的なプロセスであり、行動の**効率性**を上げるための装置なのだ。カメラのオートモードのように、情動は、一般に適応的な、何をすべきかについて意識的思考を必要としない行動を生み出す。そしてカメラのオートモードのように、環境からのインプットを行動としてのアウトプットにどう対応させるかという情動反応の設計は、過去の経験という教訓を組み込んでいる。

自動反応がすべて情動によるわけではない。低次の視覚処理（見ている対象物の境界を決めるとか、両眼からの情報を統合するといった、視覚野がする単純作業）は自動的だが情動にはよらない。[*] 脳は自動的に多くのことを行なっている。動作中のいくつもの筋肉の収縮を連携させ、呼吸を調節し、鼓膜にあたる圧力波を意味のあるメッセージに変換する。実際、脳が行なう作業の大半は自動的だ。それでは何が、一部の自動的プロセスを情動的プロセスにするのだろう？　広く認められている情動の定義は存在しない。しかし、いくつかの情動の重要な特徴として、特有の行動傾向の存在があげられる。たとえば、恐怖は、人が経験する感情というだけではない。恐怖には、脅威に対して体を準備させる一連の生理的反応が含まれる。まず、状況を見極める能力を強化させ、続いて体を逃走または闘争に備えさせる。いくつかの情動の機能は、特徴的な顔の表情に表わされている。恐怖の表情では、目を見開き、鼻腔を広げる。こうして視野を拡大し、嗅覚を鋭敏にしている。嫌悪の表情では逆に顔にしわを寄せ、病原体ができるだけ目や鼻から体に侵入しないようにする。すべての情動に特徴的な顔の表情があるわけではないが、一般的に、情動は行動への圧力をかける。要するに、情動は、私たちに何をすべきかを指示する、自動的なプロセスなのだ。

私たちが情動から得る行動指針は、具体性に幅がある。ヘビのような特定の対象物に誘発される恐怖反応は、何をすべきかをきわめて具体的に教えてくれる。（それから離れろ！）それとは別の、いわゆる「気分」と呼ばれるような情動状態は、もっと間接的な影響を行動に及ぼす。こうした情動状態は、ある自動設定の出力を上げ、別の自動設定の出力を下げる。たとえば、ジェニファー・ラーナーらが最近行なった有名な実験では、被験者たちの気分に影響を与えることで、経済的な意思決定に影響を与えた。実験の片方のグループには映画「チャンプ」の悲しいシーンを見せて、悲しい気分にさせた。悲しい気分にさせられた被験者は、その結果、最近手に入れたばかりのものを対照グループより積極的に売ろうとした。もちろん、悲しみは直接、かゆみが体をかきむしらせるように、所有物を売る気にさせるわけではない。（映画館で、涙にむせぶ観客たちが一斉に株式仲買人にメールを打ったりするだろうか！）むしろ、悲しみが送っているのは、「うまくいかないなあ。よし、何かを変えてみよう」といったもっと漠然とした信号だろう。そんなときに変化のきっかけが巡ってくると、この信号が、変化する方向へと行動に無意識のバイアスをかけるのだ。このように、情動の中には、何をすべきかを私たちに直接指示するのではなく、何をすべきかを伝える自動設定を調節して、行動の効率性を向上させているものがあるのかもしれない。

理性（論理的思考）も、情動同様、現実の心理現象だが、やはり境界が曖昧だ。「理性」を広く定義すれば、適応的行動を導くあらゆる心理プロセスを指すことができるだろう。たとえば、視覚による物体認識を行なう自動的なシステムは、羽、くちばしなどの存在を基に、目の前の物体が鳥だと「論理的に思考」しているといえるかもしれない。同時に、形式論理規則の意識的適用以外はすべて除くというほど、狭く定義することもできる。ここでは、もっと穏やかな定義を採用しよう。「意思決定に適用される理性には、決定ルールの意識的利用が含まれる。」ストループ課題では、単純な形の理性が働いている。ここでは、人は「色の名前を答える」という決定ルールを意識的に利用している。赤い文字の言葉が表示されたときに色を答えるストループ課題では、次のような実践的三段論法を行なっていると見ることができる。「スクリーンに表示された言葉の文字の色は赤である。私の課題はスクリーンに映し出された文字の色を答えることである。よって、「赤」と答えなくてはならない。」理性ははるかに複雑にもなるが、はじまりはこういうことだ。ここで重要なのは、理性に基づいて行動するとき、人は、自分が何を行なっているのか、なぜ行なっているのかを知っている、すなわち人は、作業の決定ルール、つまり関連する状況の特徴と適当な行動を対応づけるルールに意識的にアクセスすることができるということだ。

情動の神経基盤はきわめて多様だが、理性(論理的思考)を処理する神経基盤には高い単一性がある。もうご存知のように、理性は、前頭前野背外側部(ＤＬＰＦＣ)にきわめて多くを頼っている。これは、理性がＤＬＰＦＣだけで生じているという意味ではない。ＤＬＰＦＣは独奏者というより、オーケストラの指揮者に似ている。理性には、前頭前野腹内側部(ＶＭＰＦＣ)など、情動にとって重要な領域をはじめ、多くの脳の領域が関係している。しかし理性と情動は、相互の関わり方において非対称だ。情動はあるが、(ここでいう)理性を働かせる能力のない動物は存在する。しかし、動機づけを与える情動はないが、理性のある動物は存在しない。誰もが同意するわけではないが、理性にそれ自体の目的がないのはあきらかと思われる。この意味で、ヒュームの有名な言葉のように、理性は「情熱の奴隷」である。(この「情熱」は、欲情だけでなく一般的な情動プロセスを意味している。)にもかかわらず、その一方、理性の働きは私たちを「情熱」から解放することでもある。どうしてこんなことがありうるのか？

理性は情動の敗者を擁護し、ヒュームが「穏やかな情熱」と呼んだものが「荒々しい情熱」に勝利することを可能にする。論理的思考のおかげで、私たちは、目の前のものによって自動的に活性化されない価値に奉仕できるようになり、そのことによって、その場の衝動という暴君から解放される。とはいうものの、理性は、ある種の情動のインプット(それがどれほど間接的でも)がないと、正しい決断を下すことができない。[**]

二重過程脳

二重過程脳は日常の様々な決断の中でその構造をあきらかにする。たとえば、「いま」するか「後で」するかという、おなじみの問題を考えてみよう。ババ・シヴとアレクサンダー・フェドリキンは次のような実験を行なった。被験者に、フルーツサラダか、チョコレートケーキのどちらかを選ばせる。大半の被験者が、チョコレートケーキが「いま」食べたいもので、フルーツケーキは「後で」そっちを食べておけばよかったと思いそうなものと回答した。シヴとフェドリキンは被験者を半分に分け、一方のグループには七桁の数字を暗記させるという認知的負荷（第4章「実験トロッコ学がブームに」参照）を、もう一方のグループには二桁の数字を暗記させるという、より軽い負荷を与えた。被験者はみな、数字を暗記して、廊下を歩いて別の部屋に行き、そこで待っている研究者に数字を伝えるように指示された。廊下にはフルーツサラダとチョコレートケーキを載せたカートが置いてあり、被験者はどちらかを取るように指示された。すると七桁の数字を暗記した（より重い負荷を与えられた）被験者たちがチョコレートケーキを選ぶ確率は、二桁の数字を暗記した被験者たちの約一・五倍高くなった。衝動的な傾向の強い（とアンケートの回答が示す）被験者では、重い負荷を与えられた場合、チョコレートケーキを選ぶ人は二倍以上になった。

であるなら、間食する脳では二つの別個のシステムが働いているらしい。より基本的な食欲システムは「ちょうだい！　ちょうだい！　ちょうだい！」といいい（オートモード）、より制御された、熟考システムは「待て、そんなにカロリーは必要ない」といっている（マニュアルモード）。制御されたシステム、すなわちマニュアルモードは、現在の報酬と未来の報酬の両方を視野に入れた全体図を考えているが、オートモードはいますぐ手に入れられるものにしか関心がない。そして、第4章で見たように、マニュアルモードが別の仕事で手いっぱいになると、オートモードはすぐにわがもの顔にふるまう。

チョコレートが食べたい、だけど食べたくない。同時にそんな気分にさせる、食物摂取に対する混ぜこぜの態度は、認知工学の粗悪品ではないかと思われるかもしれない。しかし、自然の文脈では、これがじつによくできているのだ。ほぼすべての文脈で、ほぼすべての動物にとって、カロリーの豊富な食べ物は手に入りしだい消費するのが理にかなっている。競争の激しい世界では、食べる利益が代価を上回るかどうか立ち止まって考えなくてはならない生きものは食いはぐれてしまうだろう。とはいえ、近代の技術のおかげで、人類の多くは飽食の時代を謳歌している。魅力的な容姿はいうに及ばず、健康のために、私たちには「いいえ、もう結構です」といえる認知の柔軟性が必要だ。それは、現代固有の問題であり、成功の度合いも人によりけりだが、ほどほどの食欲と自制心があった方が、誰でもうまくいく。現代人だけに自制心が必要だといっているわけではない。腹を空かせた旧石器時代の狩人は、熟したキイチゴの一画をやり過ごせなければ、大きな獲物を取り逃がすだろう。

近年、認知神経科学者たちは、人間の「欲求充足の先延ばし」問題に取り組み、いまやおなじみの神経たちがそれぞれどんな役割を果たしているかをあきらかにした。サム・マクルーアらは、被験者たちに二種類の決断を示した。一方の決断には、即座に報酬が発生する選択肢[*]が含まれており（いま二ドル受け取るか、来週三ドル受け取るか?」)、もう一方の決断には遅れて発生する報酬(来週三ドル受け取るか、それとも再来週四ドル受け取るか?」)しか含まれていなかった。即座の報酬の見込みは、VMPFCを含む、一連の脳領域の活動を増加させた。ただしどの決断も、DLPFCの活動増加を引き出した。さらに、即座の報酬を選ぶときは(「ちょうだい! ちょうだい!」)、前者の領域の比較的大きな活動増加が見られ、報酬は増えるが先延ばしになる選択をするときは(「先のことを考えてみよう……」)、後者の領域の比較的大きな活動増加が見られた。

ところで、先延ばしされた、より大きい報酬の選択が、いくつかの点で、トロッコの進路へ人を突き落とす選択に似ていることに注目しよう。どちらの場合も、それに対抗するVMPFCを基盤とする情動傾向にもかかわらず、「より大きな善」を選択するためにDLPFCを利用している。もちろん重大な違いはある。一方、「歩道橋」ジレンマでは、情動信号は利己的な欲望を反映している。また「いますぐか後でか」のジレンマでは、より大きな善は自分に向けられたもの(個人内のもの)であり、一方、「歩道橋」ジレンマは、複数の他者に向けられたもの(個人間のもの)だ。それにもかかわらず、もっとも一般的な機能レベルでは、そして機能的神経解剖学レベルでは、同じパターンが見られるのだ。

同様のパターンは自分の情動を調節しようとしている人にも見られる。ケヴィン・オクスナーらは、被験者に強いネガティブな情動を引き起こす写真(たとえば、教会の外で泣いている女性の写真など)を見せて、写真をよりポジティブに解釈しなおしてほしいと頼んだ。たとえば、泣いている女性は、悲しみに沈む会葬者ではなく、喜びに感極まった結婚式の招待客であると想像するなどして。ネガティブな写真を見ただけで、情動の盟友、扁桃体とVMPFCの活動増加が引き起こされた。一方、写真を再評価する行為は、DLPFCの活動増加と関連があった。さらに、DLPFCを使って解釈しなおそうとすると、扁桃体とVMPFC、両方の活動度が下がった。

人種的外集団の成員と遭遇するとき、多くの人は自然にこうした再評価を行なっているようだ。ウィル・カニンガムらは、白人の被験者に、黒人の顔の写真と白人の顔の写真を示した。写真は、閾値以下の時間、すなわちたった〇・〇三秒と、知覚を意識するには短すぎる時間だけ提示することもあれば、〇・五秒提示して、被験者が顔を意識的に知覚できるようにすることもあった。顔写真を白人被験者に閾値以下で提示した場合、それが黒人の顔ならば、白人の顔のときに比べて、扁桃体により大きな活動を生じさせた。さらに、IATテスト（第2章「会員限定」参照）の測定で、黒人に対するネガティブな連想が強い人ほど、この効果は大きかった。

この実験に参加した被験者は全員、これらの顔に偏見をもたずに反応しようと思っていたと報告した。そして彼らの努力は、脳スキャンに反映されている。顔写真が意識的に知覚できるほど長く画面に示されたときはDLPFCの活動が強まり、扁桃体の活動は弱まった。オクスナーの情動を調節する実験とまったく同じだ。続く研究は、これらの結果と一致して、人種的偏見をもつまいとする白人にとって、黒人との交流が認知的負荷となり、色の名前を答えるストループ課題（第4章「トロッコ問題」参照）で正解率が下がることを示した。

こうして、道徳判断だけでなく、食べ物やお金、変えたいと願っている態度について行なう選択にも、二重過程脳の設計が見てとれる。私たちがすることのほぼすべてについて、脳にはどう進むべきかを指示するオートモードがある。しかし、こうしたオートモードを無効にしてマニュアルモードを利用することもできる。マニュアルモードを利用する機会を意識していて、なおかつ利用する気になっていればの話だが。

賢明になる

ここまで読んで、私たちのオートモードは、私たちを太らせ、悲しくさせ、人種差別主義者にする厄介なものでしかないとお考えかもしれない。しかし、これらの好ましくない衝動は、どちらかといえば例外だ。私たちのオートモードは賢明になりうるし、通常は非常に賢明だ(第２章参照)。ポール・ウェイレンらがあきらかにしたように、恐怖を浮かべた表情をたった〇・〇一七秒示されただけで、扁桃体は反応できる。これを行なうために扁桃体は巧妙なワザを使っている。顔全体を子細に分析するのではなく、恐怖のあきらかな兆候をとらえるのだ。大きくなった白目である(図５−１参照)。

ＶＭＰＦＣもとても賢い。たとえば、ダマシオらは、リスクを伴う決定を下すとき、ＶＭＰＦＣが役に立っていることをあきらかにした。ある有名な実験では、被験者に四組のトランプからカードを引かせる。カードを一枚引くたびに、参加者はお金を獲得したり失ったりする。四組のうち二組は、最終的に参加者が得をするよい組、残りの二組は獲得するときの金額も大きいが、損失はそれ以上に大きいため、最終的には損をする悪い組である。実験を開始した段階では、参加者にはどの組がよいのか悪いのかわからない。それを知るには、カードを何枚か試しに引いてみて、どうなるかを確認す

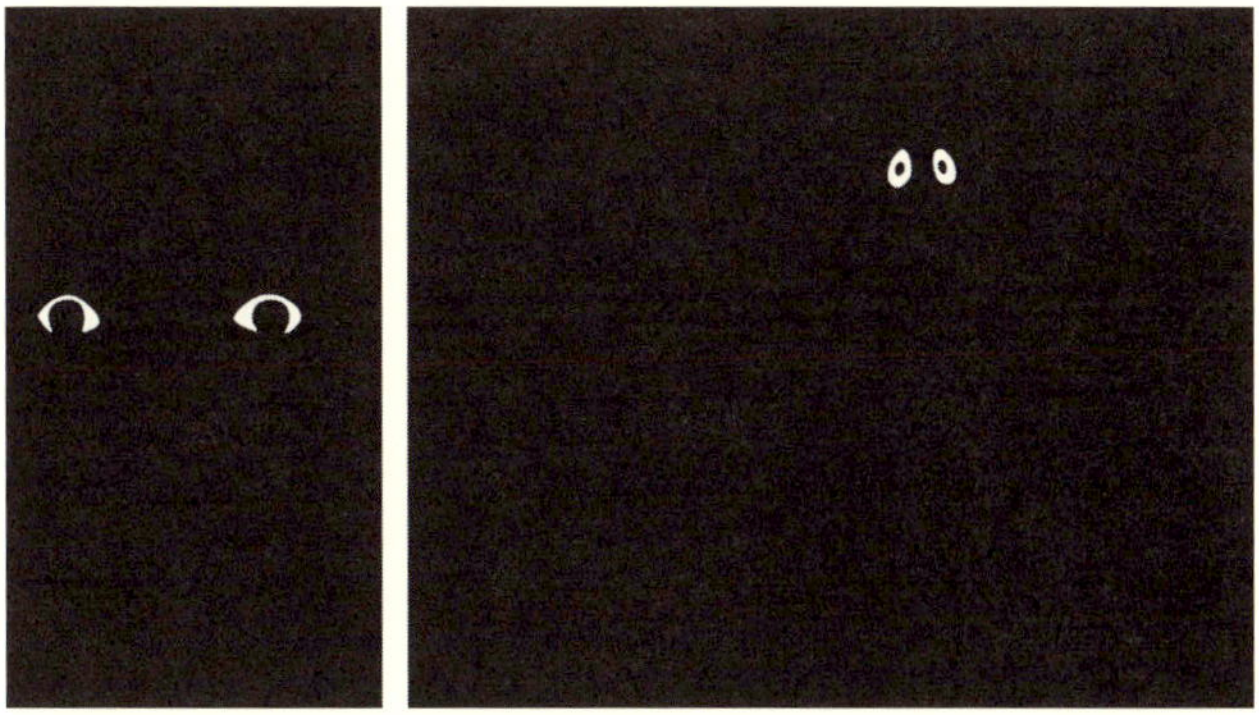

図 5-1 (左)扁桃体を働かせるために用いられた恐怖刺激．(右)動物園の警備員の奥さんが，アフリカの大型動物たちが寝室に忍び込んでいるのに気づく．『おやすみゴリラくん』より．

る必要がある。健常者は、悪い組にすぐにネガティブに反応するようになる。悪い組に手を伸ばすとき、手が汗ばむことであきらかにされる。[*] いささか驚くことに、健常者は、悪い組を悪いと自覚的に気づく前から、悪い組に反応して手に汗をかきはじめる。ところが、VMPFCを損傷した患者たちは、こうした生理的信号を受け取らず、悪い組からカードを引き続ける場合が多い。言い換えると、健常な人たちの場合、VMPFCは、経験(たとえば、異なる組からためしに引いたたくさんのカード)から得た断片的な多数の情報を統合して、その情報を情動信号に変換し、その信号が意思決定者にどう行動すべきか適切な忠告をする。ここでも、この忠告、この直感が、何がよいか悪いか、そしてなぜかの自覚的気づきに先んじているのだろう。ここから、VMPFCを損傷した人が、実験室で行なわれる標準的な論理的思考力テストでは成績がいいにもかかわらず、なぜ現実の生活で破滅的な決断を下すのかの説明がつく。彼らは「知っている」、しかし「感じて」いない。そして感情は非常に役に立つのだ。

従って、私たちには、マニュアルモードだけでなく、情動のオートモードも必要なのだ。そして、それぞれが必要となる場面は異なる。写真の場合、オートモードは、カメラのメーカーが予想している状況、たとえば、ほどほどの屋内光の下で一メートル半ほど離れた場所から人物を撮影する（「人物」）、あかるい日差しの下で遠く離れた山を撮影する（「風景」）といった状況ではうまく機能する。同様に、脳のオートモードも、過去の経験から学んだ教訓に基づいて「製造された」ときの状況で最高の働きをする。

そうした経験は、三種類の異なる試行錯誤を土台とする、三つの形を取る。まず、私たちのオートモードは遺伝子によって形づくられていることがある。その場合、私たちの脳のデザインは、遠い昔に滅びた親戚（その者たちの遺伝子が私たちの体にたどり着くことはついになかった）が身をもって学んだ教訓を組み込んでいる。次に、私たちのオートモードは、文化的学習によって形づくられていることもある。文化的学習は、私たちに影響を与える思想の持ち主の試行錯誤を通して起こる。そういう人たちのおかげで、ナチスやクー・クラックス・クランに直接遭遇したことがなくても、あなたは心で、すなわち扁桃体で、ハーケンクロイツ（逆鉤十字）や三角白頭巾は要注意とわかる。最後に、おなじみの個人的な体験がある。子供が熱いストーブに触ってはいけないと身をもって学習する類のものだ。私たちの「本能」は、クモの本能のように生得的なものとはかぎらないが、それが有用であるなら、誰かの経験から学習した教訓を反映しているに違いない。その誰かは、あなた自身でも、生物学上の祖先でも、文化的な「祖先」でもかまわない。

脳のマニュアルモード（すなわち認知制御を行なう能力）は、根本的にオートモードと異なる働きをする。まったくのところ、認知制御の機能は、まさにオートモードを使って解けない問題を解くことにある。

たとえば、「車の運転を学習する」という問題を考えてみよう。人間に運転本能が遺伝的に伝わっていないのはあきらかだ。車の運転をしたがる若者には残念なことに、運転に文化的になじんでいるからといって、(安全に)運転できるわけではない。そしてもちろん、新米運転手は、個人的な経験に頼るわけにはいかない。個人的な経験こそ、新米運転手に足りないものなのだから。運転を学習するにはＤＬＰＦＣをおおいに利用する必要がある。はじめてハンドルを握るとき、「自動操縦」にまかせようとすれば、木に突っ込むのがおちだろう。

よって、賢明になるには、三つのことが要求される。まず、適応的な本能を獲得する必要がある。生物学的祖先、自分を取り巻く人々、自分自身の経験から獲得する本能のことだ。次に、マニュアルモードを備えた設備が要る。複雑な、新手の問題に慎重に取り組む能力のことだ。最後に、写真家の腕に似た、一種のメタ認知の技術が要求される。カメラと違って、私たちには、いつオートモードで撮るべきか、いつマニュアルモードに切り替えるべきかを教えてくれる師匠はいない。自分で決断しなくてはならないのだ。それには、私たちの心がどう機能しているかを理解することが、個人として、またあらたな牧草地で共存していこうとしている羊飼いとして、より賢明な決断を下すうえで役に立つだろう。

第三部
共通通貨

第6章 すばらしいアイデア

どうしたら、あらたな牧草地の羊飼いである私たちは、自分たちの違いを解決できるだろう？ どうしたら「常識的道徳の悲劇」を回避できるだろう？ これが、私たちが解こうとしている問題だ。解決策について考えはじめる準備はもう整った。これまでの道筋をおさらいしてみよう。

第1章では、「常識的道徳の悲劇」を、最初の道徳的悲劇、利己性が協力を脅かす「コモンズの悲劇」と対比した。道徳は、「コモンズの悲劇」に対して自然が授けてくれた解決策だ。道徳によって、人は、《私》より《私たち》を優先することができる。しかし、自然には、「常識的道徳の悲劇」、すなわち《私たち》と《彼ら》がどうすれば仲良くやっていけるかという問題に対する既製の解決策はない。そこに私たちの問題がある。「常識的道徳の悲劇」を回避するには、人間独自の、自然ではない解決策を探さなくてはならない。私が「メタ道徳」と呼ぶもの、すなわち、より高次の道徳システムは、競合する部族どうしの道徳を調停する。部族の道徳が、競合する個人どうしを調停するのと同じように。

第2章では、私たちの脳に組み込まれている標準仕様の道徳マシンを取り上げた。幸いなことに、人間には個人的な関係や集団内部の協力を促し、安定させる自動的な行動プログラムが装備されている。これらに含まれるのが共感、復讐心、名誉心、罪悪感、羞恥心、部族主義、義憤を抱く能力だ。

こうした社会的衝動には、人間の利己的衝動を抑制する働きがある。そのおかげで私たちはマジックコーナーに潜り込み、「コモンズの悲劇」を回避する。

第3章では、もういちど、あらたな牧草地に戻り、この道徳マシンがそこでどう機能しているかを考えた。私たちの道徳脳は、集団内（《私》対《私たち》）の協力を実現する点ではまずまずの働きをするが、集団間（《私たち》対《彼ら》）の協力に関してはお手上げだ。生物学的視座に立てば不思議ではない。生物学的に見れば、私たちの脳は、集団内で協力を育み、[*] 集団間で競争するように設計されている。集団どうしの協力は、部族主義（集団レベルの利己性）、協力の適切な条件をめぐる不一致（個人主義か集団主義か）、ローカルな「固有名詞」（指導者、神、聖典）への傾倒、バイアスのかかった公正感、バイアスのかかった事実認識によって妨害される。

この第一部の三つの章では、人間の脳を自動的な衝動の集まりとして、すなわち、社会生活に支障をきたす利己的衝動と、社会生活を機能させる道徳的衝動の集まりとして説明した。第二部では、人間の脳の理解を拡大した。デュアルモードのカメラのように、私たちの脳にはオートモードとマニュアルモードが備わっている。**オートモード**とは情動反応のことである。情動反応のおかげで、私たちは効率的に決定を下すことができる。その拠り所は、過去の遺伝的・文化的・個人的経験から蓄積された教訓だ。**マニュアルモード**は、意識的で、明示的で、現実的な推論を行なう汎用能力である。これのおかげで人間は柔軟に決定を下すことができる。速い思考と遅い思考の対立は、「歩道橋」ジレンマのような、直感的反応（「この男を橋から突き落としてはいけない！」）と、意識的な、ルールに基づく道徳的思考（「しかし、より多くの命を救うことができる！」）が競合する、道徳ジレンマによって浮き彫りにされる。そして、第5章で説明したように、直感的反応と論理的思考の対立は道徳にかぎった話ではない。チョコレートケーキを食べるかフルーツサラダを食べるかといったことに関する日常的な選択に現われるように、私たちの脳の設計全般に組み込まれている。

こうした考えは、あらたな牧草地の問題への解を示唆しているのだろうか？　そう、示唆している。実際、第一部と第二部はそれぞれひとつの解を提示している。哲学的な解と心理学的な解を。さらに、この二つの解はみごとに収束して、同じひとつの解になる。それでは哲学的な解から見ていこう。

すばらしいアイデア

個人主義の北の部族はいう。よい羊飼いであるとは、自分自身の行動の責任を引き受け、約束を守り、他人の財産を尊重すること。それだけである、と。集団主義の南の部族はいう。よい羊飼いは、それ以上を行なわなくてはならない。公正な社会とは、生活上の負担と利益が平等に分配される社会のことである、と。部族どうしには他にも相いれない点がある。たとえば、名誉の問題。誰が最初に殴るか、誰がより強く殴るか。誰の言葉にぜったい間違いがないか。忠誠に値するのは誰か。やりなおす機会を与える価値があるのは誰か。全能の神の前でいとうべき行為はどういった類のものか。道徳的生活に対する意見が相いれないなら、あらたな牧草地の部族たちはどう生きるべきだろう？

ひとつの答えはこうだ。正解などない。部族にはそれぞれの流儀がある。それだけの話だ。これは、おなじみの「道徳的相対主義者」*の答えだ。相対主義者の答えの問題は、実際には、まったく答えになっていない点にある。相対主義者は、ある重要な事柄については正しいかもしれない。彼らがいうように、究極の道徳的真理は存在しないのかもしれない。しかし、たとえそれが正しくても、人は何らかの流儀で生きなくてはならない。相対主義者は選びたくないのかもしれない。しかし、誰かが選ばなくてはならない。そして相対主義者が選ぶことを拒否したとしても、それもまたひとつの選択であり、判断しないという一種の判断の表われである。道徳的真理が存在しないという点で相対主義者が正しいとしても、道徳的選択を逃れる術はない。

　相対主義への逃避が答えでないなら、何が答えなのだろう？　おのずとこんな考えが浮かぶ。羊飼いたちは、何であれもっともうまくいくことをするべきなのではないか。あらたな牧草地で、個人主義が集団主義よりうまくいくのであれば、個人主義を選択し、集団主義がうまくいくなら、集団主義でいく。厳格な名誉の掟によって平和が保たれるのなら、名誉の文化を大切にする。名誉の文化によって争いが絶えないのなら、それを見限るといった具合に。

　何であれもっともうまくいくことをする。このアイデアはすばらしい。そこで、本書の残りの部分は、このアイデアを発展させ、擁護することにあてるとしよう。もう気づいておられるに違いない。これは**功利主義**の理念だ。（もっと広くいえば、**帰結主義**の理念である。これについてはすぐ後で詳しく説明しよう。）このように、抽象的に示されるかぎりは、多くの人が、「何であれもっともうまくいくことをする」というアイデアを、しごくもっともだと考える。結局のところ、もっともうまくいくことをしたくない人がいるだろうか？　しかし、第4章で見たように、具体的な道徳問題について考える場合、最善の結果を導く行為がつねに正しいかどうかは、それほど自明でない。たとえば、歩道橋から人を突き落とす行為は、そうすれば望みうる最善の結果が得られるという前提であっても、多くの人には間違っているように感じられる。さらに、こういった費用対効果的な思考は、多くの人たちが、社会のあるべき姿について、心の底で抱いている価値観と衝突する。それでは話をわかりやすくするために、おなじみの方々にご登場いただくとしよう。

長老たちの知恵

典型的な北の部族民に、「何であれもっともうまくいくことをする」という私たちのアイデアをどう思うかと尋ねれば、ほぼ例外なく「それはすばらしい」という答えが返ってくるだろう。彼らは、自分たちはもっともうまくいくシステムでやっていくことに賛成だ、それはもちろん個人主義だというだろう。典型的な南の部族民に、私たちのアイデアをどう思うかと尋ねれば、同様の、ただし北の部族のものとは相いれない答えが返ってくるだろう。集団主義の南の部族は、あらたな牧草地で暮らす羊飼いは、何であれもっともうまくいくシステムでやっていくべきである、それはもちろん集団主義だと答えるだろう。

いったいどういうことなのか？　北の部族も南の部族も、おそらく根本的には、同じ道徳的価値観をもっている。どちらの部族も何であれもっともうまくいくことをしたいと思っている。それでは、彼らの不一致は、実際に何がもっともうまくいくかという、たんなる事実に関する不一致なのか？　思考実験で確かめてみよう。個人主義の北の部族には集団主義がもっともうまくいくことを示す証拠をどっさりと、集団主義の南の部族には個人主義がもっともうまくいくことを示す証拠をどっさりと見せるとする。どちらの部族も、この証拠にもっともらしい疑いをさしはさむことはできない。それというのも、自分たちと正反対の社会の実情をまったくといっていいほど知らないからだ。彼らはこの挑戦にどう反応するだろう？　ひょっとすると、北の部族の何人かは、「おや？」と思うかもしれない。しかし、大半の者は、この証拠とやらを、インチキといってはねつけるだろう。（第３章の部族バイアスの話を思い出そう。）南の部族についても、ほぼ同様だろう。これは、たんなる事実をめぐる不一致ではなさそうだ。

そこで別の実験をしてみよう。北の部族や南の部族に、相手陣営の生活様式を肯定する証拠を示す代わりに、たんに、こうした証拠を想像してくれと頼むのだ。個人主義の北の部族にはこんな仮定の話を示す。集団主義での生活の方がうまくいくことがわかったとする。それは、以下のような理由による。個人主義の社会には勝者と敗者がいる。膨大な数の羊を所有する人がいる一方で、無一文に近い人もいる。集団主義の社会には勝者も敗者もいない。全員が同じ、ほどほどの財産を所有している。富の合計では、個人主義の社会の方が上だが、社会全体としてはあまりうまくいっていない。敗者の損失が、勝者の利益をはるかに上回っているからだ。一方、集団主義の社会では、誰のコップの水もあふれはしないが、全員のコップに十分な水が行き渡っている。そのため、集団主義社会の方が全体としてうまくいっている。「この話がすべて真実なら」と私たちは北の部族に尋ねる。「集団主義に鞍替えしますか？」

最初、北の部族の人たちは、こんな問いはまったく馬鹿げていると答えるだろう。ナンセンス、集団主義が破滅にいたるのは周知の事実だ、と。そして、集団主義が破滅を免れないのはなぜかをくどくどと説明する。集団主義者は他人に面倒をみてもらおうとする怠け者だ、とか、世の中の仕組みがわかっていない世間知らずだ、とか、あまりに長いあいだ集団主義者に囲まれて過ごしてきた結果、洗脳されてしまったのだ、とか。私たちは礼儀正しく頷いてから、集団主義の現状を尋ねているのではなく、仮定に基づく問いかけをしているに過ぎないことを思い出させる。「もし実際にうまくいくのなら、集団主義を支持しますか？」と。これを何度もくり返していると、北の部族の中に、この不愉快な仮説を受け入れてくれる人が出てくるだろう。顔をしかめながらも、どこかのいかれた、倒錯した世界で、どういうわけだか集団主義の方がよい結果を生むというのなら、集団主義を支持する理由になるだろう、と。

そのとき、北の部族のもっとも知恵ある者たる長老が前に進み出る。長老は、集団主義は、現実に破滅をもたらすばかりでなく、価値観が芯まで腐っていると説明する。愚かな怠け者が、あまりに愚かで怠惰であるために自分では稼げないものについて、取り分を要求するのは間違っている。社会は、分配される利益の総額ではなく、正義への献身によって評価されなくてはならない。だから集団主義は正しくない。最良の民を罰し、最低の民に報いるのだから。これを聞いて、北の部族の民は割れんばかりの拍手を送る。自分たちの基本的価値観が雄弁に肯定されたのだから。

集団主義の南の部族には反対の仮定の話を示す。個人主義の方がうまくいくとわかれば、個人主義を支持しますか、と。彼らも、北の部族のように、最初はその質問をはねつけるだろう。個人主義的な強欲を土台とする社会の破滅が必定であることは誰もが知っている、と。ここでも私たちは、自分たちは仮定に基づく問いかけをしているに過ぎないと念を押す。北の部族と同様、南の部族の中にも、個人主義の方が、どういうわけかうまくいくのであれば、好ましいであろうとしぶしぶ同意する人が何人か現われる。すると今度はこのささやかな譲歩が、南の偉大な長老に反論される。長老は、何世代もかけて培われた知恵と権威をもってこう説明する。個人主義は、現実に不幸を蔓延させるだけではない。価値観が芯まで腐っている。強欲の原理を土台とする社会は、本質的に不道徳な社会である。高潔な羊飼いは、どれほど富を積まれようと、愛と慈悲、兄弟愛と姉妹愛の理想を売ることはない。アーメン。南の部族たちが唱和する。

これらは思考実験なので、結末は勝手な創作である。しかし、私が考えた結末は、これまで道徳心理学について学んできた知見にしっかり根ざしている。北の部族は、個人主義がもっともうまくいくと知っているから、個人主義に傾倒しているのではない。複数の社会システムを比較した費用対効果分析を行なったわけではない。南の部族も客観的な分析の結果、集団主義を信奉しているわけではない。むしろ、北の部族にせよ南の部族にせよ、自分たちが信じるものを信じているのは、それぞれの部族文化にどっぷり浸った生活を送っているからなのだ。彼らの道徳的直観は、それぞれの生活様式、すなわち「コモンズの悲劇」を回避するそれぞれのシステムに合うように調整されている。文化の劇的な変化を経験したことがないため、事実はどうあれ、北の部族には集団主義が、南の部族には個人主義が間違っているように思えるのだろう。どちらの陣営も、最善の結果をもたらすのは自分たちの生活様式だと確信している。とはいえ――そしてここが肝心なところだが――、どちらの陣営も、力点は、自分たちの生活様式にあるのであって、よい結果を導くことにはない。偉大な長老たちはお見通しだ。彼らはローカルな知恵の守護神であり、この点をよくわきまえているため、仮定の罠に引っかからない。長老たちは、人々が、根本的には、「何であれうまくいくもの」に価値を置いていないと理解している。人々が切望しているのは、より深遠な道徳的真理に従って生きることだ。

帰結主義、功利主義、実用主義

何であれもっともうまくいくことをするのはすばらしい、と人は考える。自分たちが本当に求めているものが、かならずしも「もっともうまくいくもの」ではないと気づくまでは。とはいえおそらく、何であれ本当にもっともうまくいくことをするというのはすばらしいアイデアだ。これが功利主義という、単純な常識とすぐに誤解される、きわめて近代的な哲学の背後にある思想だ。

何であれもっともうまくいくことをすべし、という考えは、日常的に使われている「実用主義《プラグマティズム》」とよく似ているように思われる。（英米哲学の「プラグマティズム」は違う意味である場合が多い[*]。）しかし、功利主義は、実用的であれというたんなる命令ではない。まず、「実用主義」という言葉には、長期的な利益より短期的な便宜を優先させるニュアンスがあるだろう。これは私たちが思い描くものではない。功利主義は、何であれ本当にもっともうまくいくこと、一時的にではなく長期的にうまくいくことを行なうべきだといっている。また、「実用主義」が提案するのは、どんな価値観にも役立つようにあてはめられる柔軟な処世術でしかないだろう。ごりごりの個人主義者も集団主義者も、日常的な意味での「実用主義者」になら、なれるかもしれない。一方、功利主義は基本的価値観に関わるものだ。第一原理にまでさかのぼって「実用主義」を実践することだ。功利主義は、何であれもっともうまくいくことを、それが最終的に何であれ、たとえ自分の部族の本能に反するものであっても、実践しようと固く決意するところからはじまる。

こうした理由から(そしてこれから取り上げるその他の理由から)、私は、功利主義を**深遠な実用主義**だと考えたい。たとえば、あなたのデートの相手が、「私、功利主義者なの」といったら、さっさと勘定を済ませて別れよう。しかし「深遠な実用主義者なの」といえば、彼女と一晩過ごして、ご両親に挨拶にいこう。「功利主義」は、とても耳障りな、誤解を招きやすい言葉であるため、厄介払いした方がいい。しかし、私は深遠な実用主義者として、二〇〇〇年の歴史をもつこの哲学用語を、別の言葉に安易に置換するような真似はしない。さらに、私はみなさんに、深遠な実用主義こそ私たちが探し求めているものであり、価値のない骨董品に余計な細工をしたり、煤を払ったりしたに過ぎないものではないと納得していただく必要がある。よって、ここでは伝統に敬意を表し、私たちのすばらしいアイデアを、この不快で、誤解されやすい、由緒ある名前で呼ぶことにしよう。第五部で、正しく理解され賢明に応用された功利主義は、じつは深遠な実用主義であるという話にもういちど戻ろう。

そもそも功利主義とは何だろう？　この思想はどこから生まれたのだろう？　まず、功利主義は**帰結主義**の一種である。ここまで私が功利主義について述べてきたことはすべて、じつはもっと広く、帰結主義にあてはまる。帰結主義によれば、最終的に重要なものは結果(実用主義者は「成果」というだろう)だけである。ここで使われている、「最終的に」という言葉は非常に重要だ。これは、結果以外の物事(たとえば正直であるといったこと)は、どうでもいいという意味ではない。結果以外のものも、まさにそれがもたらす結果のために重要性をもつ、という意味だ。帰結主義によれば、私たちの最終的な目標は、できるかぎり物事がうまくいくようにする、*となるべきだ。

しかし「うまく」とはどういう意味なのか？　何によって、ある結果が他の結果よりよいものだといえるのか？　功利主義にはこの問いに対する具体的な答えがある。そして、それが功利主義と、より広い帰結主義を分けている。帰結主義は「費用対効果分析」とよく似ているように思われる。ある意味ではそのものだ。しかし、通常、「費用対効果分析」について話をするとき、人はお金の話をしている。羊飼いである私たちは、ことによると自分たちの成功を経済的生産性の観点で測るべきなのかもしれない。もっともうまくいくこととは、何であれGPP(「牧草地総生産 gross pasture product」)を最大化させることである、というふうに。こうした考え方は、道徳会計を単純化するだろう。物質的な富は測定するのが簡単だからだ。しかし、経済的生産性が、最終的に重要なものなのか？　経済的生産性は高いが、住民はみんな不幸という社会は想像できる。それはよい社会だろうか？

本当に重要な結果が、経済的結果そのものでないなら、いったい何が重要だろう？　そこで私たちは、経済的生産性から自分が何を得たいのかと自問しはじめるだろう。先に述べたように、みんなが不幸なら、富が何の役にも立たないのはあきらかだ。裏返せば、私たちがみな幸福ならば、金持ちであるか貧乏であるかは問題でないだろう。そこでおのずと、本当に重要なのは私たちの幸福だと思いあたる。この結論に誰もが賛成するわけではない。しかし、どれだけ低く見積もっても、出発点としては悪くない。「幸福が重要である」という考えと、「私たちはよい結果を最大化すべく努めるべきである」という考えを結びつけると、功利主義になる。

功利主義の創始者であるベンサムとミルは、空理空論をこねくり回す哲学者ではなかった。二人は勇猛果敢な社会改革者で、当時の社会問題や政治問題に熱心に取り組んだ。実際、多くの有名な社会問題が社会問題として認識されるようになったのは、ベンサムとミルが取り上げたからだった。その意見は、当時は急進的と見なされたが、現在では、彼らが実現のために戦った社会改革の大半を私たちは当然と考えている。二人はいち早く奴隷制度に反対し、言論の自由と自由市場を擁護し、教育の幅広い層への普及、環境保護、刑務所の改革の必要性を訴え、女性の権利、動物の権利、同性愛者の権利、労働者の権利、離婚する権利、政教分離の重要性を唱えた。

ベンサムとミルは、道徳問題を通常の問題のように受け入れることを望まなかった。二人は、慣習や政策を、伝統だからという理由だけで、もしくは大多数の人に直観的に正しいと見なされているから、もしくは「物事の自然の摂理」だからという理由で、正しいと認めることを拒んだ。功利主義の創始者たちは、自分たちの道徳観念を正当化するために神に訴えることもしなかった。代わりに、先に私たちが問いかけたのと同じ問いを投げかけた。「本当に重要なことは何か？　そしてなぜか？　どんな基準を使えば、循環論法に陥ることなく、自分たちの行為と政策を評価できるだろうか？」たとえば、何を根拠に奴隷制度は間違いだといえるのか？　ベンサムとミルは神に訴えるわけにはいかなかった。論敵である奴隷制度支持者たちが、神は自分たちの味方だと考えていたからだ。神に訴えようとしたところで、自分たちによる神の意志の解釈が正しいとどう証明できるだろう？　同様の理由で、奴隷の権利に訴えることもできなかった。奴隷の権利がまさに問題になっていたからだ。何を根拠にすれば、誰がどんな権利をもつと決めたり、認めたりできるだろう？

ベンサムとミルの答えは功利主義だった。法律や社会の慣習を評価するとき、二人が問題にしたのは「それは私たちの幸福を増やすか、減らすか？　どの程度に？」という問いだけだった。たとえば、奴隷制度が間違っていると主張したのは、神が反対しているからではなく、奴隷制度がもたらすであろう善（たとえば経済的生産性という観点から見たときの善）を、奴隷制度がもたらす不幸が圧倒するからだった。女性の自由の制限、動物の虐待、離婚を禁じる法律などについても同様だった。

ベンサムとミルは、道徳的価値を測り、難しい道徳的決断を行なうための、申し分ない一般基準を導入した。その基準とは、「すべての行為は、幸福に与える影響の総和によって測定される」である。功利主義はすばらしい思想だ。そして、現代の羊飼いである私たちにどうしても必要なメタ道徳だ（と私は信じる）。しかし、同時に激しい物議を醸す思想でもあり、二〇〇年間、哲学者たちの論争の的になっている。すべての道徳的価値を、ひとつの測定基準に変換できるのか？　仮にできるとして、幸福の総和は正しい測定基準なのか？　この後の章、とくに第四部で、功利主義に対して哲学から出された異議を考察する。しかしその前に、功利主義が実際に何であるかを、そしてなぜ、幸福が、そして幸福だけが、最終的に重要だとある人たちが考えるのかをまずあきらかにしよう。

功利主義の(誤った)理解

第4章で述べたように、功利主義(utilitarianism)は多くの人に誤解されている。まず、名前からしてひどい。日常の実用性しか問題にしていない印象を与える。(「ユーティリティルーム」は洗濯部屋のことではないか。)「効用(utility)」を「幸福」という言葉で置き換えるのは正しい方向への第一歩だろう。しかしこれも紛らわしい。功利主義哲学者たちが「幸福」という言葉で意味するものは、私たちが「幸福」について考えるとき連想するものよりずっと範囲が広い。幸福について正しく理解しても、幸福を最大化すべきだという思想も容易に誤解される。人は、功利主義者の生活を、あらゆる決定に関して費用対効果の計算に明け暮れているかのごとくイメージする。そうではない。さらに、幸福を最大化するという課題には、救いがたい曖昧さがあるように思えはしまいか？　誰の幸福の話をしているのか？　何を幸福とするかは、人によりけりではないか？　いったいどうすれば幸福を測定できるというのか？　何を幸福とし、それを増やすことがどれほどよいことかを誰が決定するのか？　幸福を最大化させるという思想は、物騒なユートピア的理想主義の類ではないのか？　それでは、これらの疑問を検討して、悪評高いこの哲学について、よくいわれる誤解の一部を打ち消していこう。

「幸福」とは何を意味するのか？

中学生のとき、クラスで「宝ものプロジェクト」を行なった。一人ひとり、自分がもっとも大切に思うものを一〇個見つけ、なぜそれらを大切に思うのかを記した一冊の本（要はイラストや写真、説明書きを載せたスクラップブック）にまとめた。ひとりでやる作業に入る前に、みんなで簡単なブレインストーミングを行なった。生徒たちは宝ものの候補をあげて、教師が黒板に書き出していった。「家族」、「友人」、「宗教」、「スポーツ」、「娯楽」、「愛」、「人助け」「あたらしいことを学ぶ」「私のネコ」。そしてこれらの概念を少々整理すると（「ネコは「ペット」に入れよう……「ディズニーワールド」は「娯楽」に入れられるよね」）、なかなか立派なリストができあがった。その項目のひとつにあげられていたのが「幸福」だった。

功利主義哲学者の卵だった私は、幸福を自分のリストにどう加えたものか、確信がなかった。私は「家族」を第一位に、「友人」を第二位にした。結局、「幸福」は第四位になったと思う。しかし、幸福は他のあらゆるものの中に潜んでいるのではないかという思いをぬぐえなかった。家族や友人を大切に思うのは、彼らの幸福と、彼らが私に与えてくれる幸福を大切に思うことではないのか？「スポーツ」や「愛」に価値を見出すのは、こういったものが幸福を与えてくれるからではないのか？私には、もっと概念を整理する必要があると思われた。

級友たちはこんな悩みとは無縁のようだった。幸福をリストのたんなる項目のひとつと見なすことに何の疑問も抱いていなかった。何を考えていたのだろう？　級友たち、そしてほとんどの人が、幸福について考えるときはおそらく、こんなことを考えているのだ。幸福を評価するとは、私たちの顔に微笑を浮かべさせる直接の原因となるものを評価することを意味する、と。標準的な微笑み誘導因子リストは、ミュージカル「サウンド・オブ・ミュージック」の「私のお気に入り」という曲に登場する。

薔薇の雫　子猫のひげ
ぴかぴかの銅のケトル　暖かいウールのミトン
紐で結んだ茶色の紙包み
それが私のお気に入り

クリーム色の子馬　パリパリのリンゴのシュトルーデル
ドア・ベル　そりのベル　シュニッツェルにヌードル
月夜を飛ぶ雁の群れ
それが私のお気に入り

これをいっそう洗練させたものが、ミュージカル「きみはいい人　チャーリー・ブラウン」の「幸せって」に出てくる。

幸せって、二種類のアイスクリーム
秘密を知ること
木に登ること

現代の成人の幸福を巧みにとらえているのは、分厚いカタログの中に描かれている、誰かさんのおしゃれな休日だ。そっと揺れるハンモックでくつろぎながらｉＰａｄで新聞を読み、隣人たちと楽しくおしゃべりしてから、午後はマウンテンバイクでお出かけ、そして夕陽を眺めながら船のデッキで乾杯……これを「お気に入り」幸福観と呼ぼう。幸福という言葉で意味するものが、お気に入りを楽しむことなら、幸福とは宝ものリストにつけ加えられる項目のひとつに過ぎない。さらに、幸福がお気に入りを楽しむことなら、幸福を、究極の価値、すなわちすべての行為を測定する基準と見なすことは、信じられないほど浅はかに思える。

とはいえ、「お気に入り」幸福観は精査に耐えない。先にも述べたように、私たちの幸福は、私たちが「幸福」について考えるとき、考えに入れていないものに大きく左右されるからだ。たとえば、車のブレーキパッドの交換は、私のお気に入りに入っていないが、私がブレーキパッドを交換しなければ、多くの人(私と私の家族、他の運転者とその家族)の幸福をひどく損なうかもしれない。また、価値はあるが骨の折れる仕事に長年従事している人のことを考えてみよう。宝ものプロジェクトの枠組みの中では、これは、幸福より「重労働」「忍耐」「修練」にずっと近いように思われる。しかし、もちろん、この辛い仕事は誰かの(辛い仕事に従事している本人ではなくても他の誰かの)幸福を増すために行なわれているのだろう。ホームレスの保護施設でボランティアをしている人のことを考えてみよう。その人は、とくに楽しいわけではないが、恵まれていない人たちを助けるのは重要と考えるからボランティアをしている。これは、幸福より「人助け」「慈善」「社会的責任」にずっと近いように思われる。

しかしこの場合も、このボランティアはおそらく、こうした気の毒な人々がよい生活を送る見込みを高めたいと思っていて、そしてこうした人々がよい生活を送ることは、幸福であることや、他人の幸福への貢献を包含しているのだろう。最後の例は、「お気に入り」幸福観のもうひとつの問題点、幸福尺度のマイナス面を無視しているという問題を際立たせている。私たちの目標が幸福の最大化にあるのなら、一般に、人を苦境から救い出すことの方が、アイスクリームサンデーのてっぺんにサクランボを載せるよりも重要だ。しかし、「幸福」について考えるとき、私たちはホームレスの保護施設ではなく、サクランボを思い浮かべがちだ。

　従って、幸福は、一見したところ「幸福」よりも深遠で意味深いと思える、たくさんの他の価値の中に埋め込まれている。先ほど、家族、友人、愛情をあげた。これに知的な価値(知識、真実、教育、芸術)、市民としての価値(自由、正義)、人格に関わる価値(勇気、正直、創造性)を加えよう。これらはすべて世界をより幸福にする。そして、そのことは私たちがこれらの価値を大切に思うことと無関係ではない。さらに一般化すると、幸福と密接なつながりのないもので大切にする意味がある価値というものを考えるのは難しい。つまり、ごく控えめに考えても、幸福は、道徳的価値同様、誤解され、過小評価されやすい。幸福について正しく考えるには、抽象的に、もっと具体的にいうと、反事実的に考えなくてはならない。功利主義的な意味で幸福を評価するとは、「幸福」について考えるとき頭に浮かぶものを評価するだけのことではない。その不在が幸福を損なうものすべてを評価することであり、幸福は、私たちが価値を置くほぼすべてのものを含んでいる。

　しかし、功利主義は幸福が重要だと主張するだけではない。幸福は、正しく理解された場合には、最終的に重要なただひとつのものだと主張している。なぜそういえるのだろう？　その理由を考えるには、もっともじかに気にかけている物事からはじめて、「なぜ自分はそれを気にかけるのか？」と何度も問いかけながら、答えが出てこなくなるまで突き詰めてみるとよい。あなたは今日仕事に出かけた。なぜ、わざわざ出かけたのか？　仕事が楽しいからかもしれないが、お金を稼ぐためでもある。なぜお金が必要なのだろう？　食べ物などの品物を買うために。なぜ食べ物が必要なのだろう？　あなたも、あなたの家族も、食べるのは楽しいし、すきっ腹を抱えているのは楽しくない。それに、食べ物があるおかげで、あなたと家族は生きていられる。しかしなぜ、あなたとあなたの愛する人たちは、生きていきたいのか？　みな生きることを楽しんでいる。とりわけ一緒に生きていることを楽しんでいるから。なぜ、あなたは、自分と家族が人生を楽しむことを気にかけるのか？　うーむ……。

　こうした質問と応答を何度もくり返すうちに、自分の行為はすべて、最終的に、誰かの経験の質を高めるために行なわれていると結論するのではないだろうか。罰のように、不快な経験を与えることを直接の目的とする行為でさえ、経験の向上に関係している。私たちが人を罰するのは、相手に不快な思いをさせ、それによって、その人や他の人たちに悪事を働くのを思いとどまらせ、被害者になるかもしれない人たちの経験を向上させるためである。また、岩のように、経験をもたないと一般に見なされているものは、道徳的配慮の対象にはならない。

　このように、あらゆるものの良し悪しが、最終的に、人間の経験の質という観点で清算されるのは妥当に思われる。この視点に立つと、尊重すべき多数の価値が存在する。家族、教育、自由、勇気、その他黒板に書かれていた宝ものすべて。しかし功利主義者にいわせれば、これらのものに価値があるのは、経験に与える影響のために他ならず、経験に与えるプラスの影響をこれらから差し引けば、価値は失われる。要するに、誰かの経験に影響を与えないようなものは、本当は重要でないのだ。

これが、功利主義の幸福観の背後にある中心的な考え方だ。幸福は、アイスクリーム、湖畔の家で過ごす穏やかな夏の夕暮れ(だけ)ではない。人間の幸福とは、その人の経験の総合的な質を指すのであり、幸福を大切にするとは、自分自身や他者(とくに、暮らしに改善の余地がたっぷり残されている他者)の、経験の質を向上させるすべてを大切にすることだ。功利主義の観点に立てば、幸福とは、宝ものリストにある他の価値の上にくるものではない。幸福は、正しく理解された場合には、他の価値を包含している。幸福は、根源的な価値、いわば規範性のヒッグス粒子であり、他の価値にそれらがもつ価値を授ける価値なのだ。

あなたはこうした考え方をどう思われるだろう。後で説明するように、私は、じつはこれは行き過ぎだと思う。(幸福が唯一無二の、究極の価値であるなら、なぜ、複数の価値が対立するのか?)ここでは二つのことだけを伝えておこう。その一、功利主義の幸福観は非常に範囲が広く、そこには、経験のあらゆるプラス面だけでなく、マイナス面を取り除くことも含まれる。これこそ私たちが「幸福」で意味するものだ。その二、そう考えると、幸福が、宝ものリストのたんなる一項目ではなく、私たちの価値の中でもひときわ特別な地位を占めるという考えは理にかなっている。熱烈な功利主義者の大半の人と違い、私は幸福がただひとつの真の価値だとは考えない。むしろ、幸福を特別なものにしているのは、幸福が人間の価値観にとっての**共通通貨**だということだ(そしてこれこそベンサムとミルの真の洞察ではあるまいか)。この考えは、第7章と第8章でさらに詳しく展開しよう。

ある種の幸福が、他の幸福より価値があるということはないのか？

先に述べたように、功利主義の幸福観はじつに範囲が広い。しかし、じつは、どこまで範囲を広げるべきかについては、功利主義者の間でも意見が割れている。ベンサムは、快楽と苦痛という観点から、効用をかなり狭くとらえた。ミルは、ある快楽と別の快楽との質的差異を認め、一方をより価値があるものとする、もっと広い見方をとった。有名なミルの言葉を引用しよう。

満足した豚であるより、不満を抱いた人間である方がよい。満足した愚者であるより、不満を抱いたソクラテスである方がよい。愚者なり豚なりが、違う意見をもつとしても、それは彼らがこの問題の自分の側しか知らないからである。対する相手は、両方の側を知っている。

幸福な状態のとらえ方を、快楽と苦痛だけに制限し、すべての快楽に等しい価値があると考えるのは愚かしい気がするが、ミルが「より高度な」快楽に特権的地位を与えるのも、無定見で、お高くとまっているように感じられなくもない。「愚かな豚よ、おまえに知的な喜びがわかればなあ。そうすればおまえだってビールよりそっちが気に入るだろうよ」といっているみたいではないか。幸い、私たちは、ミルがさっと仕上げた主張を使って二つの意見を和解させられる。私の考えでは、最初の主張よりましであるし、最近の心理学によって裏づけられてもいる。

バーバラ・フレドリクソンが、ポジティブ感情の「拡張‐形成」理論で主張しているように、私たちが快いと感じるものは、多くの場合、資源を形成する。おいしい食べ物は栄養資源を、友人と過ごす時間は社会的資源を、学習は認知資源をもたらす、といった具合に。ミルの「より高度な快楽」は、持続性があり、分かち合える資源を形成する活動から得られる喜びだ。ここから、ミルの「より高度な快楽」を支持する、より原理に基づいた功利主義的議論が展開される。

ミルは、ビールは哲学よりはるかに人気があるが、哲学の方がビールよりよい、と言いたいのだ。彼の解決法はビールと哲学を両方知る人は哲学を好むと主張することだった。つまり、哲学の方がよりよい快楽、より高度な快楽を提供すると言っているわけだ。ミルいわく、酔っぱらった愚者はこれがまったくわかってない。私は、ミルのやり方は、知的生活や、もっと広くいえばより高度な快楽を擁護する最善の方法ではないのではないかと思う。こんな風に考えるのはどうだろう？　満足した愚者であることは、本人にとってはいい（かもしれない）。しかし、ソクラテスのような賢者であることは、私たち他の者にとっていいことなのだ。（ほら、聞いたことのある話に似てきたのでは？）同じように、満足した愚者であることは、いまの愚者にはいいかもしれないが、将来の愚者にはあまりいいことではない。この考えでは、プラトンを読むことは、ビールよりよい快楽をもたらすわけではない。プラトンの方がいいのは（実際にいいとして）、その喜びが、自分だけでなく他人にもより多くの快楽をもたらすからなのだ。高潔な生活を擁護するために、ミルは直接的な自分の利益に訴えたが（「実際そっちの方がずっといい気分なんだから！」）、本当はより大きな善に訴えるべきだった。より高度な快楽が高度であるのは、どんな気分にさせてくれるかのためではなく、それらに特有の長期的な結果のためである、と。

とはいえ、ミルとベンサムの和解には不都合な点もある。仮に長期的な結果が一定に保たれるのなら、穏やかな知的瞑想に浸る人生よりも、セックス、ドラッグ、ロックンロール三昧の人生の方がいいと結論することになってしまう。私はこの結論について複雑な感情を抱いている。他人の道楽については、本人や他人の害にならないかぎり、「いいと思うよ！」というにやぶさかでない。しかし、これを自分の選択として考えるのであれば、そう簡単にはいかない。自分にとっても他人にとってもより広範な影響は何もないとわかっていたとして、絶え間ないどんちゃん騒ぎのために、いまの快い学究生活をあきらめられるだろうか？　おそらくできないだろう。しかし、もしかすると、仮定の話ではあるけれども、こだわりを捨てて飛び込めばいいだけの話かもしれない。

いずれにせよ、ここで重要なのは、功利主義を「豚の道徳」と考える必要はないということだ。私たちには、少なくともある「高度な」快楽を、ある「低度な」快楽より高く評価する、みごとな功利主義的理由がある。高度な快楽がよりよいのは(少なくとも、その方がよい場合があるのは)、それがすぐれた快楽だからではなく、長期的に私たちにより大きな益をもたらす快楽だからだ。

誰の幸福が問題なのか？

すべての人の幸福だ。経験への着目に加え、功利主義を決定づける第二の特徴は、**公平**であることだ。万人の幸福は同じ価値をもつ。これは、功利主義の世界では、すべての人が等しく幸せになるという意味ではない。北の部族がいう通り、誰が何をしようと同じ結果になる世界は、誰も何もする気が起きない怠け者の世界だ。であるなら、幸福を最大化する方法は、すべての人が等しく幸福になるべしと法で定めることではなく、幸福を最大化するように行動することを人々に促すことなのだ。道徳的成功を測るとき、私たちはすべての人の幸福に同じ価値を置く。しかし、成功の実現は、ほぼ確実に、物質的富と幸福の偏りを招く。こうした不平等は理想的ではないが、それ抜きでは社会全体がもっと悪くなるため、正当化される。

「誰の幸福か？」という質問を理解する別の方法もある。「誰の幸福観が優先するのか？」という問いを考えてみてはどうだろう。私の幸福は二種類のアイスクリーム。あなたの幸福はプラトンを読むこと。誰かさんの幸福は、ロリータ・ファッションに身を包んだ体重一四〇キロの女性に縛られ、鞭打たれること。誰の幸福が問題なのか？

これはほとんど言葉の問題だ。幸福は人ごとに異なるということもできるが、これは不必要に紛らわしい。こういった方がもっとすっきりする。幸福は誰にとっても同じものである。そして、何によって幸福になったり不幸になったりするかは人によって違う。二種類のアイスクリームで私は幸せになるけれど、あなたはそうじゃない、といった具合に。

私が、これはほとんど言葉の問題だというのは、幸福が本当にすべての人にとって同じなのかを疑うこともできるからだ。とはいえ、世界中の人が「幸福」を経験するときに、共通するところが何かあるのかと疑うのはじつは非常に過激な疑問だ。八世紀の日本人の少年について書かれた次の文章を考えてみよう。「桓武《かんむ》は泉のところへ行って、驚いたことに、水がふたたび湧き出しているのを知った。これを見て、彼は非常に幸せになった。」あなたは、この文章を紛らわしいと思うだろうか？もちろん、そんなことはない。あなたはこの文章を、著者が意図する通りに理解したからだ。桓武の気持ちは、あなたが、自分を幸せと表現するときに感じている気持ちとほぼ変わりない。それでは、これはどうだろう？「桓武は、二匹のテントウムシが岩に押しつぶされて死んでいるのを見て、とても幸せになった。」これは妙だ。しかし妙な感じがするのは、あなたが、自分と桓武に、同じ幸福観をあてはめているからに他ならない。自分が二種類のアイスクリームから得るものと、桓武が二匹の死んだテントウムシから得るものに変わりはないようだ、と。あなたの経験と桓武の経験は、二人を隔てる文化の溝のために、じつに様々な興味深い点で異なっているだろう。しかしながら、こうした違いにもかかわらず、桓武とあなたの経験には共通するところがある。どちらの経験もいくらかプラス側（また、いくらかマイナス側）ということだ。幸福は共通通貨なのだ。

いったいどうすれば幸福を測定できるか？

世界中の人々がプラス側（とマイナス側）の経験をすることができると納得したなら、測定の問題に入ろう。幸福を測定するのは厄介な仕事だ。そして、ここ数十年、気鋭の社会科学者たちの中には、この課題に日夜取り組んでいる者もいる。しかしここでの要点にとっては手の込んだ科学的分析は必要ない。幸福を測定するのは簡単だ。難しいのは、望ましい正確さで測定することだ。幸福を少しの誤差もない正確さで測定することはできない。そのため、実際に何かしようとするとおそろしくたくさんの困難が生じるわけだが、できないからといって深刻な哲学上の問題が生じるわけではない。

リカルドという男性がいるとしよう。彼は、膝頭を骨折して入院している。痛みがひどい。もうひとり、ベアトリズという女性にも登場してもらおう。彼女は、静かに揺れるハンモック（三一五ドルなり）に寝転がって、iPad（四九九ドルなり）でニュースを読んでいる。この時点で見ると、ベアトリズはリカルドよりも気分がいいと思えるかもしれない。しかし、なぜわかるのだろう？　二人にこんな質問をすることもできる。「いまこの瞬間、どれだけ気分がいいか、一点から一〇点まで一〇段階で評価してもらえませんか？」リカルドは「二点」、ベアトリズは「八点」と答える。これで二人の幸福度が測定できた。

この測定結果は正しいのだろうか？　さあ、どうだろう。リカルドは、本当は最高にいい気分なのだが、驚かれたくないのかもしれない。もしくは人生最悪の瞬間なのだが、泣き虫と思われたくなくて「一点」と言わず「二点」と答えたのかもしれない。ベアトリズは内心深く懊悩しているが、質問者にはもちろん、自分に対してもそのことを認めたくないのかもしれない。もしくは「一〇点」と答えるのが憚られて、わざと低い点をつけたのかもしれない。先ほどはリカルドとベアトリズに、いまこの瞬間どんな気分かと尋ねたが、生活全般はどうかと尋ねることもできるだろう。すると測定の問題はさらに厄介になる。じつはリカルドの生活は順調そのもので、ベアトリズよりいいかもしれない。しかし、この瞬間、彼にはそんな風には思えない。

これらは難しい問題ではあるが、こうした問題があるからといって幸福を測定できないということにはならない。幸福の測定値は推定値にならざるを得ないというだけの話だ。推定値で十分かどうかは、それを使って何をしようとしているかによる。特定の個人の幸福度を正確に知りたい、もしくはある人の幸福度が同じ境遇に置かれた別の人のそれに匹敵するのかを知りたい、そんな場合はこうした推定値では不十分だろう。しかし幸いなことに、社会全体で大きな決定を下さなくてはならない場合、特定の個人の幸福を厳密に測定する必要はない。むしろ、どんな政策が幸福を増やし、どんな政策が幸福を減らす傾向があるかといった、全体のパターンを理解する必要がある。

こんなときこそ、幸福を研究対象とするあたらしい科学が威力を発揮する。たとえば、失業状態は往々にして人の心を荒廃させ、その心理的コストは経済的コストをはるかに上回ることがあきらかになっている。一方、稼ぎが少々減っても、*すでに裕福であるなら、幸福にはたいした影響がないらしい。もちろん、職を失ったことが結局は幸運だったというケースもある。年収が二二万ドルから二〇万ドルにダウンして地獄を味わう人もいる(かもしれない)。しかし全体として見れば、こうした経済変数が幸福に与える一般的な影響はあきらかであり、それによって、たとえば増税と雇用の創出のトレードオフについて、十分な知識に基づいた政策決定が行なえるようになる。これは、特定の個人の幸福を厳密に測定することはできなくとも、そうなのである。

幸福の測定が可能かどうかを問題にするとき、人はもっと別の何かを考えているのかもしれない。被験者に「どんな気持ちですか」と質問できるとは思っていないというわけではない。質問するだけでは十分でないのではと考えているのだ。求められているのは幸福の「本物の」物差しだ。寒いとか暑いといった感覚を経由しない体温計のように、主観的な印象抜きの直接的な物差しを求めているのだ。機能的脳イメージングの出現により、こうした物差しは早晩手に入るかもしれない。*しかし、「神経幸福測定器」が誕生しても、それで何かが大きく変わるわけではない。幸福測定器を使えば、被験者の口頭による回答を上方や下方に較正《こうせい》したり、何らかの理由で自分の幸福度について嘘をついている被験者を見抜いたりできるようになるだろう。しかしおおかたの目的を達成するには、単純な質問に単純に答えてもらうだけでいいのだ。ダン・ギルバートがいうように、検眼士は脳をスキャンしなくてもいちばんくっきりとした視覚知覚を生むレンズを選べる。「今度の見え方はどうですか?」と尋ねるだけで。

幸福の測定は克服できない問題ではない。そして、それが問題であるかぎり、功利主義者だけでなく、万人にとっての問題だ。自分の選択が自分の幸福に及ぼす影響がどうでもいいと考える人はいない。従って、幸福が最終的に重要だという功利主義的思想を拒絶するとしても、幸福はある程度重要だと考えるかぎり、あなただって幸福を測定する必要はあるのだ。

功利主義者はつねに「打算的」か?

功利主義に対する世間の誤解をひとことでまとめるとこうなる。「打算的」だ。「打算的」な功利主義者のステレオタイプには関連する二つの特徴がある。

まず、「打算的」な人とは、悪い人、利己的な人、どうすれば自分にいちばん得になるかをつねに計算している人のことである。この「打算的」な功利主義者というステレオタイプは不当だ。功利主義の理想は公平であることなのだから。理想的な功利主義者は、他人の幸福と自分自身の幸福にまったく同じ価値を置く。これは黄金律の完璧な体現だ。功利主義は利己的な哲学であるどころか、無私無欲を求めすぎるという批判にさらされている。(これについてはすぐ後で説明しよう。)

とはいえ、この批判にも一抹の真理はある。道徳的計算は、もっとも高潔な意図に基づく場合でさえ、あらぬ方向へ人を導くおそれがある。人は、より大きな善のために計算を働かせようとするのかもしれないが、自己欺瞞を重ねたあげく、結局は自分のために計算してしまうことだってある。（「すべてはローマへの愛ゆえに！」というブルータスのセリフを思い出そう。）そもそも計算を働かせるとは、第2章で説明した道徳マシン、《私》より《私たち》を優先させる社会的本能を、少なくとも一時的に、疑ってみるということだ。その場合、次のことが懸念される。道徳の自動操縦をオフにして、どんな種類のものであれ道徳的計算を働かせると、面倒に巻き込まれる可能性が高まる。こうした懸念を裏づけるのが、第2章の後半で説明した公共財ゲームの実験だ。思考を働かせた場合ほど、ただ乗りをする人が増え、協力が減った。

道徳的計算の落とし穴に対するこうした懸念から、功利主義者のステレオタイプの後半が導かれる。それによると、功利主義者はつねに道徳的計算を働かせている。功利主義者が、スーパーの通路で万引きの費用対効果を計算しているというイメージだ。幸い、ほとんどの人はこうした道徳的計算を行なわないが、功利主義が推奨しているのはこういったことだと思われているのかもしれない。しかし、考えてみれば、それは非功利主義的な生き方に他ならない。なぜか？　何がより大きな善に資するかについて、つねに道徳的計算を働かせることが、より大きな善に資するわけでないのは明白だからだ。自分たちの行為が「より大きな善」に役立つと確信するかぎり何をしても許されるのであれば、災いを招くだろう。私たち人類は自分に甘いというバイアスで悪名高い（第2章、第3章参照）。自分たちの行為の長期的な地球規模の影響の計算にとくに秀でているわけでもない。従って、日常生活では、万引きがより大きな善に役立つかどうかいちいち計算するよりも、自分の道徳本能に耳を傾けた方がはるかにうまくいく。私たちの道徳本能は、《私》より《私たち》を優先させるように生物学的にも文化的にも進化を遂げた。日常生活で、私たちは危険を承知でこうした本能に反する計算を働かせようとする。

ここまで読んであなたは、功利主義を擁護しているつもりが、それを用済みにしてしまったのではないかと、いぶかるかもしれない。道徳本能が人類をより大きな善へと確実に導くのなら、なぜ、功利主義であれ何であれ、道徳哲学に頭を悩ませる必要があるのか、と。ここで大切なのは二つの悲劇を混同しないことだ。くり返そう。私たちの道徳本能はコモンズの悲劇（《私》対《私たち》）に対してはうまくいくが、常識的道徳の悲劇（《私たち》対《彼ら》）に対してはうまくいかない。功利主義的な行動とは、日常生活（《私》対《私たち》）の道徳的誘惑をやり過ごすことは本能に任せるが、あらたな牧草地での生き方（《私たち》対《彼ら》）を考えるときは、明確な功利主義的思考を働かせることだ。これがどういうことかについては、第五部で詳しく取り上げよう。

功利主義は物騒なユートピア的理想主義の類か？

歴史を紐解けば、壮大なユートピア構想が悲惨な末路をたどった例には事欠かない。そのひとつが二〇世紀を舞台にした共産主義の勃興と（ほぼ完全な）衰退だ。スターリンや毛沢東ら共産主義の指導者たちは、「より大きな善」という名目を掲げ、大量殺人、数百万規模の餓死者、抑圧的な全体主義国家を正当化した。私たちは、すべてはより大きな善のためといって壮大な構想を広げる人たちをよくよく警戒すべきではないのか？

その通り。警戒しなくてはならない。壮大な構想が大きな犠牲を伴うとき、そして犠牲を払う（もしくは犠牲になる！）人々が、壮大な計画の立案者でない場合はなおさらだ。だが、この警戒心は、徹底的に実用的な、功利主義的な警戒心だ。いま私たちは悪い結果を避けるという話をしている。より大きな善を目指すことは、すべてはより大きな善のためというカリスマ的な指導者に盲目的につき従うという意味ではない。それでは災厄を招く処方箋となってしまう。

この章の冒頭で、個人主義を掲げる北の部族と、集団主義を掲げる南の部族の理想とレトリックを比較した。功利主義者は集団主義の側につくと予想されるかもしれないが、そうとはかぎらない。個人主義者ともかぎらない。私たちのすばらしいアイデアは、あらたな牧草地に暮らすすべての部族の羊飼いが、めいめいの思想信条をいったん棚上げし、代わりに本当にもっともうまくいくもの――実際に幸福を最大化させるもの――を見つけ出すというものだ。そしてもっともうまくいくものは、個人主義寄りかもしれないし、集団主義寄りであるかもしれない。何がもっともうまくいくかを見つけ出すには、自分たちの偏見を棚上げし、代わりに、様々な政策や実践が、現実の世界でどのくらいうまくいっているのかについて証拠を集め、評価しなくてはならない。功利主義は、先に述べたように第一原理にまで持ち込まれた実用主義なのだから。**

物騒な功利主義的ユートピア思想に関するこうした懸念は、功利主義に対するあらゆる種類の、混乱しているが、つい言ってみたくなる反対意見の典型例だ。あなたが想像している功利主義的な世界が全体として悲惨な場所に思われるなら、そもそも間違ったものを想像しているのだ。あなたの反対意見こそ功利主義的であり、あなたが反対しているものは、本当は功利主義ではない。

幸福を最大化する方法を、誰が決定するのか？

そろそろ、みなさんも功利主義的思考のこつを飲みこんで、この手の質問に独力で回答できるようになったのではないだろうか。しかし、万全を期してもう一問考えてみよう。

誰が決定を下すかという決定も、功利主義の見解では他の決定と同様である。派手な帽子をかぶった、公認の「功利主義の決定者」がいるわけではない。功利主義的な見解では、すぐれた決定システムとは、決定者が、その人たちが決定者でない場合より、よい結果をもたらす決定を行なう確率が高いシステムのことだ。原理的には、あらゆる意思決定の権力が、ただひとりの哲人王に委ねられる場合もありうる。しかし、歴史や人間の本性について私たちが知るすべてに照らして、これはよい考えではない。むしろ、言論の自由、教育の機会均等などが実現されている議会制民主主義の方がうまくいくだろう。

まとめると……

功利主義は、筋の通った、誰にでも理解できる二つの考えを結びつけている。その二つの考えは次の二つの問いに対する答えと考えられる。本当に重要なのは何か？　本当に重要なのは誰か？

功利主義によれば、最終的に重要なのは私たちの経験の質だ。功利主義は、何やらキラキラしたものより日常の実用性を重視する、洗濯部屋的な意味での効用《ユーティリティ》を最大化することではない。また、何やらキラキラしたもの、つまり私たちの「お気に入り」を、もっと深遠な意味をもつ重要なものより重視することでもない。功利主義は、私たちが大切にしているほぼすべての価値を包含している。その中には、人間関係に関する価値(家族、友人、愛情)、人格的美徳に関する価値(正直、忍耐)、崇高な営みに関する価値(真実、芸術、スポーツ)、すぐれた統治に関する価値(自由、正義)がある。しかし功利主義によれば、こうしたすべての価値が価値をもつ所以は、究極的には私たちの経験に与える影響から生じているのである。経験に何の影響ももたらさないのであれば、価値はないだろう。** この考えは正しいかもしれないし、正しくないかもしれない。これに対する反論はまだ検討していない。しかし、これは説得力のある考えであり、そして同じくらい重要なことに、思慮に富む人であれば、どの部族に属しているかには関係なく、理解し、価値を認めることのできる考えなのだ。

功利主義の第二の成分は公平性、すなわち黄金律に凝縮された道徳の普遍的真髄だ。この第二の成分を足すと、功利主義を次のようにまとめることができる。幸福こそが重要である、そして万人の幸福には同じ価値がある。これは、すべての人が等しく幸福になるという意味ではない。しかし、誰かの幸福が、他の誰かの幸福より本質的に価値があるわけではないといっている。

幸福は測定できる。しかし、厳密に測定するのは難しい。とはいえ、幸福については、特定の個人の幸福を精密に調査するのではなく、集団の幸福を調査することによって多くを学びとることができるし、そこから、何が幸福を増やしたり減らしたりする傾向があるのか、一般的結論が導ける。

長期的に何が幸福を最大化するのか？　もちろん、そんなことがわかるわけがない。これを功利主義の致命的欠陥だと考える人がいるが、少し考えてみれば、これはおかしな話である。誰でも(教養があろうがなかろうが)、何が長期的に最良の結果をもたらすのかについて、何らかの推測を働かせる必要がある。（長期的結果などどうでもいいという人を除いては。）功利主義は、長期的結果に関心を置くことに特徴があるのではない。長期的結果を最優先する点で際立っているのだ。

功利主義は、とことんまで突き詰めれば、意思決定の手続きではない。とことんまで突き詰めた場合に何が重要か、何が価値を置くに値するか、それはなぜか、に関する理論である。功利主義は、自分の行為の予想される費用対効果を絶えず計算すべし、とは言わない。むしろ通常は、自分の道徳的直観を信用せよ、と言う。なぜなら、道徳的計算に明け暮れるより、その方がよっぽど私たちの益になる可能性が高いからだ。

功利主義は、より大きな善に奉仕していると主張する者の後について行進せよ、とは言わない。むしろ、人間の本性に内在する限界やバイアスを踏まえて、よい結果につながる確率が高くなるように意思決定を行なうべし、と言う。そしてユートピア思想を掲げた政治の歴史を考慮するなら、より大きな善を遂行すると主張する指導者を疑ってかかれと言う。

要するに、功利主義は、黄金律の公平性と、人間の経験という共通通貨を結びつける。そのことによって生まれる道徳システムは、道徳のトレードオフを承認し、道徳どうしで裁定を行なえるシステムだ。しかも、その裁定をすべての部族の成員にとって納得できる方法で行なうことができる。

めざましい収束

高度一万フィートからあらたな牧草地を見下ろし、異なる道徳システムと異なる道徳本能を備えた異なる部族の羊飼いたちが、互いを攻撃しあう様子を見ていると、功利主義の実際的な解はじつに明白に思われる。部族の思想信条をいったん棚上げし、あらたな牧草地で暮らす上でもっともうまくいく方法を見つけ、それに従って生きるべし。これが、第一部の道徳問題の分析により提案された結論だ。しかし、第二部の心理学的分析によって提案されたもうひとつの思考の道筋もある。

もういちど、ふり返ってみよう。私たちは、思考を効率化するオートモードと、思考を柔軟にするマニュアルモードを備えた二重過程脳をもつ。人間の道徳脳とデュアルモードカメラの比喩が便利なのは、道徳心理を巧みにとらえているだけでなく、人類の抱える大きな実際問題「どうしたら現代の羊飼いたちは不和を解決できるのか？」に対するひとつの答えを提案しているからなのだ。先に、これを哲学的疑問として、すなわち「どのような哲学が、私たちのメタ道徳として役立つか？」という問いとして提起した。しかし、この疑問を次のような心理の観点から提起することもできる。「どのような思考があらたな牧草地にふさわしいか？」ここでカメラの比喩がよい手がかりを与えてくれる。

写真撮影には、オートモード、マニュアルモードのどちらがよいだろう？　もちろん、どちらかが絶対的な意味でよりよいということはない。撮影対象によって相対的によい場合も悪い場合もあるからだ。カメラのメーカーが想定していたような典型的な状況（「人物」、「風景」）であれば、オートモードで十分だろう。被写体にカメラを向けてシャッターを押せばいい。しかし、カメラのメーカーがまったく想定していなかった状況で撮影する場合、もしくはあなたの美的嗜好がメーカーと異なる場合は、マニュアルモードが必要になるだろう。

ここでの問いは次のようになる。道徳的観点からいって、私たちはいま、どちらの状況にいるのだろう？　あらたな牧草地の問題に必要なのはオートモードだろうか？　それともマニュアルモードだろうか？

「コモンズの悲劇」は、一連のオートモードによって、すなわち、集団というかぎられた範囲での協力を促し安定させる道徳的情動によって回避される。しかし「常識的道徳の悲劇」はオートモードが原因で生じる。異なる部族には異なるオートモードがあり、そのため異なる道徳レンズを通して世界を見ているからだ。「コモンズの悲劇」は利己性の悲劇だが、「常識的道徳の悲劇」は道徳の非柔軟性の悲劇だ。あらたな牧草地での不和は、羊飼いたちがどうしようもなく利己的で不道徳だから、もしくは道徳が欠如しているから生じるのではない。それぞれの道徳的視点から踏み出せないために生じるのだ。彼らはどう考えるべきか？　答えはいまや明白だ。マニュアルモードに切り替えるべきなのだ。

しかし、それは何を意味するのだろう？　第４章にヒントがあった。マニュアルモード思考と功利主義的思考の間にはつながりがあるようだ。[**]「歩道橋」ジレンマやそういう類の問題に対して、マニュアルモードは私たちに、救える命の数を最大化せよと助言する。一方、直感的反応はその反対を行なうように指示する。功利主義的回答の基盤である脳の部位、とくに注目すべきはＤＬＰＦＣだが、まさにこの部位が、食事内容に気を配る、人種差別的傾向を減らすといった別の分野でも、私たちが柔軟にふるまうことを可能にしている。そして、道徳ジレンマで功利主義的回答に抵抗する脳の部位、とくに注目すべきは扁桃体とＶＭＰＦＣ[**]だが、脳のこれらの部位は柔軟性に欠ける反応をして、外集団の成員の顔などに対し警戒心を高める。このことは、功利主義的思考が正しい、もしくは非功利主義的な思考が間違いであることを証明するものではない。これから見ていくように、人間のマニュアルモードは、非功利主義的な原理も実装できる。それに私たちは、自分たちの道徳的直観を「神経結合による罪」とむやみに断罪したいわけではない。それでも、これはめざましい収束だ。

私が正しいなら、(ある見方から)正しい道徳哲学と思われるものと(ある見方から)正しい道徳心理と思われるもののこの収束は、偶然ではない。私が正しいなら、ベンサムとミルは、哲学的にも心理学的にも、他のどの先人とも根本的に違うことを行なった。彼らは、道徳の問題をマニュアルモードに(ほぼ)全面的に委ねることで常識的道徳の限界を超えた。柔軟性に欠けるオートモードをいったん棚上げし、代わりに非常に抽象度の高い二つの問いを投げかけた。その一「本当に重要なことは何か?」、その二「道徳の本質は何か?」彼らは、最終的に重要なものは**経験**であり、道徳の本質とは**公平性**であると結論した。この二つの考えをマニュアルモードで結びつけると功利主義になる。「私たちは、各人の経験に同等の価値を置きつつ、自分たちの経験の質を最大化すべきである。」こうして、二人の功利主義の創始者は、曖昧なことで知られる黄金律**(これが公平性の考えをとらえている)を採用し、それに経験の質という普遍的道徳通貨を組み合わせて実効性のあるものにした。

しかし、これが正しい通貨なのか? 功利主義は私たちにとって本当に最良の哲学なのか? 先にも述べたように、功利主義はとかく議論を呼ぶ。実際、ほとんどの専門家は、功利主義には根本的な欠陥があると考えている。功利主義は間違った答えを導く場合もあるように見える。歩道橋から人を突き落とす行為は、たとえよりよい結果を導き、幸福の総量を増すにせよ、間違っていると思われるではないか。これは、功利主義に対する、直観的にはうなずきたくなる多くの反対意見のひとつに過ぎない。こうした反対意見については、第四部で詳しく論じていこう。しかし、まず、この共通通貨の考えを掘り下げてみようではないか。《私たち》と《彼ら》の間に橋を架けられる哲学は他に存在しないのか？　そうした哲学のうちのどれかが功利主義よりすぐれているということはないのだろうか？　本当に正しい道徳哲学――**道徳的真理**――は存在するのか？　もし存在するなら、それは功利主義だろうか、それとも他の何かだろうか？　続く二章では功利主義以外の選択肢を検討し（第7章）、なぜ功利主義だけが、現代世界のメタ道徳の役割を果たすに適しているかを考える（第8章）。

第7章　共通通貨を求めて

民主主義国家では、宗教に動機づけられている人も、自分たちの関心事を、宗教固有の価値観ではなく普遍的な価値観に変換しなくてはなりません。民主主義は、こうした人々の提案が、議論の対象になることを、そして理性に受け入れられるものであることを要求します。私は、宗教上の理由で中絶に反対であるかもしれません。しかし、中絶を禁止する法律を制定しようとするなら、教会の教えを示したり、神の意志を「引き合いに出したり」するだけでは不十分です。まったく信仰をもたない人も含め、どんな信仰をもつ人にも理解できるような何らかの原則に、なぜ中絶が違反しているのかを説明しなくてはいけないのです。

――バラク・オバマ

オバマの発言が示唆するように、現代の羊飼いたちには共通通貨、すなわち異なる部族の価値観をはかりにかける普遍的な測定基準が必要だ。共通通貨がなければ、メタ道徳も、トレードオフという歩み寄りを行なうシステムも存在しようがない。共通通貨を探し出すのは難しい。不可能だという人もいる。

熱烈な部族主義者からの異議がいちばん根深い。オバマは、宗教心が篤く、道徳問題に関心が深い人たちに、自分たちの関心事を「宗教固有の」価値観ではなく「普遍的な」価値観に変換するように促している。しかしあなたが、自分たちの宗教だけが普遍的な道徳的真理を伝えていると確信していたらどうなるだろう？　こうした場合、普遍的な価値観と宗教固有の価値観の区別は無意味だ（オバマはこの問題を認識している）。*　二〇一二年のアメリカ大統領選に際して、共和党大統領候補のひとりで、保守派の元上院議員リック・サントラムは、オバマの立場には吐き気がすると断言した。「信仰をもたない人間だけが、公共の場で自分の言い分を主張できるとは、*　まったく何という国にわれわれは住んでいるのか！」この発言には誇張がある。信仰の篤い人間は言い分を主張できないとは誰も言ってない。道徳問題は世俗的な言葉で主張されなくてはならないとオバマは言っているのだ。しかし、宗教心が篤く、道徳問題に関心が深い人の多くにとって、それはバレリーナに相撲取りの着ぐるみを着て踊れと言うに等しい。「ゲイのライフスタイルは神に対する背徳行為だ」を世俗的な言葉に置き換えられるだろうか。サントラムがむかつくのも無理はない。

別の異議が、先にも取り上げたおなじみの「相対主義者」、「共同体主義者」、そして普遍的な価値の存在に懐疑的なその他の人々から出される。そういう人たちにいわせれば、普遍的な道徳通貨など存在しない。普遍的な道徳通貨があるという人たちは、宗教原理主義者同様、自分たちの部族の価値観を他の人たちに押しつけているだけだと、彼らは言う。こういう人たちの車のバンパーには「すべての道徳はローカルである」というステッカーが貼られている。

現代の道徳家も手ごわい。彼らは普遍的な世俗的道徳の存在に対しては楽観的だが、私が勧めている類のものについては悲観的だ。先にも述べたが、現代の道徳思想家の多くは、道徳は、根本的には、権利に関わるものだと信じている。すなわち、道徳的真理とは——世俗的な道徳的真理であれ普遍的な道徳的真理であれ——基本的には、誰がどの権利をもち、どの権利が他の権利に優先するのかに関する真理なのだ、と。このように考えるのは哲学者だけではない。ほとんどの人が、自分たちの道徳的信念を正当化してみせろ、自分たちの提案を「議論の対象とし、理性に受け入れられるものとする」ようにしろと言われると、権利を持ち出す。たとえば中絶について議論するとき、私たちは女性の「選ぶ権利」と胎児の「生きる権利」の話をする。そしてこれらの権利の一方が他方より重要であると主張したり、他方の権利の存在を否定したりする。

　功利主義者も、権利について話をし、ある権利に他の権利より価値を置く場合がある。たとえば、「生きる権利」を犠牲にして「選ぶ権利」を保持することにより幸福が最大化されるのなら、「生きる権利」より「選ぶ権利」に価値を置く。しかしほとんどの人は権利をそのようには考えない。トロッコ問題を思い出してみよう。歩道橋から人を突き落とせば、幸福が最大化されるかもしれない。しかしこれは、突き落とされる人の権利の著しい侵害であるように思われる。私たちが通常イメージしている権利が結果にまで「還元される」ことはない。権利はつねに結果に勝る。

　私たちがどの権利をもつか(もしくはもつべきか)に関する事実が、何がよい結果を生むかに関する事実でないなら、それはどういった種類の事実なのか？　道徳的事実の伝統的なモデルのひとつが**数学**だ。一〇〇番目の素数は何だろう？　知ったこっちゃないが、その気になれば求められる。同じように、道徳についても一生懸命考えれば、もしかしたら第一原理から道徳的事実を導けるかもしれない。そうすれば、別の類の共通通貨が得られるだろう。その共通通貨とは、どんな権利が存在するかに関する事実、そしてそれらの権利の相対的な優先順位と重要性に関する事実である。こうした視点に立てば、「選ぶ権利」は「生きる権利」より重いのかを、一〇〇番目の素数を求めるように解決できる。もちろん、道徳的事実が数学的事実である、計算によって答えが出せるものである、と考える人はいない。道徳的事実は数学的事実のようなものであり、じゅうぶん熱心に、客観的に、慎重に考えれば解くことができる抽象的真理なのだ、という考えである。現代の道徳思想家の多くは、*このように夢想している。

道徳的事実のもうひとつのモデルは、自然科学から得られる。ある部族は、地震は巨大なナマズが暴れるせいで起きるという。別の部族は、地震は、地球が病気になって震えるから起きるという。しかし科学が教えるところによれば、地震は、巨大なプレート様の地殻が、対流するマントルの上でこすれあうために生じるのである。地震についての現代の科学的理解は、どこかの部族の神話ではない。証拠に基づく理解であり、その証拠は、十分な時間と忍耐さえあれば、どの部族の成員にも正しく理解できるものだ。地震にかぎらず、自然界を理解することに関しては、科学は一種の共通通貨を発行している。たとえば、現代のプレートテクトニクス理論は、すべての大陸の、様々な文化的背景をもつ科学者たちに受け入れられている。そう考えると、科学は、道徳の隠れた本質をあきらかにし、それによって道徳を記述する(第2章、第3章、第4章で行なったように)だけでなく、処方までしてくれると期待できるのではないか。ことによると科学は、どの権利が本当に存在するのか、どうすればそれらの個々の重みを比較できるかを教えてくれるのではないか――道徳元素の周期表のごとく。そうすれば私たちが必要とする共通通貨も手に入る。

この章では、道徳の共通通貨とそれに対応するメタ道徳を探す、複数の選択肢を探究していこう。

探求についての考え方は、二通りある。形而上学的野心があるのなら、道徳的真理を、すなわち、あらたな牧草地の羊飼いである私たちが本当にどう生きるべきか、どんな権利と義務を本当にもっているのかを、教える普遍原理を追求するのだ。

以上を念頭に置き、先に概略を示した、道徳的真理への三つのアプローチである、宗教的モデル、数学的モデル、科学的モデルをまず検討しよう。そして、そのどれもが、私たちが求めているものをなぜ与えてくれそうにないのかを説明しよう。外部から課される、すなわち神や理性や自然によって課される道徳的真理が存在しないのなら、もっと控えめなメタ道徳に、つまりは私たちの役に立つ部族間のシステムに(それが道徳的真理かどうかはともかくとして)甘んじなくてはならないだろう。** 次の章では、第二部で示した道徳心理の二重過程理論を使って、なぜ功利主義だけがこの仕事に適任なのかを説明しよう。

共通通貨は神に由来するのか

多くの人にとって、普遍的道徳ルールの源はひとつしかなく、それは神である。とはいえ、神の道徳的権威に訴えることには、少なくとも二つの大きな問題がある。神の権威が及ぶ範囲に関する問題と、神の意志を知る手段の問題だ。

「神の権威が及ぶ範囲」の問題はプラトンにまでさかのぼる。プラトンは、道徳的権威と神の意志の関係に疑問を投げかけた。プラトンの疑問を現代神学風に言い換えると次のようになる。「悪事が悪なのは、神がそれを認めないからか、それとも悪事が悪だから、神は認めないのか？」レイプを例にとってみよう。レイプは悪だ。神はそう考える。私たちもそう考える。しかし、神がレイプは悪だといわなかった可能性はないのか？　レイプを道徳的に受け入れられるものにすることは、神の力の及ぶ範囲か？　プラトンのように、それは違うと考えるのなら、神が道徳ルール(少なくともすべての道徳ルール)をつくっているわけではないということになる。一部の道徳ルール(レイプを禁止するといった非常に重要なものも含む)は神の意志と関係なくなる。そうだとしたら、なぜあるものが正しくてあるものが間違っているのかに関する何らかの世俗的な説明がどうしても必要になる。もしくは、神は本当に、己の欲するままに道徳ルールをつくれる、たとえばレイプを解禁し、ひょっとするとレイプを要求しさえするかもしれないとは考えられないだろうか。しかし、神の意志がこれほど野放図で、神がすべての是非を決められるのなら、どういう意味で神の意志が道徳的なのか？　私たちが神の意志について「神がそうおっしゃったから」程度のことしかいえないのなら、神の意志とは、最高権力によってたまたま承認された、恣意的な一連のルールに過ぎなくなる。

プラトンの主張はその後も取り上げられてきたが、宗教的道徳はいまだ健在である。ひとつには、こんにちプラトンの主張は、当時の多神論的な文脈の中でほど説得力がないからだろう。古代ギリシャの神々はかなりやんちゃで、たいてい、美徳の手本とはいいがたかった。こうした神々を想定するなら、道徳は神の意志と無関係だとすんなり考えられる。しかし、もっと近代的な洗練された神の概念は、プラトンの主張に抵抗するだろう。現代の神学者は、道徳と神の意志を切り離すのは不可能だというだろう。神がレイプを是認できないのは真実なのだが、それは、神の力に何らかの不都合な制約があるからではない。神はすべてを包含する力であり、時空の外側にあり、その業《わざ》は成功したり失敗したりするような控えめなものではなく、私たち人間のかぎられた知性では不完全にしか把握できない現実の特性である。神がレイプを是認できないという事実もまた、神の意志の恒久かつ本質的な完全性の反映に過ぎない、と。(無神論者にしては悪くない出来かな?)要するに、洗練された神学者は、プラトンの主張を、あまりに単純な神の概念を下敷きにしているという理由で退けられる。もしくは退けられるという。これは私には、「それは謎だ」のもってまわった言い方であるように思われる。しかし、ここでこの問題に決着をつける必要はない。私たちにとって、神の道徳的真理に関するもっと深刻な問題は、循環論法に陥らずに道徳的真理が何かを知ることができない点にある。

神が存在し、神の意志が道徳的真理を厳然と規定するとしよう。どうすれば私たちに神の意志を知ることができるだろう?　キリスト教徒の多くが、同性愛者のセックスは不道徳だという。キリスト教徒が正しいかどうか、どうすればわかるのか?　旧約聖書レビ記一八章二二節には「女と寝るように男と寝てはならない。それはいとうべきことである」とある。さらにレビ記二〇章一三節に「男が、女と寝るように男と寝るならば、両者ともにいとうべきことをしたのであり、死刑に処せられねばならない。彼らの頭の上には彼らの血がかかるだろう」とある。これらの文言について何らかの解釈が必要なのはたしかだが、多くの人が考えるように、これは同性愛者のセックスに対する明白な非難だと考えることにしよう。好奇心旺盛な道徳家にとっての問題は、こうした非難を真剣に受け止めるべきかどうかだ。というのも、旧約聖書は、現代人にはまったく問題ないと思われる多くの事柄を非難し、こんにちでは許しがたいと考えられている多くのことを容認しているからだ。

次にあげる手紙は、こうした解釈上の問題を浮き彫りにしている。これは、同性愛者を非難する根拠として旧約聖書を引用した、保守派コメンテーターで、ラジオ番組のホストをつとめるドクター・ローラ・シュレッシンガーに宛てられた公開質問状だ。

親愛なるドクター・ローラ

神の律法について人々を教育してくださり深く感謝しております。あなたの番組で私は非常に多くを学びました。そして、できるだけ多くの人と、その知識を分かちあいたいと考えております。たとえば、同性愛者のライフスタイルを擁護しようとする人がいたら、レビ記一八章二二節に同性愛はいとうべきことであると明記されていると教えてやります。そうすれば、相手はぐうの音も出ないでしょう。

とはいえ、律法の中にはどうすればその教えをよく実践できるのか、教えていただきたいものがあるのです。

私が雄牛を祭壇に捧げて焼くと、主に対する宥めの香りとなることを私は知っております(レビ記第一章九節)。問題は隣人たちです。彼らは、嫌な臭いだといって文句を言います。こらしめるべきでしょうか?

私は娘を奴隷として売ろうと思っています。出エジプト記二一章七節で認められておりますから。いまこの時代では娘の値はいくらが妥当と思われるでしょうか？

私は、生理期間中の汚れている女性に触れることは禁じられていることを知っております（レビ記一五章一九節から二四節）。問題は、何といって伝えたらいいか、なのです。これまで頼もうとしてきたのですが、たいていの女性は腹を立てます。

レビ記二五章四四節には、男性であれ女性であれ、隣国から購入した者ならば奴隷として所有してよいとあります。ある友人は、それはメキシコ人にはあてはまるが、カナダ人にはあてはまらないと言います。理由をはっきり説明していただけませんか？　なぜカナダ人は所有できないのですか？

私の隣人は安息日も働くと言い張ります。出エジプト記三五章二節に、安息日に仕事をする者は死刑に処すべしとはっきり書かれています。道徳的に考えて、隣人を私の手で殺さなくてはならないのでしょうか？

友人は、甲殻類を食べることは、いとうべきことではあっても（レビ記一一章一〇節）、同性愛ほど深刻ではないといいます。私にはそうは思えません。決着をつけてもらえませんか？

レビ記二一章二〇節によると、視力に欠陥のある者は神の祭壇に近づいてはならないとあります。じつは、私は老眼鏡をかけています。視力が一・〇なくてはいけないでしょうか。それとも酌量の余地があるのでしょうか？

男性の友人たちのほとんどは、もみあげも含めて、髪を短く整えています。しかし、レビ記一九章二七節は、もみあげをそり落とすことをはっきり禁止しています。彼らはどんな方法で死ぬべきでしょうか？

レビ記一一章六節から八節によれば、死んだ豚の皮に触れた者は汚れるとあります。でも、手袋をはめれば、サッカーをしてもいいですか？

私の叔父は農園を持っています。彼は、レビ記一九章一九節に違反しています。ひとつの畑に二種の作物を植えているのです。彼の妻も、二種の糸（木綿とポリエステルの混合）で織った服を着ています。叔父はまた、呪いの言葉や、冒瀆的な言葉をよく口にします。町中で彼らを石で打ち殺すなんてことを本当にしなければならないのでしょうか？（レビ記二四章一〇節から一六節）私の家庭の中だけで彼らを焼き殺してしまってはいけないでしょうか？　義理の家族と寝た者をそうするように（レビ記二〇章一四節）。

あなたが、こうした物事を広く研究されてきたことは存じております。きっと力になっていただけると信じています。神の御言葉は永遠不変であると気づかせてくださったことにあらためて感謝いたします。

あなたの忠実なる弟子、熱烈なファンである

J・ケント・アシュクラフト

あなたの予想通り、議論はここで終わりではない。聖書の解釈に詳しい人は、聖書のどの箇所がそのまま道徳の指針にできて、どの箇所ができないかを説明する。しかし、アシュクラフト氏が的確に指摘しているように、同じひとつの宗教伝統の中でも、道徳的真理を確立するには、聖典に訴えるだ

けでは十分ではない。複数の宗教伝統が聖典の権威をめぐって競争するとなると、問題は何倍にも増える。聖典の中に道徳的真理を見つけようとするのなら、どの宗教伝統の、どの文書の、どの箇所の、どの解釈が本当に権威をもつのかを決めなくてはならない。宗教上の複雑な道徳的不一致を抱える人々が、どの文書のどの箇所のどの解釈に権威があるかについて同意するとは思えないため、聖典に訴えたところで、ごく狭い、学術上の道徳的不一致以外は解決されないだろう。

同じ問題は、夢、幻覚、宇宙からのメッセージや、神との交信のその他の形態にあきらかにされた、道徳的真理と称されるものにもあてはまる。先に引用したのと同じスピーチで、オバマは次のように説明している。

アブラハムは、神にひとり息子を捧げるように命じられると、逆らいもせず、イサクを連れて山の頂に登り、息子を祭壇に縛りつけ、刃物を振り上げました。神の命令に従おうとして……しかし、ここにおいでのみなさんは、この教会を出た後、屋根の上で刃物を振り上げているアブラハムを見かけたら、少なくとも警察に通報するでしょう。そして、児童相談所がアブラハムからイサクを引き離すと思うでしょう。私たちがそうするのは、私たちには、アブラハムに聞こえているものが聞こえないし、アブラハムに見えているものが見えないからです。そうした体験がたとえ本当であったとしても。であるなら、私たちにできる最良のこととは、慣習法であれ最低限の分別であれ、全員に見えて、全員に聞こえるものに従って行動することなのです。

結局、どれほど議論を尽くしたところで、熱烈な部族主義者に、部族の義務を気にするなといっても無駄だろう。サントラムやドクター・ローラに、あなたたちの宗教上の信念は世俗的な言葉に変換できないのだから、公共政策の根拠としてふさわしくないといっても納得させられないだろう。私たちにできることといえば、熱烈な部族主義者たちに、あなたたちは「常識」にのっとって行動しているのではない、自分たちの部族の道徳的真理の解釈を、あなた方に聞こえているものが聞こえず、見えているものが見えない他者に押しつけているだけだと指摘して、中庸を促すのが関の山だ。

とはいえ、ここでの目的は、神がもたらす道徳的真理の存在を否定する議論を構築することではない。あれこれ述べてきたものの、道徳的真理は、部族による神の意志の解釈の領分なのかもしれない。ここでの任務は共通通貨を見つけ出すことだ。それには、神はあまり頼りにならない。（だから、熟考することで神に対する信仰がくじかれるのも無理はないのかもしれない。）

世界の宗教には多くの共通点がある。宗教は私たちに、隣人に親切にせよ、嘘をついてはいけない、盗んではいけない、自分を道徳的に特別扱いしてはいけないと教える。要するに世界の宗教のおかげで、信者たちは「コモンズの悲劇」を回避する、すなわち《私》より《私たち》を優先させることができる。宗教に――少なくともその大多数に*――できないことは「常識的道徳の悲劇」の回避だ。宗教は、《私たち》の価値観と《彼ら》の価値観の対立を和らげるどころか、激化させる。共通通貨を探すには他をあたるしかない。

道徳は数学のようなものか

信仰はここまでにして、次に**理性**を考えてみよう。私は「理性」が大好きだ。この本はまるごと（いや、私のキャリアそのものも）道徳のより理性的な理解を深めることに捧げられている。しかし、合理主義者の考える道徳の中には、私から見ると行き過ぎに思われるものもある。ごりごりの合理主義者によれば、道徳は数学のようなものなのだそうだ。道徳的真理は、数学者が数学的真理を導き出すように、明晰な思考さえあれば導き出せる抽象的な真理、であるらしい。たとえばカントは、嘘や盗みは誤りであるといった、実質的道徳の真理は「純粋実践理性」の原理から演繹できると主張したことで知られる。こんにち、こうした考えをはっきり是認する人は少ない。とはいえ多くの人が、自分の道徳的意見は反対者のものと違って理性に裏づけられていると主張するときは、ごりごりのカント風合理主義に似たものを念頭に置いているようである。多くの人が、自分に反対する者は道徳的に「2＋2＝5」というに等しい、合理的に擁護できない意見を**もっていると言う（か、暗にほのめかす）。

道徳が数学のようであるには何が必要だろう？　徹底して筋が通ったものであるために必要なものとは？　数学者は定理を証明するのが仕事だ。あらゆる証明は仮定からはじまる。そして数学的証明の前提には、証明済みの定理と**公理**という二つの供給源がある。公理は自明の真理とされる数学的言明だ。たとえば、平面幾何学に関するユークリッドの公理のひとつに、いかなる二点も一本の直線で結ぶことができる、というものがある。ユークリッドはこの主張が正しいことを示していない。彼はただ、これは真理であり、あなたにも正しいに違いないと理解できると想定しているだけだ。すべての定理は、証明済みの定理と公理から導かれる。そして、定理は無限にさかのぼりはしないため、すべての数学的真理は最終的に、公理、すなわち自明と見なされる基本的な数学的真理から導かれる。

道徳が数学のようなものであるなら、私たちが議論で拠り所とする道徳的真理も、最終的に道徳的公理から、すなわち扱いやすい、自明の道徳的真理から[*]導かれるに違いない。数学をモデルにして道徳をつくる場合の根本的な問題は、数百年間の試みにもかかわらず、使いものになる道徳的公理を誰も見つけていない[***]点にある。使いものになる公理とは、(a)自明の真理であり、なおかつ(b)実質的道徳の結論、すなわち現実世界の道徳的意見の相違を調停する結論を導くのに使えるということだ。であるなら、道徳は公理化できない、よって道徳が数学のようなものでないのは明白だとあなたは考えるかもしれない。しかし、ここでちょっと立ち止まって、この明白な事実が何を意味するのかを考える価値はある。

例として中絶を考えてみよう。(中絶問題は第11章でさらに詳しく取り上げる。)胎児の「生きる権利」は女性の「選ぶ権利」より重いのか？　宗教の教義に訴えて、この問題に決着をつけるのは不可能だ。(どの教義、どの解釈に訴えるというのだ？)そして(さしあたり)、純粋に功利主義的な観点で権利について考えるのは控えよう。中絶反対派によれば、胎児にも、歩道橋の男性のように、ゆるぎない生存権がある。(その権利は、中絶の全体的代価と利益に左右されない。)同様に、中絶賛成派は、女性にはゆるぎない選択権があると主張する。何がこの議論に決着をつけられるだろう？

この議論に決着をつける見込みのないものならある。「理性」だ。カギ括弧つきの「理性」は理性、単独という意味であり、カントであれば「純粋実践理性」と呼ぶものだ。先にも述べたように、私は理性が大好きで、道徳問題について論理的に思考するのが大好きだ。しかし、道徳が数学のようなものでないのなら、理性だけではどうにもならない。理性は、私たちがどの権利をもち、どの権利が他の権利に優先するのかを教えてはくれない。くり返しになるが、すべての論理的思考には前提が必要だからだ。ジョーの前提が自明の真理でないなら、そして、ジェーンがジョーの前提から導かれる結論を気に食わなければ、ジェーンはジョーの前提と、そこから導かれるジョーの結論を自由に拒否できる。

要するに、自明の前提が存在しないのなら、純粋な論理的思考は私たちの疑問に答えられない。理性に可能なのは、自分が抱いている事実に関する信念と道徳に関する信念の一貫性が増すように私たちに強いることで、それは重要なことである。(詳しくは第11章参照。)しかし、道徳に関わる論理的思考は、中絶をどう考えるべきかについて、数学が４３９５６９＞３×17×13をどう考えるべきかを教えてくれるようには、教えてくれない。それは数学がかぎられた数の、共有されている自明の前提から出発するのに対し、道徳は、互いに関連した膨大な数の前提を出発点とするからだ。道徳の前提はたいてい疑われることはなく、前提とした当人にはどれも妥当に思えるが、本当に自明であるものはきわめて少ない。(言い方を変えると、道徳認識論は、基礎づけ主義ではなく一貫主義だ。)

聡明なあなたは、「理性」が、競合する価値観の泥沼を一刀両断に解決してくれることを望んでいるかもしれない。残念ながらそれは不可能だ。人はしばしばそれが可能であるかのような言い方をする。「私の意見は、あなたの意見と違って、「理性」に裏づけられています」といった具合に。しかし、それはせいぜい半分しか正しくない。先に述べたように、理性を働かせることで、私たちの道徳的意見はより一貫したものになる。部族内でも、部族間でも(と私は信じている)。そして、次章で説明するが、私たちが共有する論理的思考能力は、功利主義的メタ道徳を支持する私の主張の中できわめて重要な役割を果たしている。しかし、理性は単独では、異なる道徳部族の競合する価値観どうしをどうトレードオフすればいいかを教えてはくれない。私たちがどの権利をもち、競合する権利の重みをどう比較すればいいのかも。共通通貨を探すには、またもや他をあたる必要がある。

科学は道徳的真理をもたらすか

宗教も純粋な論理的思考も、私たちの道徳的不一致を解決できないのなら、客観的でバイアスのかかっていない事実の供給源として私たちがよく頼りにする「科学」をあたってみるべきだろう。科学なら、自明ではなくても明白な道徳の前提を供給できるのではないか。私たちが人間自身や人間をとりまく世界について発見してきた事柄によって裏づけられている前提を。

第1章で私は、ダーウィンからこの方築き上げられてきた総意を反映する、道徳に関する一般的な科学理論を要約した。

> 道徳という一連の心理的適応のおかげで、本来は利己的な個体が協力の恩恵にあずかることができる。

これが正しいと仮定しよう。（そして、先に述べたように、実際のところ、これ以外に考慮に値する理論はない。）道徳の自然の機能を理解すれば、道徳的真理の問題に対する手がかりが得られるだろうか？道徳の機能が協力の促進であるなら、協力をもっともよく促進するメタ道徳が道徳的真理であるとなぜいえないのか？　これは魅力的な考えではあるが、いくつか重大な問題がある。

私たちが正しければ、道徳は協力を促進するために進化した。しかし、話はここで終わりではない。何度もいうように、道徳は集団間の競争のために集団内の協力を促進するように（生物学的に）進化した。[*] 自然選択が協力を促進する遺伝子に味方するのは、協力的な個体の方が他者を打ち破る能力に勝るから、理由はそれだけだ。このことは、道徳のより一般的な機能を浮き彫りにする。すなわち、道徳の究極の機能は、すべての生物学的適応の機能と同様、遺伝物質の拡散である。進化は協力の促進そのものを目的としていない。進化が協力を促進するのは、協力が、協力者の遺伝子の増殖に役立つかぎりにおいてのことだ。進化は隣人に親切な人に味方するかもしれない。しかし、それと同じ潜在的な理由で、大量殺人の性向をもつ人に味方するかもしれない。よって、あなたが道徳的真理を求めて進化に期待しようというなら、それはお門違いだ。（この主張は、議論の的になってはいるが、文化進化にもあてはまると断わっておこう。[**]）

道徳的真理を求めて進化に期待することにまつわる問題は、「である－すべし」問題として知られるもっと一般的な問題の典型例であり、（やや不正確なのだが）「自然主義的誤謬[*]」といわれる場合もある。この誤謬は、自然なものと、正しいもの、もしくはよいものとを同一視することである。もっとも有名なものが、いわゆる社会ダーウィン主義者*たちが犯した誤謬で、彼らは、自然の無慈悲な競争社会、すなわち弱肉強食の世界を人間社会のモデルと見なした。こんにち、自然選択は意地悪な行動だけでなく親切な行動も促進することがわかっている（第2章参照）。よって、道徳的真理への洞察を求めて進化理論に目を向けることが、ファシズムに直結するとは思えない。しかし、ある行為が、進化してきた道徳の機能と一致するから正しい、もしくは一致しないから間違いというのは、やはり誤りである。あるものがよいのは、それが進化の目的にかなったことをしているからだ、とはならない。

道徳的真理を進化的な機能の中に見出そうとするのは、じつは、道徳は数学のようなものだという考えの変形に過ぎない。そのような考えの裏には、「正しいものとは、道徳が進化した目的を最大限達成するものである」という道徳的公理が隠れているからだ。この公理は自明の真理ではない。科学的証拠に裏づけられてもいない。たんなる仮定だ。この仮定がどれほどいかがわしいものであるかを確かめるには、これを使って議論に決着をつけるところを想像してみればよい。人工中絶反対の政策が、人類の遺伝子拡散に役立つことがあきらかになったと仮定しよう。あなたが中絶賛成派だったとして、そのことで意見を変えるだろうか？　変えないだろうし、変えるべきではない。あなたが価値を置いているのは、女性の選択する権利であって、人類の遺伝物質の拡散ではない。進化に関する事実が反対であったとしたら、やはり中絶反対派も意見を変えるべきではない。（中絶賛成派と中絶反対派は中絶クリニックの外ではじめて唱和できる。「進化がなんだ！　正しいことは、遺伝子をばらまくことだけじゃない！」）

それでもあなたは、道徳的真理を道徳の自然の機能に見出すという考えは捨てがたいと思うかもしれない。それでは、これがうまくいくか考えてみよう。遺伝子をばらまくという、たいして道徳的ではない目標はさておき、協力というもう少し道徳的な目標に注目してみよう。協力は、究極の道徳的善だろうか？　それが究極の道徳的善だという証拠やさらなる議論がなくても、そう仮定できるだろうか？　『スタートレック』の新シリーズに登場する惑星連邦の敵、ボーグを考えてみよう。ご存知ない方のために説明すると、ボーグは、元人間と異星人の集合体で、機械と生体が融合した人工頭脳ドローンの巨大集合体に「同化」している。ボーグの機能は、高度な知能とハイテク技術を備えたアリのコロニーのようなものと考えればいい。他の生命体を飲み込んで、宇宙をさまよう自分たちの巣に同化させていく。ボーグには二つの特徴がある。まず、これ以上考えられないほど協力的である。次に、ボーグの一部になるのはあまり楽しそうでない。とはいえ、協力が究極の道徳的善なら、ボーグの勝利は宇宙の生命体が望みうる最高の結末だろう。そして、ボーグの社会が非常に協力的であるかぎり、ボーグの一員であることがどうしようもなく悲惨であっても、そういえることになる。

従って、ボーグが気づかせてくれるように、協力が究極の道徳的善であると考えるのは妥当でない。しかし、協力が最終的に重要でないなら、何が最終的に重要なのだろう？　協力は、それ自体目的として価値があるのではなく、協力が生み出す利益のために、突き詰めれば、協力がもたらす幸福と苦しみからの救済のために価値があると考えられるかもしれない。それならすばらしい考えに思われる。

しかし、進化論からどれだけ離れてしまったことか。小さな修正を重ねるうちに、道徳的真理の進化論的説明が、ダーウィン以前の道徳論になってしまっている。別の言い方をするなら、道徳的真理の進化論的説明にしっかり磨きをかけているうちに、その理論は進化論的でなくなってしまった。進化の「価値」からはじめて、それを自分たちに合うように修正していくより、私たち独自の価値から出発して共通通貨を探す方がいいだろう。

代替案——共有価値を探す

循環論法に陥ることなく私たちがその意志を見極めることのできる神が存在するなら、あるいは自明な第一原理から実質的道徳の真理が演繹できるなら、あるいは地震の原因を突き止めたようなやり方で道徳的真理を発見できるなら、よかったのに。ところが、私たちは競合する道徳的価値観の泥沼（これからは簡単に「泥沼」と呼ぼう）にふたたび投げ込まれてしまった。

つまり、道徳的真理は存在しないということか？　私は不可知論に留まる。かつては、これこそが解決すべき問題だと考えていた。しかしその後、考えを変えた。本当に重要なのは、まっすぐ、確実に、循環論法に陥ることなく道徳的真理に到達できる道——泥沼を突っ切るはっきりした道——があるかどうかで、道徳的真理が存在するかどうかではない。先に述べた理由により、私はこうした道はないと確信している。（神の啓示、純粋理性、経験科学的研究に頼らずに道徳的不一致を解決する権威ある方法があるとしても、私は聞いたためしがない。）泥沼と格闘しようと腹をくくれば、道徳的真理の問題に、実際的な意味はなくなる。

（煎じ詰めると、道徳的真理の問題は、私たちが、自分たちの道徳的信念をできるだけ客観的に改良した後に残されたものをどう記述するかという問題になる。私たちは残されたものを「道徳的真理」と呼ぶだろうか？[***]　それともたんに「残されたもの」と呼ぶだろうか？　この問いにはっきりした答えがあるとはもはや思わないが、いまとなっては答える必要もないだろう。）

泥沼に突っ込むと腹をくくったなら、私たちは共有価値を活用して、そこで共通通貨を探すしかない。とはいえ、共有価値を突き止めるのは思った以上に難しい。言葉は、美しい言葉であればなおさら、誤解を招くおそれがあるからだ。たとえば、二つの家庭があって、どちらも「家庭」を価値あるものとして大切にしているとしよう。しかし、そのことが道徳的合意を生むとはかぎらない。家庭に優しい職場づくりの問題であれば、「家庭」という共有価値が二つの家庭の合意の出発点となるだろう。しかし、「おたくの子がうちの子をいじめた」という問題になれば、どちらの家庭も「家庭」を大切にしている事実が事態を悪化させるかもしれない。このように、「家庭」などの道徳的抽象概念は、共有価値の幻想を生み出す。のちほど説明するように、「自由」、「平等」、「生命」、「正義」、「公正」、「人権」などの価値も同様だ。私たちが本当に共有している価値を特定するのは考える以上に難しい。根の深い道徳上の相違が、共通の道徳的レトリックで覆い隠されてしまうからだ。それでは道徳の真の共通基盤とは何だろう？

すでに十分ご承知の通り、功利主義の背後にある価値観こそ、私たちの真の共通基盤であると私は信じる。くり返そう、羊飼いである私たちは、ポジティブな経験とネガティブな経験、すなわち幸福と苦しみを感じる能力と、道徳はもっとも高いレベルでは公平[**]でなくてはならないという認識によってつながっている。これらをまとめると、私たちの務めは、道徳的であるかぎり、すべての人の幸福に同じ価値を置きながら、世界を可能なかぎり幸福にすることとなる。

ただし私は、功利主義が道徳的真理だと主張してはいない。さらにはっきりいうと(期待している方もいらっしゃるかもしれないが)、功利主義が道徳的真理であることを科学が証明すると主張してもいない。そのかわり、道徳を科学的に理解することによって、私たちの道徳的思考が客観的に改善されれば、功利主義は他に類を見ないほど魅力的になると主張する。(そのことによって功利主義が「道徳的真理」となるかどうかの判断は控える。[*])功利主義を道徳的真理として確立するのは不可能かもしれない。しかし、二一世紀の科学を利用すれば、二〇世紀の批判をはねかえして、一九世紀の道徳哲学の正しさを立証できる、私はそう信じている。

次章では、功利主義が実際に共有価値に基づくものであることをあきらかにしよう。そこでは心理学、神経学、進化学の観点から功利主義を考察する。功利主義とは何なのか、そして功利主義の価値観が、なぜこれほどすぐれた共通通貨になるのかを。

第8章 共通通貨の発見

アメリカの連続テレビドラマ『トワイライトゾーン』に刺激的なエピソードがあった。ある夫婦のもとに魅力的な申し出が舞い込む。謎の男がボタンのついた小さな箱を届けにくる。男は次のように説明する。二人のうちどちらかがボタンを押すと二つの出来事が起きる。まず、夫婦は二〇万ドルを受け取る(二人にはどうしても必要なお金だ)。そして夫婦が知らない誰かが死ぬ。二人はさんざん思い悩み、いろいろな理屈を考えた挙句、ひとりがボタンを押す。謎の男がふたたびやってきて、お金を渡す。そして次のように説明する――ここから先、ネタバレ注意！――これから同じ条件で「あなたの知らない」誰かに箱を渡します、と。

ほとんどの人はボタンを押さないだろう(そうであってほしい)。しかし、中には押す人もいるに違いない。私たちの共有価値をはっきりさせるために、私たちが押す、もしくは押さないボタンについて考えていこう。道徳と関係ないボタンからはじめて、道徳的なボタンへと話を進めていこう。

問題１「幸福のボタン」　来週、あなたは段差のある歩道でうっかり転んで膝頭を骨折する。激しい痛みのためにその後数か月間にわたって幸福が著しく損なわれる。ところが、このボタンを押せば不思議な力が働いて、歩くときにいつもより注意深くなるため、膝頭を骨折せずに済む。あなたはこのボタンを押すだろうか？　もちろん押すだろう。じつにあたりまえのことが確認された。他の条件がすべて等しければ、[*]人は幸福が減るより増えることを好む。次の問題に進もう。

問題2「最終的な幸福のボタン」　今回もあなたは膝頭を骨折する運命だが、ボタンを押せば骨折せずに済む。ただし今回は、ボタンを押すと、蚊に腕を刺されて、二、三日のあいだ少しばかり不愉快なかゆみを経験することになる。あなたはボタンを押すだろうか？　もちろん押すだろう。蚊に刺されてかゆい思いをする方が膝頭を骨折するよりずっといい。これから、次のことがわかる。別のもっと大きな幸福の見返りとしてある幸福の損失を受け入れるという、トレードオフを私たちはみな喜んで行なう。より一般的な言い方をすると、他の条件がすべて等しければ、私たちは最終的な幸福が少ないより、多い方を好む。

問題3「他者の幸福のボタン」　問題1と似ているが今回は道徳の領域に踏み込む。ボタンを押すと、あなたではなく、他の誰かが膝頭を骨折せずに済む。あなたは押すだろうか。その誰かがあなたの知人で好ましく思っている人だったり、あなたが所属する部族の一員であったりするならきっと押すだろう。ひょっとして、その誰かがあなたの嫌いな人だったらボタンを押さないかもしれない。しかし、ここでは相手がただの「知らない人」だとしよう。たぶんあなたは押すだろう。私はそう思う。

すべての人がこの通りに行動するだろうか？　残念ながらそうではないだろう。他者をまったく思いやらないサイコパスもいる。そして、正常な人でも、よそ者に対する利他性、無関心、嫌悪の程度には個人差がある（第2章参照）。しかし今の問題を考えている背景を思い起こそう。私たちは共有価値に基づくメタ道徳を探している。この目的のためには、共有価値が完璧に普遍的である必要はない。広く共有されているだけでいい。すなわち、不和を抱える異なる部族の成員に共有されていれば、共通の道徳的基準に訴えることでその不和が解消されるかもしれない。もしもあなたが、他者を深刻な苦しみから救うのに指一本動かしたくないと思うほど利己的ならば、はじめからこうした会話に加わる必要はない。その場合、本書の問題に答えようとしている「私たち」の仲間ではないということだ。以上を踏まえて、私たちはこう言おう。他の条件がすべて等しければ、私たちは他者の幸福が少ないより、多いことをよしとする。さらにいえば、他者の最終的な幸福を問題にしていると考えてよいだろう。おそらくあなたは、知らない誰かが膝頭を骨折せずに済む代わりに蚊に刺されるのであっても、ボタンを押すだろうから。

問題4「より多くの人の幸福のボタン」　今回は二つのボタンが登場する。ボタンAを押せば膝頭を骨折せずに済むのはひとり、ボタンBを押せば骨折せずに済むのは一〇人。AとB、あなたはどちらのボタンを押すだろう？　コインを投げて決める？　いや、たぶんあなたはBを押すだろう。これから、次のことがわかる。他の条件がすべて等しければ、私たちは、少ない人の幸福より、多くの人の幸福を増やすことを好む。

問題5「功利主義のボタン」　いよいよ最後の質問だ。ボタンAを押すと、二人が蚊に刺されずに済む。ボタンBを押すと、ひとりが膝頭を骨折せずに済む。Aを押すか、Bを押すか、それともコインを投げて決めるか？　おそらくあなたはBを押して、よりひどい災難を回避するだろう。Aを押せばより多くの人が快適な思いをするとしても。これから、次のことがわかる。他の条件がすべて等しければ、私たちは、人々の幸福の総和が少ないより、多い方を好む。

こんな質問は退屈だと思ったかもしれない。それなら、よかった。私たちはいま、功利主義的メタ道徳の土台固めをしている。そして先ほどの質問に対する答えが明白であればあるほど、土台は盤石になる。まず、私たちは、他の条件がすべて等しければ、少ない幸福より多い幸福を好み、それは自分たちだけでなく他者に対してもあてはまることをはっきりさせた。次に、他者について考えるときは、個人の幸福の多寡だけでなく、影響を受ける人の数も配慮することを確認した。最後に、各個人の幸福の多寡と影響を受ける人数の両方を考慮に入れ、すべての個人の幸福の総和を気にかけることをあきらかにした。他の条件がすべて等しければ、私たちはすべての人の幸福の総和が増すことを好む。

くり返すが、この場合の「私たち」とは、この世に生を享《う》けたすべての人間ではない。重要なのは、この「私たち」が、非常に大規模で、多様性に富み、あらゆる部族の成員を含んでいるという点だ。

このことから私は次のように推測する。この世界に、その成員がいま述べたような功利主義的思考の魅力を感じることのできない部族は存在しない。その理由をこれから説明しよう。（実験人類学者のみなさんにはぜひ現場で確認していただきたい。）** これが正しいとすれば、すなわち私たちがみな、他の条件がすべて等しければ幸福を増やすことに同意する（もしくは、同意する気にさせられる）のなら、そこには深遠な道徳的意味がある。それは、私たちに何か強固な実体のある、道徳的共通基盤**が備わっていることを意味している。

もちろん、私たちに備わっているものは、幸福を最大化することへのデフォルトの同意に過ぎない。それは、他の条件がすべて等しければという限定条件に反映されている。先にあげた五つの問題がとても退屈だったのはこの限定条件があったからだ。たとえば、「トワイライトゾーン」の夫婦への提案が次のようだとしたらどうだろう？　ボタンを押すと、夫婦の知らない誰かが死に、別の知らない誰かが二〇万ドルを手に入れる。これではじつに退屈なドラマだろう。というのもこの場合、他の条件は何も変わらないからだ。これは、《私たち》が大儲けして、《彼ら》の誰かがもっと大きな損を被るという話ではない。この退屈なバージョンでは、得をする者と損をする者の間に目立った違いはないため、予測どおりで退屈なことに、公平な幸福の最大化が優勢となる。

それではこんな選択を考えてみよう。ボタンAを押すと五人が助かりひとりが死ぬ。ボタンBを押すと五人が死にひとりが助かる。あなたはどちらを選ぶ？　他の条件がすべて等しければ、もちろんあなたはAを選ぶだろう。しかし、いまの問題が「歩道橋」ジレンマ（もしくは「臓器移植」ジレンマ）だったらどうだろう？　すると、他の条件はもはや同じではない。こうした詳細が示されると、ボタン

A(歩道橋から男性を突き落とす)は間違った選択に思われる。

この例が示すように、他の条件がすべて等しければという限定条件に多くのことがかかっている。この限定条件を守るのであれば、幸福を最大化することへの私たちの同意は、完璧に好ましいが、実効性がない。誰だって、幸福の最大化が、自分が大切にしている何か別のものと対立しないのであれば、喜んで幸福を最大化しようとする。他の条件がすべて等しければという限定条件を外したものが、功利主義だ。完璧な道徳システム、(事実に基づく十分な情報があれば)どんな道徳的不一致でも解決できるメタ道徳だ。しかし、限定条件を外すと、実効性は生まれるが、好ましさは失われる。幸福を最大化するということが、トロッコの前に人を突き落とすといった、道徳的に間違っていると思われる行為をする(もしくは原理的にしうる)ことになるのだ。

それなら、こう問わなければならない。私たちは他の条件がすべて等しければという限定条件を外して、ひたすら幸福の最大化を目指すべきなのか？　それとも、それではあまりに単純に過ぎるだろうか？　この問題には第四部で取り組むとして、まずは「幸福の最大化はすばらしい」と考える道徳脳の部位を子細に見ていこう。私たちの功利主義的共通基盤の背後にある進化と認知の仕組みを理解しよう。

功利主義とは何か

哲学の教科書に載っている答えならもう知っている。しかし、話はそこで終わりではない。事実、教科書に載っているのは、心理学と生物学という巨大な氷山が海面から覗かせた哲学的な一角に過ぎない。

私たちがみな功利主義者というわけではない。まったくそんなことはない。しかし私たちはみな功利主義が「わかる」。なぜ幸福を最大化することが、少なくとも表面的には、理にかなったことなのか、すべての人が理解する。なぜ私たちはみなわかるのだろう？　なぜ誰もが納得できる体系立った道徳哲学が存在するのだろうか？　そしてこの万人にわかるこの哲学が、場合によっては、あらゆる人の道徳感情を害するのはなぜか？　まるで、私たちの脳の中に、功利主義はまったくもって理にかなっていると考える部分と、功利主義にひどく気分を害する部分があるようではないか。これは前に聞いたことのある話だろう。

功利主義を理解するには、第二部で説明した二重過程の枠組みを思い出す必要がある。私の考えが正しければ、功利主義は、人間の**マニュアルモード**に本来備わっている哲学であり、功利主義への反発は、どれも突き詰めれば**オートモード**に由来する。[*]功利主義が誰にとっても理にかなっているのは、すべての人にほぼ同じマニュアルモードの機構が組み込まれているからだ。というわけで、功利主義だけが、私たちのメタ道徳にふさわしく、かけがえのない共通通貨を与えてくれる。

対照的に、私たちのオートモードはてんでばらばらだ。第２章で説明したように、羊飼いである私たちには例外なく同じ種類のオートモード、すなわち、共感、怒り、嫌悪、罪悪感、羞恥心、一定の形態の個人的暴力に対する不快感といった同じ道徳感情が備わっている。しかし、道徳感情の正確な誘因《トリガー》は、部族によっても、個人によっても異なる。こうした違いはあるにせよ、すべての部族のオートモードには次の共通点がある。直感的反応が一貫して功利主義的である人はいないのだ。であるから、二重過程の道徳脳のために、誰にとっても、功利主義は、部分的に正しくとも完璧に正しいとは思われない。私たちはみな功利主義がわかる。それは、私たちがみな同じマニュアルモードを備えているからだ。そして私たちはみな功利主義に気分を害する。それは、誰にでも非功利主義的なオートモードが備わっているからだ。なぜだろう？

第２章（「道徳マシン」）で学んだことを思い出せば、私たちのオートモードが非功利主義的なのは意外ではない。私たちの道徳脳は、集団の幸福を最大化するためではなく、自分たちの遺伝子をばらまくために進化した。もっと具体的にいうと、私たちの道徳マシンは、利己性（《私》）と集団内の協力（《私たち》）の間で、生物学的に有利になるバランスをとるために進化したが、そのとき、同盟者より競争者となる可能性の高い人々（《彼ら》）のことは関心の外だった。従って、私たちの道徳的直観は、全体としては、功利主義が命じる以上に利己的で部族主義的だと思うべきである。しかし、仮に私たちの脳が集団の幸福最大化のために進化したのだったとしても、オートモードは、本質的に石頭なので、効率はいいが柔軟性に乏しい。従って、オートモードが一貫して私たちを幸福の最大化へ導くものであったとしたなら、たとえそれが生物学上の目的だとしても（実際にはそうではない）、きわめて驚くべきことだろう。私たちのオートモードは現実に功利主義的でないし、功利主義的であるはずもないだろう。

私たちのオートモードは功利主義的ではない。しかし私の考えが正しければ、マニュアルモードは功利主義的だ。なぜだろう？　まず、第5章（「効率性、柔軟性、二重過程脳」）で述べたこと、マニュアルモードとは何か、そもそもなぜ私たちにマニュアルモードがあるのかを思い出してみよう。もういちど、「何をいつ食べるか？」を決定する問題を考えてみよう。食べることは一般に動物にとっていいことだ。だから、私たちには、食べようという気にさせるオートモードが備わっている。しかしもちろん、あらゆる点を考慮すると、状況によっては食べない方がいい場合もある。先にも述べたように、あなたが、大きな動物を追いかけている狩人なら、目に入ったイチゴがどんなにおいしそうでも、それを食べるために立ち止まっている時間はない。マニュアルモードは私たちに、オートモード（「イチゴだ！　おいしそう！」）を無視し、代わりに長期的目標（「マストドンだ！　村のまる一週間分の食料になる！」）にかなうことをする柔軟性を与えている。マニュアルモードはまた、大規模な計画を立てる能力も与える。目の前にたまたまある有象無象のものによって自動的に示唆されるのではない可能性を想像する能力だ。いま私が「マニュアルモード」と呼んでいるものが、抽象的なものではないことを強調しておきたい。くり返しになるが、これはおもに前頭前野（PFC）に座す一連の神経ネットワークであり、人間が、自覚的な、制御された思考や計画を行なうことを可能にするものだ。マニュアルモードのおかげで、人間はクモと違って複雑な未知の問題も解決できる。

しかし、問題解決とは正確には何を意味するのだろう？　人工知能の専門用語では、行動上の問題を解決するとは、目標状態を実現するということだ。問題解決装置は、世界がどうなりうるかの認識（表象）からスタートし、世界をその通りにするために世界に対して働きかける（行動する）。問題解決装置のきわめて単純な例がサーモスタット（温度自動調節器）だ。サーモスタットは目標状態（望ましい温度）

と、目標状態の実現のために世界に働きかけることを可能にするメカニズムをもつ。サーモスタットにはそこそこの柔軟性があり、物を温めることも冷やすこともできる。変動する温度条件に応じて行動を調節し、適切な時間だけ温めたり冷やしたりできる。しかし、問題解決システムとしては、サーモスタットはあまりに単純で柔軟性に乏しい。たとえば、センサー部に熱いものや冷たいものを載せるだけで簡単にごまかせる。

問題解決のシステムはバラエティに富むが、もっとも抽象的なレベルではすべてに共通する特性がある。まず、それらは結果を問題にする。目標状態とは、現実であれたんに望ましいものであれ、結果のことだ。すべての問題解決者は行為をおこなう。行為は、望ましい結果や望ましくない結果に対する因果関係に基づいて選択される。従って、サーモスタットは、出力を上げることが、望ましい結果(部屋の温度が二二度になる)の原因となるであろうから、出力を上げる(行為)。

いくつかの理由により、サーモスタットは単純な問題解決システムだといえる。サーモスタットには、どの時点においても、現実の温度を望ましい温度に等しくするというひとつの目標しかない。また、世界の現状に関して、現在の温度の表象というひとつの「信念」しかもたない。サーモスタットに実行できる行為は四種類だけである(加熱装置のスイッチを入れるか切るか、空冷装置のスイッチを入れるか切るか)。そして、(1)加熱装置が作動すると温度が上がる、(2)空冷装置が作動すると温度が下がる、という二つの因果関係だけを「知っている」。サーモスタットは多少の内部計算を行なうこともできる。中でも注目すべきが、現在の温度が望ましい温度より高いか、低いか、同じかを決定するというものだ。

サーモスタットと同じくらい単純か、さらに単純で、便利な装置もある。たとえば運動センサーにはひとつの「信念」(何かが動いているのか、いないのかについての)と、ひとつの行為(「おい、何かが動いているぞ！」と知らせる)しかない。運動センサーは、ひとつの問題の解決(美術館で美術品を守る)に貢献できるが、それ自体は問題解決装置ではない。目標状態を表象せず、目標状態が実現されたと感知するまで、世界に働きかけないからだ。運動センサーは、自分が感知するものに応じてスイッチを入れたり、入れなかったりするだけだ。これは反射システム、すなわちオートモードだ。

いうまでもなく、人間のマニュアルモードはサーモスタットよりはるかに複雑だ。ひとりの人間の中に、多くの異なる目標、世界の現状に関する多くの異なる信念、多くの異なる可能な行為、行為と世界の事象の因果関係に関する多くの異なる一般的信念がある。それにもかかわらず、人間の問題解決は、もっとも抽象的なレベルでは、サーモスタットと基本的な「概念体系《オントロジー》」を共有している。結果、行為、世界の現状に対する信念、世界の仕組みに関する一般的な信念(すなわち、なしうる行為と結果の因果関係に関する信念)だ。これらがどのように機能しているかを見るために、いまのところ、人間の脳にしか解決できない問題を考えてみよう。

来週金曜日の正午、メイン州の町オックスフォードの郵便局まで私に会いに来てくれたら一万ドルあげよう、そう私が提案したとする。この提案を受け取るのに先立って、あなたの脳は三つの異なる事柄をエンコードしている。その三つとは、一連の現行の目標、自分にとって実行可能な一連の行為、世界の仕組みに関する精緻なモデルだ。そこに私の提案がやってくると、あなたの脳は仕事にとりかかる。自分の世界モデルを利用して、あなたはこう推論する。あらたに一万ドルが手に入れば、現行の目標のいくつかを思っていたより簡単に達成できるだろう。世界の仕組みに関するあなたのモデルは、私の申し出は信頼でき、提案通りにすれば本当に一万ドルが手に入るだろう、と告げる。かくして、あなたのＰＦＣ（前頭前野）は、一万ドル（から予想される費用を差し引いた額）を獲得することの価値を、約束の時間と場所にメイン州に到着する結果に移し替える。

あらたな目標を設定したなら、次にあなたが頼るのは、行動計画を立てるのに必要な因果関係に関する自分の知識だ。自分の体をオックスフォードまで移動させるには車がいるだろう。飛行機のチケットも必要になるかもしれない。そこであなたはコンピュータの電源を入れてキーを叩いたり、自動車整備士のところに出かけたり、妹に車を貸してくれと頼んだりするかもしれない。あなたが行なう一連の身体動作は非常に複雑で、きわめて状況に特化したものとなるだろう。一連の本能、一連のオートモードでは、これをやり遂げることはできないだろう。なぜなら地球の歴史がはじまってからどの生物も、そう、あなたでさえ、自宅からメイン州のオックスフォードの郵便局まで、独自の輸送上の制約を抱えながら、自分を移動させるという試行錯誤を行なったことはないからだ。こうした理由により、これをやり遂げるには、根本的に異なる認知システムが必要となる。任意の目標を採用することができ、複雑な世界モデルを利用して、目標を実現するようなより具体的な一連の行為を綿密に計画することのできる、汎用行動計画装置が。煎じ詰めていうと、それが人間のＰＦＣが行なっていることだ。

それではなぜ、人間のマニュアルモードは功利主義的なのか？　私は、人間のマニュアルモードが本質的に功利主義的であるとは思わない。むしろ、功利主義は、人間のマニュアルモードが道徳哲学を求めようとするときに採りがちな哲学なのだ。だから、こう言い換えよう。なぜマニュアルモードは功利主義になりがちなのだろう？　先に述べたように、マニュアルモードの仕事は、目標状態を実現すること、望ましい結果を生み出すことだ。サーモスタットのような単純な問題解決装置には、結果の評価にまつわる問題があまりない。サーモスタットにとって問題なのは、現在の温度が暑すぎるか、寒すぎるか、ちょうどよいかだけだ。重要な点は、サーモスタットにはトレードオフを行なう必要がまったくないことだ。サーモスタットには、ある意味ではいいが、別の意味では悪い温度といったものは存在しない。対照的に、人間の意思決定には、つねにトレードオフがつきまとう。

サーモスタットのように、あなたのＰＦＣは、望ましい結果をもたらす行為を選択する。ただしＰＦＣは、現在地から目的地までの経路を思い描いたら即座にあなたを行動に駆り立てるような真似はしない。そんな風であれば、一杯のアイスティーに六〇〇ドル払うはめになりかねない。ＰＦＣは、目標の価値と、それを達成するための費用の両方を考慮する。しかしそれでも適応的行動に十分ではない。とても喉が渇いていたら、あなたは一杯のアイスティーに喜んで八ドル支払うかもしれない。しかし、隣の店で同じ飲み物を二ドルで買えるとしたら、そんなことをするのは馬鹿げているだろう。つまり、あなたのＰＦＣは、Ｘを行なう利益とＸを行なう費用を比較するだけでなく、Ｘを行なう最終的な費用／利益とＹを行なう最終的な費用／利益も比較している。しかし、それでもなお適応的行動には十分でない。たとえば、八ドルのアイスティーにはサンドイッチがついてくるとしたらどうだろう？　あるいは、地元マフィアの親分の機嫌をそこねないためには、隣のもっと安い店ではなく、彼のいとこの店でアイスティーを買った方がいいとしたら？　あなたは、二つの場所でアイスティーを買ったときの直接の費用と利益だけでなく、ＡでなくＢを選択したときのあらゆる副次的影響に付随する費用と利益も考慮しなくてはならない。現実世界の結果が不確実であることを認めた場合には、事態はさらに複雑になる。

従って、あなたの汎用行動計画装置は、必然的に、非常に複雑な装置になる。この装置は、結果の観点からだけでなく、ＡでなくＢの行為を選択することに伴うトレードオフの観点からも考えている。副次的影響も含め、予想される結果に基づいて考えてもいるということだ。別の言い方をすると、人間のマニュアルモードは、最適の結果を生み出すように設計されている。何が「最適」かは、意思決定者の最終目標によって規定され、その人の行為が引き起こすと予想される影響（意図されていた影響と予見可能な副次的影響の両方）も考慮される。（もちろん人間の決定はつねに最適とはかぎらないし、系統的に最適から外れる場合も多い。しかし、通常、こうした系統誤差の原因となるのは私たちのオートモードであり、私たちがこうした誤差を誤差として認識できるのはマニュアルモード思考のおかげだ。）ここから功利主義に到達するには二段階ある。二つの段階は、功利主義の二つの必須成分に対応している。

一般的合理性から功利主義的道徳へ

ＰＦＣに内蔵された人間のマニュアルモードは汎用問題解決装置、すなわち結果最適化装置である。しかし、何を最適と見なせばいいのだろう？　この問題は二つの疑問に分割できる。問一、誰にとっての最適なのか？　問二、何がその人にとっての最適と見なされるのか？　それでは最初の疑問から考えていこう。

あなたが完全に利己的な人間だとしよう。そして、あなたと利己的な他の九人の人間が、金目のもの、たとえば金貨が一〇〇〇枚詰まった箱を偶然見つけたとする。あなたたちは全員同じくらい喧嘩が強いとしよう。とくべつ有利な者はいない。あなたは、もちろん、金貨を独り占めしたいと思うはずだ。どうすべきだろう？　喧嘩をしかけて、できるだけ多くのライバルをこてんぱんにする手もある。しかしそうすると、ライバルは反撃するだろうし、残りの者たちも喧嘩をはじめるかもしれない。喧嘩をはじめることで金貨をがっぽり手に入れられる可能性もあるが、一枚も金貨を手に入れられず痛めつけられる可能性もある。最悪死んでしまうかもしれない。

明白な解決策が、もちろんある。全員で金貨を平等に山分けして、すっぱり縁を切るのだ。なぜ平等に分けるのか？　分け方が不平等だと、取り分の少ない者たちに喧嘩の口実を与えることになる。分け前をもっと取れる可能性があるなら(あきらかにあるわけだ)、それをよこせと戦えばいいではないか、もしくは戦うぞといって脅せばいいではないか、と考える者が出てくる。力の非対称性がないときは平等に分けあうのが唯一の安定解だ。別の言い方をすれば、力の偏りがない状態であれば、私たちが資源の「公平な」分配と呼ぶものは人々の間で自然に生じるのだ――「公平」など知ったことではないという人々の間でさえ。これが、功利主義の第一の必須成分である**公平性**に至るひとつの道のりだ。

公平性に至る別の道のりもある。ピーター・シンガーが、著書『広がる輪』でこの道のりを描いている。人は生まれながらにして公平なのではない。何よりも自分自身、家族、友人、そして内集団の仲間を気づかう。人はたいてい、赤の他人をそれほど気にかけない。しかし同時に、人は、次のような事実を認識するようになることもある。「他人も多かれ少なかれ自分と似たようなものだ。彼らも、何よりも自分自身、家族、友人などを気づかっている。」一回あるいは何回かの認知的跳躍を経て、最終的に次のような考えに到達することもあるだろう。「私にとって、私は特別だ。しかし他の人も、私と同じように自分を特別だと思っている。従って、私が特別だとしても、ことのほか特別というわけではないので、私は実のところ特別でない。私の利害を、他人の利害より客観的に重要とするものは何もない。」

もちろん、こうした認識自体は、公平性への肩入れを必然的に伴うわけではない。金貨を見つけた一〇人のならず者は、自分たちの立場が対称であると理解しても、やはりならず者かもしれない。言い方を変えれば、自分を他者よりひいきする客観的理由はないという認識は、自分をひいきする主観的理由の放棄を意味しない。* しかし、どうやってか、私たちはこの知的な洞察を純粋な公平性への選好(弱いものではあるが)に変換できるらしい。この変換は、他者が感じていることを感じる能力、すなわち**共感**と関係があるのではないだろうか。人間の共感は気まぐれで、限定的だが、共感の能力が用意した情動の種に、理性が水やりをすると、公平な道徳の理想が花開くのかもしれない。

正直なところ、公平性の理想が人間の脳にどう根ざしているのか、私にはわからない。しかし二つのことについては確信している。まず、公平性の理想は、私たち(この会話に参加している私たち)の中に、最優先の理想としてではないが、よく理解できる理想として根ざしている。黄金律に完璧に従って生きている人はいないが、私たちはみな、少なくともそれが「わかる」。次に、道徳的な公平性の理想は、マニュアルモードの現象だと私は確信している。この理想がオートモード、すなわち他者に対する「気づかい」の感情に起源をもつのはほぼ間違いないが、私たちの道徳情動そのものはまったく公平ではない。マニュアルモードをもつ生物だけが、公平性の理想を理解できるのだ。一八世紀にアダム・スミスが述べたように、人は、明日、自分の小指を失うと知れば、一晩中まんじりともしないだろうが、明日、遠い国で数千人が地震で死ぬとわかっていてもぐっすり眠れるだろう。それでも（アダム・スミスの論の核心はこちらにある）、私たちは、地震によって数千人が死ぬことは、自分が指を失うよりはるかに悪いことであり、罪のない数千人の命より自分の指を選ぶ*のは極悪非道であろうと認識している。こうした道徳的思考はマニュアルモードを必要とする。

ところで、あなたは共感のような感情が、人を動機づける抽象的な理想にどうやって変換されるのか、不思議に思っているかもしれない。私も不思議に思っている。しかしいずれにせよ、こうしたプロセスは思っているよりずっと身近なものかもしれない。たとえば、満腹なときに食べ物を買いに行く場合と、空腹なときに食べ物を買いに行く場合という、よくある対照的なケースを考えてみよう。人間の食物獲得の意思決定は、他の動物のように、オートモードに直接動機づけられる場合もある。しかし、本当に満腹で、何か（それがヌテラ〔欧米で人気のあるチョコレートスプレッド〕であっても）を食べることを考えただけでげっそりしてしまうようなときも、食べ物を手に入れることはできる。そんなとき、あなたはいつもとちょっと違う選択をするだろう。ひょっとするといつもよりましな選択かもしれないが、いずれにせよ食べ物を手に入れる任務は遂行できる。なぜ、そんなことができるのだろう？　満腹のときに下す買い物の決断が、あなたのオートモード、すなわちあなたの動物的な食欲と関係しているのはたしかだ。満腹のときでさえ、あなたは好物を買い、嫌いなものを避けようとする。とはいえ、満腹で買い物をするとき、動物的な食欲に直接頼るわけにはいかない。オートモードによって生じる「熱い」選好は、マニュアルモードで、もっと淡々と表象されることのある「冷静な」認識に変換される。あなたは満腹のとき、タラハシーがフロリダの州都であると知っているのと同じように、来週分のヌテラを買う必要があると認識している。

買い物のときの意思決定は、もっと複雑な形で動物的な食欲から距離をとることもある。他人のために買い物をするときは、自分の好みではなくその人の好みを考えるだろう。他人のために買い物をするとき、あなたの決定は、自分や他人の好みだけでなく、これから食べさせなくてはならない相手の人数に関する計算にも影響されるだろう。自分のために買い物をする場合でも同じように、どれだけの期間分の買い物をすればいいのか考えなくてはならない。（一週間分のヌテラが必要か、それとも一年分か。）どうやってか、人間の脳は、オートモードから生じる価値観を取り込み、それを明確な論理的思考や数量的操作の影響を受けやすい動機状態に変換できる。正確な仕組みはわからないが、そういうことが起きているのはあきらかだ。

おさらいしよう。その一、人間のマニュアルモードは、本来、最適の結果を目指して費用対効果を推論するシステムだ。その二、人間のマニュアルモードは、公平性の理想に影響されやすい。そして私は、この影響されやすさは部族によらないと考える。どの部族の成員も、黄金律の背後にある考え方がわかる。この二つを合わせると、マニュアルモードになる。マニュアルモードは、不完全ではあるが、万人に等しい価値を置く公平な視点から、最適の結果を生み出すことを志向する。

ここで第二の問いにぶつかる。何がその人にとっての最適と見なされるのか？　あなたにとって、私にとって、もしくは他の誰かにとって、ある結果がよかったり悪かったりするのは、何によるのか？　私たちは前に第6章(「すばらしいアイデア」)で、「なぜ、自分はそれを気にかけるのか？」をくり返し問うゲームを行なって、この疑問に答えようと試みた。たとえば、ほとんどの人がお金に関心をもつ。しかし、お金の何がよいのか？　お金があれば、ヌテラやしゃれた小物が買えるから。しかし、なぜそういったものがほしいのか？　前と同じく、こうした価値の鎖を最後までたどっていくと、経験の質を大切に思っているという考えに自然と行きつく。それは、自分の幸福であれ他人の幸福であれ、広い意味での幸福を大切に思っているということだ。先にも述べたように、この結論にたどりつくとはかぎらないが、自然な結論であるのは間違いない。そのうえ、誰にでも「わかる」結論だ。私たちの価値の連鎖がすべて幸福に行き着くかどうかはともかく、幸福に行きつく価値の鎖を誰もがたくさんもっているのはたしかだ。人はみな、楽しいという理由だけで何かを行ない、楽しくないという理由だけで何かを避ける。別の言い方をすると、進んで押そうとするボタンの例で示されたように、私たちはみな、自分自身の幸福と、少なくとも一部の他人の幸福に内在的価値を置いている。そしてこれも、はじまりはオートモードであるにせよ、マニュアルモードの現象だ。私たちはみな、幸福に内在的価値があるという考えを自覚的に支持する。「誰かの幸福を増やす？　なぜそんなことをしたいの？」という人はいない。

功利主義は「幸福を公平に最大化する」という三語に要約できる。「最大化」の部分は、本質的に最大化のための装置である人間のマニュアルモードに由来する。これは万人に共通する、すなわち、すべての健康な人間の脳に実装された標準装備であると私は主張する。「幸福」の部分は、個人として、私たちに本当に重要なものは何かをじっくり考えると出てくる。幸福は、あなたの幸福であれ他人の幸福であれ、あなたがそれ自体を目的とし、内在的に価値を置く唯一のものではないかもしれないが、内在的に価値を置く優先事項のひとつには違いない。これも万人に共通か、かなりそれに近いと私は主張する。すべての人が幸福は重要だと「わかる」。そして誰もが少し考えれば、幸福は私たちが価値を置くその他の多くのもの(すべてではなくても)の背後にあるとわかる。最後に、「公平」の理想はある種の知的認識に由来する。それは、公平な解決策は堅固な場合が多いという認識から生じるのかもしれない。もしくは、共感が、客観的に特別な人はいないという認識と衝突するときに起きる、一種の道徳認知的な跳躍に由来するのかもしれない。真に公平な人間はいないが、すべての人が道徳的理想としての公平性に魅力を感じる。これも万人に共通か、十分それに近い。

従って、私が正しいのなら、功利主義は特別である。そしてベンサムとミルは、思想史上まったく前例のないことをやってのけた。彼らは道徳哲学をオートモードからもぎ取った。すなわち人類の生物学的・文化的歩みの制約からもぎ取り、それをほぼ丸ごと脳の汎用問題解決システムに引き渡した。マニュアルモードが道徳哲学を連れてくるわけではないが、万人に理解可能な道徳的価値である幸福と公平性の二つとともに蒔かれると、道徳哲学が芽を出す。この組み合わせが、すべての部族の成員に理解できる完璧な道徳システムを生み出す。これが、泥沼から抜け出す道、相いれない道徳的真理の見方を超越するシステムを私たちにもたらしてくれるものだ。功利主義は道徳的真理ではないかもしれない。しかし、私たちが探しているメタ道徳である。私はそう考える。とはいえ専門家の圧倒的多数は強硬に反対している。ほとんどの道徳哲学者が、功利主義は、一九世紀の風変わりな遺物だと考えている。功利主義は単純すぎると彼らはいう。たしかに、道徳に関する何か重要なものをとらえてはいる。しかし、帝国主義的であり、善悪を一行の文句に矮小化してしまったために、功利主義は、ひどく、おそろしく間違っている、と。

功利主義の何がいけないのか

功利主義に対する強力な反論はすでに見た。ときとして、(幸福などの観点から測って)最良の結果をもたらす行為が、まったくの間違いとしか思われない、というものだ。古典的な例が、誰かを人間トロッコ・ストッパーとして利用することでより大きな善をもたらす「歩道橋」ジレンマだ。

先にも述べたように、ジレンマの前提をはねつけることで、この問題を切り抜けようとすることも考えられる。突き落とすのに失敗するかもしれないとか、非常に悪い前例になるかもしれない、といった具合に。もしあなたがそう考えているのなら、たしかに一理ある。「歩道橋」ケースには、何やらうろんな、現実離れしたところがある。しかし、ここではこうした誘惑をこらえよう。「歩道橋」ケースは、私たちが真剣に考えるべき、もっと大きな論点を例示することを意図しているからだ。それは「最良の結果をもたらす行為が、ときに、あきらかに間違っていると思われる場合がある」という論点だ。少なくともときどきはこの通りであるなら、そこから何があきらかになるだろう?

多くの道徳哲学者が、「歩道橋」ジレンマは、功利主義的思考の根本的な欠陥を浮き彫りにしていると考えている。前にもいったように、功利主義に関してもっともよく耳にする不満が、功利主義は人間の権利を軽んじているというものだ。多くの批判者は、誰かを「人間トロッコ・ストッパー」として利用するのは間違いでしかなく、その行為がよりよい結果をもたらすとしてもそうなのだ、と主張する。これは、かなり説得力のある主張だ。そして話はここで終わりではない。

功利主義の批判者としてもっとも影響力のあるジョン・ロールズによれば、功利主義は、人を突き落とすか落とさないかを決めるにはお粗末な原理であり、それとほぼ同じ理由で、ひとつの社会を組織するにしてはお粗末な原理なのだそうだ。ベンサムとミルは、いち早く奴隷制度に反対した。その点は評価に値する。しかし、ロールズにいわせると、彼らの反対は十分ではない。功利主義者が奴隷制度に反対したのは、何を隠そう、奴隷制度が幸福の総和を著しく減らしていると信じていたからだ。しかし、とロールズは問う。奴隷制度が幸福を最大化するとしたらどうだ？　それならば奴隷制度は正しいのか？　一〇パーセントの人々を奴隷とすることによって、残りの九〇パーセントが幸福を増やせるとしたらどうだろう。そして奴隷を所有する九〇パーセントの人の幸福の増加分が、奴隷になった人々の幸福の損失を帳消しにできるほど大きければどうだろう。功利主義は、このおぞましい不正を是認するように思われる。他の五人を救うためにひとりの男を歩道橋から突き落とすことを認めるように。これはあまりすばらしい思想には思えない。

同じく、功利主義は、一部の人が刑事司法判断の重大な誤りと見なすものを是認する。第3章の「判事たちと暴徒」問題を思い出そう。暴動を食い止めるには、無実の人にぬれ衣を着せて有罪にするしかないとしたらどうだろう？　多くの人がそれはとんでもない不正だと考える。（中国人よりアメリカ人の方がそう考える人が多いようだ。）しかし功利主義者なら、詳細しだいではそうするのが最善かもしれないというだろう。

雲行きはさらに怪しくなってくる。先にあげた例では、功利主義は、私たちに他者の権利を踏みにじることを許し、道徳的にあまりにしまりがないように思える。ところが、功利主義が、私たち自身の権利を踏みにじり、道徳的に多くを求めすぎるように思える場合もある。こうした功利主義の要求は仮定の話ではない。事実、あなたは今まさしく、こうした状況のひとつにほぼ間違いなく置かれている。

あなたがこの本を読んでいる、今このとき、数百万もの人が食料、水、医薬品を切実に必要としている。それを上回る数の人が、教育を受けられず、迫害にさらされ、政治的代表ももたず、裕福な人たちが当然と思っているその他の重要なものを手に入れられない状態にある。たとえば、国際的な援助組織として高く評価されているオックスファム・アメリカは、私がこの文章を書いている間にも、きれいな水、食料、衛生設備などの形で、スーダンのダルフール紛争に巻き込まれた三〇万人以上の一般市民に経済援助を行なっている。オックスファム・アメリカに少額の寄付（一〇〇ドル未満でよい）をすれば、こうした人たちのひとりの状況を大きく改善できる。「たった数ドル」で、ひとりの命を救うことができる、とよくいわれる。ギブウェル（慈善行為の費用対効果を査定する財務アナリストらによって創設された組織）によれば、こうした見積もりは、ひとりの命を救うのに必要な本当の（平均）費用を極端に安く見積もっている。しかし、すべての必要経費と不確定要素を考慮に入れても約二五〇〇ドルでひとりの命を救えるのだそうだ。「数ドル」ではないが、アメリカの中間層には十分手の届く金額であり、一部の貧しい人にとっても時間をかければ貯められない額ではない。

これから五年間、毎年五〇〇ドルずつ寄付すれば誰かの命を救うことができるとしよう。いや、四人の友人と協力して今すぐ二五〇〇ドル寄付することもできる。そして、今あなたの手元には、自分のために使おうと貯めていた五〇〇ドルがあるとする。本当に必要なものではないが、ただ楽しみのために、たとえば、安上がりなキャンプ旅行の代わりにスキー旅行に使おうと思っていたお金が。その使い道を変えて、オックスファムとか、マラリア撲滅協会（ＡＭＦ）など、ギブウェルがお墨つきを与えている慈善団体に寄付するのはどうだろう？

ここに示した個人的な詳細（ワンランク上の休暇にするか、五〇〇ドル寄付するか）は本質ではない。自由に使えるお金が五〇〇ドルなければ、五〇ドルでも一〇ドルでもよい。（あなたひとりの寄付で誰かの命を救うことはできなくても、善いことがたくさんできる。）スキーに関心がないなら、あなた自身の「素敵だけれど必要ではない」贅沢、たとえば、質素なサンドイッチの代わりに寿司を食べるとか、まだ十分使える古いドレッサーを、おしゃれなものに買い換えるといった贅沢に置き換えてみよう。自分の寄付先としてオックスファムやＡＭＦの順位が高くないなら、あなた以上に逼迫している人の役に立つ慈善団体であればどこでもいい。重要な点はこうだ。この本を読んでいるのなら、あなたの家計のどこかに、本当に自由になるお金がきっとあるはずだ。自分自身のために使っているが、使い道を変えて、何の落ち度もないのに、あなたよりはるかに困窮している人々のために使えるお金が。それではなぜそのお金をその人たちのために使わないのか？

この疑問は、功利主義哲学者で、ベンサムとミルの遺産の継承者でもあるピーター・シンガーによって最初に提起された。与えることの功利主義の議論は単刀直入だ。キャンプの代わりにスキーに行くこと(やそれ以外の何であっても)は、あなたの幸福を増やすだろう。しかし、アフリカの貧しい子供が、きれいな水や食べ物、雨風をしのぐ家屋から得る幸福の増大とは比較にならない。子供の母親が、自分の子が餓死したり、治療可能な病気で亡くなったりするのを目の当たりにしないで済む幸福の増大と比べものにならないのはいうまでもない。従って、と功利主義はいう。あなたは自分の贅沢よりも、困窮している人々を助けるためにお金を使うべきである。

これは、立派な議論のように思われるだろう。私もこれは立派な議論であると考えていて、第10章で擁護するつもりだ。しかしこの主張を真摯に受け止めると、飲み込むのがとても難しい、極端な結論を突きつけられるはめになる。あなたが、五〇〇ドルを、自分のために使う代わりにオックスファムかＡＭＦに寄付すべきだと了解したとしよう。さらに五〇〇ドルはどうか？　この場合も同じ議論があてはまる。世界にはまだ困窮した人たちがあふれている。そしてあなたにはもう一枚小切手を切るゆとりがある。功利主義は、自由になる収入が空になるまであなたを搾り尽くすだろう。(この場合の「自由になる」とは、自分より恵まれない人々に寄付する能力を最大化するのに必要なお金を除くすべて、という意味。)功利主義はあなたに、「幸福のポンプ」に変われと要求しているようだ。ほとんどの人にとって、これはあまりすばらしいとは思えない。

(そして残念なことに、功利主義が含意するとされる、すばらしくない結果はこれだけではない[**]こともお伝えしなければならない。)

抽象的観念としては、功利主義は完璧に合理的に思われる。正しいことはあきらかでないとしても。私たちが世界を、より幸福にしたいと思いこそすれ、より幸福でなくしたいなどということがあるだろうか？　それと同じように、あらたな牧草地を、距離を置いて、公平な立場から眺めた場合でも、激しく争う部族がそれぞれの思想信条を脇に置いて、あらたな牧草地ではどんな暮らし方がもっともうまくいくかを見つけ出し、それに従って生きるべきであるのはあきらかに思える。ところが、ある具体的な問題*に功利主義的思考をあてはめると、とんでもなく不合理に見える。功利主義は、少なくとも原理的には、人を人間トロッコ・ストッパーとして利用し、奴隷にし、刑事司法の誤りを犯し、幸福のポンプに変われというのだから。

それでは私たちは、功利主義をどう考えたらいいのだろう？　功利主義は、私たちが探しているメタ道徳なのか？　私たちの道徳的不一致を解決できる、共通の価値観に基づいた合理的基準なのか？　それとも、まともに取り合うと、私たちを道徳の不条理へ導く、見当はずれの、単純化されすぎた道徳なのか？　これらの質問に答えるには道徳心理学をより深く理解する必要がある。私たちの直感的反応は、功利主義はときにひどい間違いを犯すという。こうした直感的反応は、より深い道徳的真理を反映しているのだろうか？　それとも私たちのオートモードが融通の利かないことを反映しているだけだろうか？　つまり、問題があるのは、功利主義なのか、私たちなのか？　こうした疑問に答える上で役に立つのが、道徳認知というあらたな科学だ。

読者のみなさんにお断りしておこう。次の第9章と第10章は読むのがしんどい。しかし本書の主張を完成させるには避けて通れない。功利主義に対する典型的な反対意見は非常に直観的だ。残念ながら、こうした反対に対する最良の回答は、まったく直観的でない。それには、反対意見の背後にある道徳マシンに関する科学的理解と、大量の哲学上の議論が必要だ。第９章と第10章では仮定に基づく哲学的ジレンマの世界にもどっぷり浸かろう。できることなら足を踏み入れたくない世界だとおっしゃる読者もいるだろう。（現実世界を解明するツールとしての仮定に基づく問いの価値は、多くの人に過小評価されているのだが、それは別の機会に取り上げるべきメタ哲学の話題だ。）[*]

あなたが、功利主義は、現代の羊飼いのすぐれたメタ道徳であると納得しているのなら、次の二章は飛ばして第五部に進まれるとよい。本書の最後となるその二章で、私たちはふたたび、人類を引き裂いていている現実世界の問題に戻って、これまでに学んだことを応用するとしよう。しかし、まず、批判者の断罪に対して功利主義がどう擁護されるか[**]をお知りになりたい方は、このまま読み進んでほしい。その際は、あなたのマニュアルモードを働かせる準備をしておくように。

ジョシュア・グリーン(Joshua Greene)
ハーバード大学心理学科教授．1997年ハーバード大学哲学科卒業．2002年プリンストン大学より博士号(哲学)を取得．プリンストン大学「認知制御の神経科学」研究室の博士研究員，ハーバード大学心理学科助教，准教授を経て2014年より現職．

竹田 円
翻訳家．東京大学大学院人文社会系研究科修士課程修了．専攻スラヴ文学．訳書に，ブルーム『ジャスト・ベイビー――赤ちゃんが教えてくれる善悪の起源』(NTT出版)，アレン『ハーブの歴史』(原書房)，エリオット『女の子脳 男の子脳――神経科学から見る子どもの育て方』(NHK出版)など．

モラル・トライブズ――共存の道徳哲学へ(上)
ジョシュア・グリーン

2015年8月27日　第1刷発行
2023年4月5日　第2刷発行

訳 者　竹《たけ》田《だ》 円《まどか》

発行者　坂本政謙

発行所　株式会社 岩波書店
〒101-8002 東京都千代田区一ツ橋2-5-5
電話案内 03-5210-4000
https://www.iwanami.co.jp/

印刷・三秀舎　製本・牧製本

ISBN 978-4-00-006321-0　Printed in Japan

索 引

本文は 279 ページ以降が下巻
*1, *2, …は上巻原注, **1, **2, …は下巻原注のページ番号

か行

さ行

た行

な行

は行

ま行

や行

ら行

原　注

vii　**「人はもっとよくなる」**　Chekhov (1977), p. 27 より．Pinker (2002)に引用されている．

序章　常識的道徳の悲劇

7　**誤った情報で溢れている**　オバマケアに対する間違った主張の中でも有名なのが，オバマケアが，誰を生かし誰を殺すかを決定する「死の判定団」を設置するというものだ(FactCheck.org, August 14, 2009)．民主党も，たとえばオバマケアが施行された場合に自分でかけた医療保険を継続できるかどうかに関する詳細など，何点か間違った主張を行なっている(FactCheck.org, August 18, 2009)．

8　**テキサス州選出の連邦下院議員ロン・ポールの会話**　Politisite (September 13, 2011)．

10　**住宅価格の上昇に巨額の利ざやを**　Financial Crisis Inquiry Commission (2011)．

10　**いくつかの投資銀行を救済した**　この政策は共和党からも民主党からも支持されたが，民主党がより強力に支持した(US House of Representatives, 2008; US Senate, 2008)．

11　**最富裕層の収入の伸びは……四〇〇パーセント**　Krugman (November 24, 2011)．

11　**「デスクを占拠せよ」**　Kim (December 12, 2011)．

11　**「階級闘争」**　http://www.huffingtonpost.com/2011/10/06/herman-cain-occupy-wall-street_n_998092.html.

11　**「四七パーセント」**　http://www.motherjones.com/politics/2012/09/watch-full-secret-video-private-romney-fundraiser.

11–12　**投資収益に対するより低い税率……のおかげで**　Buffett (August 14, 2011)．

13　**「銃で脅して盗み，奪い」**　ABC News (December 5, 2011)．

13　**「宿主を憎む寄生生物」**　*The Rush Limbaugh Show* (September 22, 2011)．

13　**価値観が，事実の見方に影響するのかもしれない**　Kahan, Wittlin, et al. (2011); Kahan, Hoffman, et al. (2012); Kahan, Jenkins-Smith, et al. (2012); Kahan, Peters, et al. (2012)．

14　**「固有名詞」**　厳密にいえば，これらは固有名詞が指しているもののことだ．

17　**互いに仲良くやっていく**　Pinker (2011)．

17　**現代の市場経済……思いやりの裾野は広がっている**　Henrich, Boyd, et al. (2001); Henrich, Ensminger, et al. (2010); Herrmann et al. (2008)．

17　**二〇世紀は……約二億三〇〇〇万人が犠牲となった**　Leitenberg (2003)．

17　**ダルフール紛争では……三〇万人が亡くなった**　Degomme and Guha-Sapir

(2010).

17　**一〇億人が……極度の貧困状態におかれ**　2008年のデータを報告している World Bank (February 29, 2012)より.

17　**二〇〇〇万人以上が労働を強要され**　International Labour Organization (2012).

17　**雇用主から……電話がかかってきた**　Bertrand and Mullainathan (2003).

18　**私たちは何を正しく行なっているだろう？**　Pinker (2011).

20　**功利主義**　ジョン・スチュアート・ミルの功利主義とチャールズ・ダーウィンの自然選択説はほぼ同時期に登場し，ダーウィンとミルが互いを称賛しあったように，当初からファン層がかなりかぶっていた．これは偶然ではないだろう．この革新的な学説はどちらも，オートモードよりマニュアルモードを支持する．Wright (1994), chap. 16 にすぐれた考察が展開されている．

第一部　道徳の問題

第1章　コモンズの悲劇

25　**「コモンズの悲劇」**　Hardin (1968).

26　**社会的存在の最重要問題**　Von Neumann and Morgenstern (1944); Wright (2000); Nowak (2006).

26　**この原理が……進化を導いてきた**　Margulis (1970); Wilson (2003); Nowak and Sigmund (2005).

28　**数に勝るオスたちは……殺す**　Mitani, Watts, et al. (2010).

29　**がんといわれる現象**　Michor, Iwasa, et al. (2004).

29　**ダーウィンその人も……とりつかれていた**　Darwin (1871/1981).

30　**「牙と爪を血に染めた」**　A. L. Tennyson, *In Memoriam AHH,* in Tennyson and Edey (1938).

30　**「道徳という一連の……」**　この見解はダーウィンに端を発するものであり(1871/1981)，この数十年で行動科学者たちの大多数がとる見解となった．Axelrod and Hamilton (1981); Frank (1988); Wright (1994); Sober and Wilson (1999); Wilson (2003); Gintis et al. (2005); Joyce (2006); de Waal (2009); Haidt (2012)参照.

32　**群選択……とは考えていない**　道徳が，たんに互恵的利他行動の能力が有利になる個体選択を通して進化したのだとしても，同じ議論が適用される．

33　**ウィトゲンシュタインの有名な比喩**　Wittgenstein (1922/1971).

33　**自然の「意図」**　避妊は，思慮深い家族計画を通じて，個人の遺伝子の長期的な成功可能性を高めるために利用されているのかもしれない．しかし，そんなふうに利用される必然性はもちろんない．

第2章　道徳マシン

37　**「囚人のジレンマ」**　「囚人のジレンマ」問題は，ランド研究所のM.フラッ

ドとM.ドレシャーによって考案された．Poundstone (1992)参照．

40　**すべてのおもだった宗教……「黄金律」**　Blackburn (2001), p. 101.

40　**血縁選択**　Fisher (1930); Haldane (1932); Hamilton (1964); Smith (1964). この進化生物学の主要部は最近また論争の的になっている．Nowak, Tarnita, et al. (2010)参照．

42　**互恵性，もしくは互恵的利他性**　Trivers (1971)とAxelrod and Hamilton (1981)参照．協力者候補との出会いは，選択による場合もあれば，選択の余地がない場合もあるだろう．Rand, Arbesman, et al. (2011)参照．ここでは，先に紹介したアートとバドのストーリー同様，「囚人のジレンマ」と一貫性をもたせるために，彼らの出会いを選択によるものとした．しかし，互恵的利他性の標準的なモデルでは，出会いは状況により強制されるものだ．いずれにせよ，同じ互恵的論理があてはまる．

43　**「しっぺ返し」を変形したもの**　たとえばNowak and Sigmund (1993)を参照されたい．

43　**怒り，嫌悪，軽蔑**　Rozin, Lowery, et al. (1999)とChapman, Kim, et al. (2009)参照．怒りや嫌悪といったネガティブな感情は，完璧に交換可能なものではないことに留意していただきたい．怒りは，能動的攻撃を動機づける「接近型」情動だ．反対に，嫌悪は，もともと糞や腐った肉などの汚染物質を身体から遠ざけるために進化した「回避型」情動だ．これらのネガティブな態度のうち戦略的にどれがもっとも適当かは，能動的行動と選択的撤退のどちらが費用対効果においてすぐれているかによる．

44　**感謝……協力しようという意欲**　Rand, Dreber, et al. (2009).

44　**チンパンジーの食物わけあい行動**　De Waal (1989)参照．Packer (1977)とSeyfarth and Cheney (1984)も参照されたい．

44　**受け継いだ情動的傾向**　Gintis, Bowles, et al. (2005).

44　**物事が計画通りにいくとかぎらない**　Nowak and Sigmund (1992); Rand, Ohtsuki, et al. (2009); Fudenberg, Rand, et al. (2010).

44　**ドゥ・ヴァールとロスマレン**　De Waal and Roosmalen (1979).

45　**プログラムを「友情」と呼ぶのかもしれない**　Seyfarth and Cheney (2012).

46　**祖先の時代……もっと凶暴だった**　Daly and Wilson (1988); Pinker (2011).

47　**「長いブタ」**　Stevenson (1891/2009).

47　**近代的軍事訓練のはじまり**　Grossman (1995).

47　**人間の暴力忌避に関する実験研究**　Cushman, Gray, et al. (2012).

48　**図2–2**　Cushman, Gray, et al. (2012)より許可を得，一部改変して掲載．

49　**「落し物の」手紙**　Milgram, Mann, et al. (1965).

49　**チップを置いてレストランを出る**　Pinker (2002), p. 259.

49　**一部の研究者から疑問の声があがっていた**　Cialdini et al. (1987).

49　**私たちがその人たちを気の毒に思い**　Batson et al. (1981); Batson (1991).

49　**「囚人のジレンマ」では……協力しようとする傾向が高まる**　Batson and Moran (1999).

49　**人が，他者の感情を……経験する**　共感しても，自分が共感を寄せている相手と同じ感情を抱かない場合もある．たとえば，怯えている子どもに共感するからといって，その人自身が怯える必要はない．
49　**関係した神経回路**　Singer, Seymour, et al. (2004)．痛みに対する共感は，痛みの感情的要素を含むが，感覚的要素は含まない．Science 303(5661), pp. 1157–1162.
49　**オキシトシン……母親による保育**　Pedersen, Ascher, et al. (1982).
49　**人の脳の，オキシトシン……遺伝子**　Rodrigues, Saslow, et al. (2009).
49　**協力を開始する傾向が高まる**　Kosfeld, Heinrichs, et al. (2005)．ただしSinger, Snozzi, et al. (2008)も参照されたい．
50　**他者を思いやる私たちの能力**　De Waal (1997, 2009); Keltner (2009).
50　**ラディギナ＝コーツ**　de Waal (2009)の説明による．
50　**アーネム動物園**　de Waal (2009).
50　**報酬の見込みがない場合でも**　Warneken et al. (2006, 2007, 2009).
51　**オマキザル**　Lakshminarayanan and Santos (2008).
51　**ラットに共感がある**　Bartal, Decety, et al. (2011).
53　**MAD**　MADの背後の形式理論は，von Neumann and Morgenstern (1944)による．
54　**同様の機能を実行する情動機構**　Frank (1988). Schelling (1968)も参照されたい．このたとえはPinker (1997)に倣っている．ピンカーは，怒りという激しい感情をスタンリー・キューブリックの映画『博士の異常な愛情』に出てくる「皆殺し装置」になぞらえている．この装置は，先制攻撃された場合に核兵器を自動的に撃ち返す設計になっている．
54　**復讐を好むのは人間だけではない**　Jensen, Call, et al. (2007).
54　**野生のチンパンジーもほぼ同じことを行なう**　De Waal and Luttrel (1988).
55　**約束を破ること**　Baumgartner, Fischbacher, et al. (2009).
55　**家族愛と友情……不合理な行動へと向かわせる**　Pinker (2008).
55　**銀行強盗問題の専門家**　フランク・アバグネイルのケースと同様．Abagnale and Redding (2000)参照．
56　**スティーヴン・ピンカーが述べているように**　Pinker (2008).
57　**自分たちのリーダーにときに**　Henrich and Gil-White (2001).
57–58　**自分自身……よりも巨大なもの**　Keltner and Haidt (2003); Haidt (2012).
58　**評判は……協力を強めることもできる**　Nowak and Sigmund (1998).
59　**ケヴィン・ヘイリーとダニエル・フェスラー**　Haley and Fessler (2005).
59　**「独裁者ゲーム」**　Forsythe, Horowitz, et al. (1994).
59　**図2-3**　Haley and Fessler (2005)の許可を得て掲載．
60　**飲み物を買っていく無人販売所**　Bateson, Nettle, et al. (2006).
60　**人間の会話時間の約六五パーセント**　Dunbar (2004); Dunbar, Marriott, et al. (1997).
60　**ゴシップに費やすのは……社会的規制を行なう……重要なメカニズム**

Feinberg et al. (2012b); Nowak and Sigmund (1998, 2005); Milinski, Semmann, et al. (2002).

61　**違反者が……狼狽している様子を見せ**　Semin and Manstead (1982); Keltner (2009).

61　**私たちが赤ちゃんのときから手厳しい**　Hamlin, Wynn, et al. (2007, 2011). Sloane, Baillargeon, et al. (2012) も参照されたい.

62　**図 2-4**　Hamlin, Wynn, et al. (2007) の許可を得て掲載.

62　**いじわるな四角**　実験の別の回では，色や形を逆にして，特定の色や形に対するたんなる選好ではないことをあきらかにした．また，それとは別の回では，乳児が，中立的な図形より親切な図形を，いじわるな図形より中立的な図形を好むこともあきらかにした.

65　**自民族中心主義が普遍的**　Brown (1991).

66　**偏狭な利他主義**　Bernhard, Fischbacher, et al. (2006); Choi and Bowles (2007).

67　**生後六か月の乳児は……言語を……区別するために利用する**　Kinzler, Dupoux, et al. (2007). Mahajan and Wynn (2012) も参照されたい.

67　**《私たち》と《彼ら》を隔てている**　McElreath, Boyd, and Richerson (2003).

67　**潜在的連合テスト**　Greenwald, McGhee, et al. (1998); Greenwald and Banaji (1995).

67　**ご自身で試していただきたい**　https://implicit.harvard.edu/implicit.

68　**白人が……白人に対する潜在的選好をもつ**　Greenwald, McGhee, et al. (1998).

68　**子供も……同様の人種に基づくバイアス**　Baron and Banaji (2006).

68　**サル用に開発された IAT**　Mahajan, Martinez, et al. (2011).

68　**（エミリー，グレッグ）……（ラキーシャ，ジャマール）**　Bertrand and Mullainathan (2003).

69　**典型的な黒人らしい容貌**　Eberhardt, Davies, et al. (2006).

69　**グーグル検索**　Stephens-Davidowitz (2012).

70　**人種に対する感度と……文化的目印に対する感度を競わせた**　Kurzban, Tooby, et al. (2001).

71　**ヘンリー・タジフェルらが行なった有名な研究**　Tajfel (1970, 1982); Tajfel and Turner (1979).

71–72 **オキシトシンを……外集団の成員……変化は起きず**　De Dreu, Greer, et al. (2010, 2011).

73　**「卑劣で，野蛮で，短い」**　Hobbes (1651/1994).

73　**宗教は……装置かもしれない**　Wilson (2003); Roes and Raymond (2003); Norenzayan and Shariff (2008).

74　**「神をおそれ」ない人たちを……警戒**　Gervais, Shariff, et al. (2011).

74　**強制される協力**　Boyd and Richerson (1992).

74　**農耕以前の社会は……かなり徹底した平等主義**　Boehm (2001).

75　**裏切りが罰される確率が非常に高くなる**　これは，罰された者は，罰した者に全力で報復することができない，もしくはしようとしないことを前提としている．もし報復が可能で，実際に報復するのであれば，協力は破綻するかもしれない．Dreber, Rand, et al. (2008); Hermann, Thöni, et al. (2008)参照.

75　**間接互恵性**　Gintis (2000); Bowles, Gintis. et al. (2003); Gintis, Bowles, et al. (2005).

75　**「利他的処罰」**　Fehr and Gächter (2002); Boyd, Gintis, et al. (2003).

76　**人が実際に向社会的処罰者である**　Fehr and Gächter (2002); Marlowe, Berbesque, et al. (2008)．ただし Kurzban, DeScioli, et al. (2007)を参照のこと.

76　**「公共財ゲーム」**　Dawes, McTavish, et al. (1977).

77　**通常，共同資金の額は増える**　Boyd and Richerson (1992); Fehr and Gächter (1999).

77　**向社会的処罰は……たんなる副産物**　Kurzban, DeScioli, et al. (2007).

77　**向社会的処罰は……進化した**　Boyd, Gintis, et al. (2003).

78–79 **地球上の生命の物語は，しだいに複雑さを増していく協力の物語**　Margulis (1970); Nowak (2006); Wright (2000).

82　**人間性のおなじみの特性**　これらの多く，たとえば「共感」，「ゴシップ」，「羞恥心」，「復讐心」などは，ドナルド・ブラウンが作成した人間の普遍的性質のリスト(Brown, 1991)に掲載されている．そしてこれらはすべて，彼のリストにあがっている項目に，論理的必然ではないとしても，密接に関係している．

82　**自分に代わってこうした思考を行なう感情……一連の研究を行なった**　Rand, Greene, et al. (2012).

83　**図 2–5**　すべてのデータは前掲論文に掲載されている．横軸は決定に要する時間(秒の常用対数)．縦軸は貢献度で，最大限の出資の百分率(上段のグラフ)か，協力する・しないのどちらかを選ぶ場合の協力の確率(それ以外すべてのグラフ)で示されている．上段：単発の公共財ゲーム．中段左：ペアを変えて何度か行なわれた単発の「囚人のジレンマ」ゲームの最初の決断．中段右：実行エラーありの連続「囚人のジレンマ」ゲーム．下段左：代価のかかる罰あり／なしの連続「囚人のジレンマ」ゲーム．下段右：報酬あり／罰あり／報酬と罰あり／いずれもなしの連続公共財ゲーム．黒丸の大きさは観察回数に比例していて，それぞれの黒丸の近くにその数値が記されている．エラーバーは標準誤差を示している．

85　**牛を食べることを禁じ……食料供給を増やしているのかもしれない**　Harris, Bose, et al. (1966).

85　**性的喜びに達するその他の道をふさぐ**　Davidson and Ekelund (1997).

86　**神の思し召しか偶然の産物か**　Dawkins (1986).

第３章　あらたな牧草地の不和

91　**あるかどうかではなく，なぜ……あるのか，だ**　Pinker (2002).

91　**集団内の利他主義は……進化できなかった**　Choi and Bowles (2007); Bowles (2009).

92　**小規模な社会を調査している人類学者**　Henrich, Boyd, et al. (2001); Henrich, Gil-White, et al. (2001); Henrich, McElreath, et al. (2006); Henrich, Ensminger, et al. (2010).

92　**「最後通牒ゲーム」**　Güth, Schmittberger, et al. (1982).

94　**「ウォール街ゲーム」と呼ぶか「共同体ゲーム」と呼ぶか**　Liberman, Samuels, et al. (2004).

94　**アメリカ人は……「何も与えない」を選択する傾向がある**　List (2007).

94　**協力的傾向がきわめて高い社会は，協力的でない人を罰しようとする意欲もきわめて高い**　Henrich, McElreath, et al. (2006).

94　**「独裁者ゲーム」は協力の要素を含まない**　独裁者ゲームが問題にするのは，無償で何かを与える利他性だ．しかし，数学的・ゲーム理論的観点からすると，協力と利他性は等価である(もしくは等価になりうる)．それというのも，(興味深い類の)協力は，他者に利益をもたらすために個人的代価を支払うことを要求するからだ．協力的であるとは，利他的であるということであり，成功する協力とは互恵的利他性に他ならない．（とはいえ，独裁者ゲームと，囚人のジレンマや公共財ゲームのような真の協力ゲームとの顕著な違いは，真の協力ゲームでは通常，分ける前の総額が決まっていない点にある．すなわち，真の協力ゲームは「ゼロサムゲーム」ではない.）自分の貢献に対して同じかそれ以上の見返りを期待するなら，その協力は利他的ではないという人もいるだろう．もっともだ．しかし，利他性についても同じことがいえる．やりとりが一回かぎりであるなら，協力は利他的だ．そして，やりとりがくり返されるのであれば，協力であれ利他性であれ，かならずしももっとも厳密な意味で利他的ではない．

95　**さらに最近の研究**　Henrich, Ensminger et al. (2010).

96　**大規模な社会……協力と罰**　Herrmann, Thöni, et al. (2008).

97　**図 3-1**　前掲論文に基づいて作成．際立った三つの傾向をはっきりと示すため，ここでは研究対象となった 16 都市のうち 9 都市のデータだけを示した．

97　**なんとゲームの初回から協力者を罰する**　Ellingsen, Herrmann, et al. (2012).

98　**図 3-2**　Herrmann, Thöni, et al. (2008)に基づいて作成．

99　**ギリシャが財政破綻しかけた**　BBC News (November 27, 2012).

99　**偏見をあからさまにするとき**　自身のイデオロギー的・文化的思い入れと妙に一致した研究結果を発表する学者たちは古くから大勢いる．たとえば，20 世紀初頭の著名な地理学者であり，イエール大学教授であり，アメリカ優生学協会(協会があったのだ)の会長をつとめていたエルズワース・ハンティントンだ．ハンティントンは，経済の発展の決め手となるのは気候であると信じていた．さらに具体的にいうと，コネチカット州ニューヘイブン(イエール大学の所在地)の気候は，知の革新と経済発展にほぼ理想の気候だと結論した．

そしてここに私がいる．宗教心のないユダヤ人でハーバード大学教授．大都市ボストンに住んでいて，こんなことをいう．リヤドやマスカットといったイスラム教徒が大多数を占める国には協力を妨げる文化があり，他の都市には非常に協力が行なわれやすい文化がある——どんな都市かといえば，そうそう，たとえば

ボストンとか.

こうした疑惑の中で，この研究に関する三つのわかりやすい点を指摘するところからはじめさせてほしい．ひとつ，この研究は私が行なったものではない．ふたつ，これらの調査は自分たちに都合のいいデータだけを集めたものではない．私の知るかぎり，これと大きく食い違う結果を示す同様の研究は存在しない．ご自身で確認したければ，Google Scholar で探してみるとよい．みっつ，本文に示された結果は入り乱れている．リヤドとマスカットはこの協力行動の研究では底辺近くにいる．しかし，アテネもそうなのだ．アテネは，民主主義誕生の地，西洋哲学の揺籃の地でもある．そして，たしかに私の地元はほぼ最上位にいるが，かつてナチスの強制収容所があった土地からほど遠からぬ場所にあるボンもそうなのだ．しかし，この特定の研究と，それに対する私の関係以上に，ここにはもっと一般的な問題がある．ある人々を，いくつかの点で別の人々よりすぐれているように見せる科学的研究があったとき，とくにその研究の提案者がよりよく見える側にいる人間だった場合，その研究に対してどう反応すべきかという問題だ.

この問題に関するふたつの両極端の立場から検討していこう．一方の極は，全面的な恭順だ．科学的権威のある人が，何かが科学的証拠によって十分に裏づけられているというのなら，それは本当に違いない，と．あきらかにこれは賢明な方針ではない．もう一方の極は，全面的な不信と懐疑だ．科学者が，一部の人たちを何らかの形で他の人よりすぐれているように見せる，科学的研究とされるものを提出したら，いつでも疑ってかかるべきである．そしてもしその研究が提案者を他の人たちよりすぐれているように見せるのであれば，政治的な動機に基づいた，虫のいいたわごとに過ぎないと考えるべきだろう，と.

お察しの通り，とるべき態度はこの両極の間のどこかであると私は考えている.開かれた心であるためには，比較文化研究によって，ある文化が他の文化よりすぐれている(何から何までという意味ではなく，いくつかの点で)と見えるような文化の違いがあきらかになる可能性を容認しなくてはならない．さらに，こうした違いを発見する研究者が最終的によりすぐれているように見える側の人である可能性も認めなくてはならない．（ハンティントンは正しいのかもしれない.）同時に，科学者も人間であり，すべての人と同じように，無意識のものも含め，バイアスの影響を受けていることを心に留めておくべきだ．（これについてはこの章の後半で触れよう.）

比較文化研究を行なう社会科学に対して反応するさい，科学から何がいえるのか，何が私たち自身の道徳的思い込みに左右されているのかをはっきりさせておくべきだ．たとえば，先にあげた研究は，ボストンやコペンハーゲンの被験者が，公共財ゲームで協力することで，リヤドやアテネの被験者より多くのお金を稼いだことを教えてくれる．しかしボストンやコペンハーゲンの住民の方が上手にゲームをしたとか，一般的に備えていた方がよい文化的特性を備えているといっているわけではない．そういうことはデータを超えた価値判断だ.

科学研究には深刻な欠陥がある可能性を認識するべきだ．（ボストンの住民の方が，アテネの住民より指示をよく理解していたなら，どうだろう？）同時に,

科学的プロセスに対して一定の敬意を払うべきだ．科学誌は，匿名の同業者による査読に基づいて，掲載する論文を選んでいる．そして科学者たちはお互いに非常に批判的だ(嘘じゃない)，とくに匿名の場合は．きちんとした雑誌に掲載された論文でも，深刻な欠陥はあるかもしれないが，あきらかな欠陥がある可能性は低い．(たまたま，先に示したすべての研究では，被験者は，指示を理解していることを確認するテストを受けていた．この種の研究では標準的な手続きだ．)

要するに，比較文化の社会科学研究にバイアスがあるのではないかというのは正当な懸念だが，こうした研究をすべて偏向した政治的態度として退けるのは解決策にならない．それでは，立派な肩書をもつ科学者のいうことは何でも正しいと盲目的に信じるのと変わりない．

99　**アメリカ人どうしの文化的違いを調べる一連の調査**　Cohen and Nisbett (1994); Nisbett and Cohen (1996).

102　**調査によると，南部の人々が**　Cohen and Nisbett (1994).

103　**「南部の名誉の観念」**　Fischer (1991).

103　**反ソ的な外交政策に関して……南部の支持を**　Lind (1999).

103　**協力的農耕を基盤とした**　Nisbett, Peng, et al. (2001).

103　**アメリカ人と中国人……「判事たちと暴徒」……道徳ジレンマを示した**　Doris and Plakias (2007)で説明されている．

104　**「堕落した精神」**　前掲論文で引用されているAnscombe (1958)より．アンスコムの発言が，群集を鎮めるために無実の人を処刑する場合を想定したものであることに留意されたい．無実の人を刑務所に入れる場合，アンスコムがどう発言するかはあきらかでない．

105　**こうした話題は非常にデリケートなもの**　本章で先に述べた「偏見をあからさまにするとき」の注を参照されたい．

106　**非イスラム教徒に向かってコーランを講読した**　Denmark TV2 (October 9, 2004)(Google Translate で翻訳).

107　**「デンマークの漫画家」の首をはねた者に……懸賞金を払う**　*Indian Express* (February 18, 2006).

107　**デンマーク製品の不買運動が起き……約一億七〇〇〇万ドルの損害を被った**　BBC News (September 9, 2006).

107　**ユーチューブで配信された……動画**　*International Business Times* (September 21, 2012).

109　**「誰かがあなたを訴え……」**　*U.S. News & World Report* (January 30, 1995), Bazerman and Moore (2006), p. 74 による引用.

109　**二パターンの質問**　Hsee, Loewenstein, et al. (1999).

109　**実験が……この傾向を実証している**　Walster, Berscheid, et al. (1973); Messick and Sentis (1979).

109　**「成果主義は公正だ」**　Van Yperen, van den Bos, et al. (2005).

110　**一連の交渉実験**　Babcock, Loewenstein, et al. (1995); Babcock, Wang, et al. (1996); Babcock and Loewenstein (1997).

111　**自分たちがどちらの立場になるかを知らなかった**　Rawls's (1971)の「無知のヴェール」との類似点に留意.
111　**自分に有利になる内容をよく記憶できる**　Thompson and Loewenstein (1992).
112　**環境のコモンズ問題……バイアスのかかった公正**　Wade-Benzoni, Tenbrunsel, et al. (1996).
113　**刑事事件で刑罰の交渉にあたらせた**　Harinck, De Dreu, et al. (2000).
116　**バイアスのかかかった公正のこうした部族主義的ブランド**　Cohen (2003).
116　**すべて無意識なのだ**　コーエンの研究の結果は魅力的であるし，ハッとさせられる．しかし，党派の相違が量的なものではなく質的なものであるような問題にまで一般化されていたらびっくりするだろう．たとえば，党名を付け替えて提示したところで，中絶や同性婚に対する人々の意見を覆すことができるかどうかは疑わしい．少なくとも短期的には無理だろう．
117　**サダム・フセインがアメリカ同時多発テロ事件に……と信じていた**　Millbank and Deanne (September 6, 2003).
117　**二〇〇八年の世界世論調査**　Reuters (September 10, 2008).
117　**大学の学生に……フットボールの試合の映像を見せる**　Hastorf and Cantril (1954).
118　**様々な証拠を検討した後では……かえって強く確信するようになった**　Lord, Ross, et al. (1979).
118　**「敵対的メディア認知」**　Vallone, Ross, et al. (1985).
118　**抗議活動をしている人たちの映像を被験者に見せ**　Kahan and Hoffman (2012).
118–119 **専門家の間では……総意**　Intergovernmental Panel on Climate Change (2007); Powell (November 15, 2012).
119　**共和党支持者の三一パーセント**　ギャラップ世論調査を報じた Jones (March 11, 2010).
119–120 **問題自体が……コモンズ問題**　Kahan, Wittlin, et al. (2011).
122　**図 3–3**　Kahan, Peters, et al. (2012)に基づいて作成.
123　**一九九八年の時点では，共和党支持者も民主党支持者も……二〇一〇年には……ほぼ二倍になった**　ギャラップ世論調査を報じた Dunlap (May 29, 2008) と Jones (March 11, 2010).
124　**地層隔離**　Kahan, Jenkins-Smith, et al. (2011).
124　**バイアスのかかった認知が対立の深刻化に**　Shergill, Bays, et al. (2003).
125　**図 3–4**　Shergill, Bays, et al. (2003)より許可を得，一部改変して掲載した.
125　**脳は……自動的に予測し**　Blakemore, Wolpert, et al. (1998).
126　**他者の貢献には部分的にしか気づいていない**　Forsyth and Schlenker (1977); Brawley (1984); Caruso, Epley, et al. (2006).
126　**スティーヴン・ピンカーが……説明するように**　Pinker (2011).
127　**現代社会が抱える最大の問題のいくつか**　Copenhagen Consensus Center

(2012).

129　**「完璧な道徳の嵐」**　Gardiner (2011).

130　**様々な折衷案**　Singer (2004).

130　**炭素排出量(総量)が世界第二位**　Union of Concerned Scientists (2008), もともと, US Energy Information Agency (2008)でまとめられたデータを引用している.

130　**「世界の空気を浄化する」**　2000年, 第二回大統領候補討論会. Singer (2004), p. 26の引用による.

131　**「相手に……指摘しようものなら……」**　Fisher (1971), p. 113.

131　**「官僚は自分たちが道徳的に……」**　同上, p. 112.

132　**「罪を犯した同胞に……」**　Schlesinger (1971), p. 73.

第二部　速い道徳, 遅い道徳

第4章　トロッコ学

139　**ジェレミー・ベンサムとジョン・スチュアート・ミル**　Mill (1861/1987); Bentham (1781/1996). 功利主義の偉大な創設者の三人目は, ヘンリー・シジウィックだ(Sidgwick, 1907). より有名な先人たちに比べて, より綿密かつ正確に功利主義を議論している. カタジナ・ド・ラザーリ＝ラデクとピーター・シンガーが, シジウィックに先見の明があった点の多くを強調してくれたおかげで, 要点をここに示すことができた.

143　**彼女のいない**　場合によっては, 彼氏.

145　**「親の投資」理論**　Trivers (1972).

146　**鳥や魚の中には**　Eens, M., & Pinxten, R. (2000).

147　**ピーター・シンガーが最初に提起して**　Singer (1972).

147　**二つの川も二〇の川も, まったく同じに思える**　こうした態度は, 質問が, 小さな貢献をより大きな(二つの川か二〇の川)取り組みに対して行なうことについてであったならうなずける. しかし, ここでの質問は, 何らかの形であなたの支払いだけで事を行なうとして, 事業全体を完遂させるためにいくら支払うかというものだ.

147　**私は最初の科学論文を**　Baron and Greene (1996).

148　**ヒューリスティックな思考**　Gilovich, Griffin, et al. (2002); Kahneman (2011).

148　**「トロッコ問題」**　Thomson (1985). トロッコ問題を扱った最初の論文は, Philippa Foot (1967)とThomson (1976)によるもの. これが契機となって倫理学分野で大量の文献が生み出された. Fischer and Ravizza (1992); Unger (1996); Kamm (1998, 2001, 2006)参照.

149　**男を歩道橋から突き落とすのは間違っている**　Thomson (1985); Petrinovich, O'Neill, et al. (1993); Mikhail (2000, 2011); Greene, Somerville, et al. (2001).

150　**「人間性を扱うときは, あなた自身の……」**　Kant (1785/2002). これは『人

倫の形而上学の基礎づけ』に記された四つの定言命法の定式化のうち，第二の定言命法.

151　**世界中の人が同感する**　O'Neill and Petrinovich (1998); Hauser, Cushman, et al. (2007).

153　**フィネアス・ゲージという……患者**　Damasio (1994) and Macmillan (2002) 参照.

154　**情動の欠損による**　Saver and Damasio (1991); Bechara, Damasio, et al. (1994).

154　**「知ることはできるが，感じられない」**　Damasio (1994), p.45.

156　**認知制御**　Miller and Cohen (2001).

156　**色を答えるストループ課題**　Stroop (1935).

157　**これを可能にするのが前頭前野背外側部**　Miller and Cohen (2001).

159　**fMRI**　fMRI は，現代の病院で日常的に利用されているのと同じ MRI スキャナーを利用する．ほとんどの医療目的の場合，MRI は人体の静止した三次元画像を撮る．「構造スキャン」と呼ばれるものだ．fMRI は活動している脳の「動画」を撮る．この動画の空間分解能はまずまずで，約 2 ミリメートルから 5 ミリメートルの「ボクセル」(体積版ピクセル)から成る．時間分解能は非常に低い．1 秒から 3 秒ごとに画像 1 枚(映画の「コマ」に相当)だ．fMRI による画像は，画素化されたいくつかの斑点のように見える．これらの画像は，通常，もっと解像度の高い構造スキャンに重ね合わされ，それによって，斑点が脳のどこにあるのかがわかる．斑点は，脳を「見た」ときの直接の結果ではない．統計的処理の産物だ．ある脳部位の斑点は，一般に，被験者がある作業(例：人の顔を見る)を行なっているときと，他の作業(例：動物の顔を見ている)を行なっているときとを比較して，その部位の「活動」が大きいことを意味する．問題となっている「活動」は，脳のニューロンの電気的活動だ．しかし，この活動が直接測定されるわけではない．酸素化された血液の流れの変化をたどることで，間接的に測定される．さらに詳しく知りたい方は Huettel, Song, et al. (2004)を参照されたい.

159　**VMPFC の一部を含む**　Greene, Somerville, et al. (2001). この引き算では，現在「デフォルト・ネットワーク」と呼ばれている部位のほとんどを含め他の多くの脳部位でも活動がみとめられた(Gusnard, Raichle, et al., 2001). これらの部位の多くは，情動反応そのものではなく，現在そこにない現実の表象に関係しているようだ(Buckner, Andrews-Hanna, et al., 2008).

159　**第二の実験**　Greene, Nystrom, et al. (2004).

161　**この問題には，その後の研究で取り組んだ**　Greene, Cushman, et al. (2009).

161　**アイスクリームは水死の原因ではない**　この例を最初に使ったのが誰なのか，私は知らない.

162　**私たち自身も追跡調査をした**　一部の哲学者は，二重過程理論を裏づける証拠に対して疑問を投げかけている(McGuire, Langdon, et al., 2009; Kahane and Shackel, 2010; Kahane, Wiech, et al., 2012; Berker, 2009; Kamm, 2009). これら

への返答は，Paxton, Bruni, and Greene(査読中); Greene (2009); and Greene(査読中)をご覧いただきたい．バーカーに対する返答の詳細は，覚え書き集(Greene, 2010)をご覧いただきたい．これはアリゾナ州立大学で行なわれた会議のためにまとめたもので，私のホームページでも見られるし，ご要望があればお送りする．

162–163 **前頭側頭型認知症(FTD)の患者**　Mendez, Anderson, et al. (2005).

164　**VMPFC に損傷をもつ……患者たちに……ジレンマ全セットを**　Koenigs, Young, et al. (2007); Ciaramelli, Muciolli, et al. (2007).

164　**手のひらの汗**　Moretto, Ladavas, et al. (2010).

164　**同じ結果を**　Schaich Borg, Hynes, et al. (2006); Conway and Gawronski (2012); Trémolière, Neys, et al. (2012)も参照されたい．

164　**家族がいる方へトロッコの進路を切り替える**　Thomas, Croft, et al. (2011).

164　**不安感の少ないサイコパス**　Koenigs, Kruepke, et al. (2012). Glenn, Raine, et al. (2009)も参照されたい．

164　**失感情症**　Koven (2011).

164　**強い生理的覚醒……功利主義的判断をあまりしない**　Cushman, Gray, et al. (2012). Navarrete, McDonald, et al. (2012)も参照．

164　**直感に**　Bartels (2008).

164　**被験者を上機嫌にさせると**　Valdesolo and DeSteno (2006); Strohminger, Lewis, et al. (2011).

164　**扁桃体**　Adolphs (2003).

164　**サイコパス的傾向**　Glenn, Raine et al. (2009).

165　**扁桃体の活動は……功利主義的判断とは負の相関がある**　Shenhav and Greene (準備中).

165　**シタロプラム……功利主義的な判断をする割合が低かった**　Crockett, Clark, et al. (2010).

165　**ロラゼパムという抗不安薬に逆の作用がある**　Perkins, Leonard, et al. (2012).

165　**視覚心像の役割**　Amit and Greene (2012).

165　**「何であれ最大の善を促進することをせよ」**　これは，功利主義的判断を行なう人は，功利主義哲学のすべてに同意する，正真正銘の功利主義者だという意味ではない．そういう人は公平な，「費用対効果」に基づく決定ルールを適用していると言っているに過ぎない．

166　**DLPFC が……ストループ課題の好成績に……**　MacDonald, Cohen, et al. (2000).

166　**脳イメージング研究も……同様の結果を示している**　Shenhav and Greene (2010); Sarlo, Lotto, et al. (2012); Shenhav and Greene(準備中).

166　**並行して……別の作業を**　Greene, Morelli, et al. (2008). Trémolière, Neys, et al. (2012)も参照されたい．

166　**時間的制約を取り払って熟考を促す**　Suter and Hertwig (2011).

167　**足をすくわれる経験**　手法は Pinillos, Smith, et al. (2011) に従っている.

167　**数学のひっかけ問題**　Frederick (2005).

167　**こうした数学のひっかけ問題を解いた被験者は**　Paxton, Ungar, and Greene (2011).「歩道橋」ジレンマの場合, 数学のひっかけ問題を解かせても, 被験者の判断に変化はなかった. しかし私たちは, 数学のひっかけ問題をおおむね得意とする人は,「歩道橋」ジレンマに対してより功利主義的な判断を下すことに気づいた. Hardman (2008) も参照されたい. パクストンと私は, Kahane, Wiech, et al. (2012) が考案した「善意の嘘」ジレンマについても認知熟考テスト法を用いた. 非功利主義的回答が直観に反するとされていたケースだ. 私たちの結果はその逆であることを示し, オリジナルの二重過程理論と一致した. Paxton, Bruni, and Greene (査読中) 参照.

167　**直観的思考より頭を使う思考を一般に好む人**　Bartels (2008); Moore, Clark, et al. (2008).

167　**どういった道徳的理由を意識しているのか**　Cushman, Young, et al. (2006).

167　**その判断を一貫した形で正当化しようと**　同上 ; Hauser, Cushman, et al. (2007).

168　**分子レベルで**　Crockett, Clark, et al. (2010); Perkins, Leonard, et al. (2010); Marsh, Crowe, et al. (2011); De Dreu, Greer, et al. (2011).

168　**医師……の道徳判断を**　Ransohoff (2011) に基づき現在執筆中. 神経科学の視座からの生命倫理問題の概説としては, Gazzaniga (2006) 参照 .

169　**積極的に害するリスクを最小限にする**　医者が職業に就くときに誓う「ヒポクラテスの誓い」が「一, 害をなすな」と命じているということがよくいわれる. しかし, この通りの文言は実際の誓いには見当たらない. http:// www. nlm. nih. gov/hmd/greek/greek_oath. html 参照.

第 5 章　効率性, 柔軟性, 二重過程脳

173　**『虫のすべて』**　Winner (2004).

173　**もっとも重要な考えのひとつ**　Posner and Snyder (1975); Shiffrin and Schneider (1977); Sloman (1996); Loewenstein (1996); Chaiken and Trope (1999); Metcalfe and Mischel (1999); Lieberman, Gaunt, et al. (2002); Stanovich and West (2000); Kahneman (2003, 2011).

175　**『速い思考, 遅い思考』**　Kahneman (2011).

176　**「情動」という概念を完全になくすべき**　Griffiths (1997).

176　**だが情動にはよらない**　こうした処理が情動反応のきっかけになるかもしれないが, 視覚処理そのものは情動的ではない.

177　**行動傾向**　Darwin (1872/2002); Frijda (1987); Plutchik (1980).

177　**恐怖……嗅覚を鋭敏にしている**　Susskind, Lee, et al. (2008).

177　**被験者たちの気分に影響を与えることで……意思決定に影響を与えた**　Lerner, Small, et al. (2004).

179　**「情熱の奴隷」**　Hume (1739/1978).

179　**情動のインプットがないと……正しい決断を下すことができない**　フィネアス・ゲージのようにVMPFCを損傷した患者たちは，概して非常にまずい決断を下す．彼らは，なぜAではなくBを選んだのかを説明できる．そして，個々の理由はもっともらしく聞こえることが多い．しかし，これらの理由には整合性がない．結局，よい決断に結びつかず，支離滅裂な状態で右往左往した挙句に愚かな行動をとる(Damasio, 1994 参照)．レズリー・フェローズとマーサ・ファラーは，効果的な実験で(Fellows and Farah, 2007)，VMPFC患者がそれ以外の人に比べ，「非推移的」選好を示す傾向が高いことをあきらかにした．AよりB，BよりC，そしてCよりAを好むということだ．意思決定に関して，これは不合理性を顕著に表わしている．さらに，抽象的思考力が座すDLPFCは，対象物や行為の価値を評価する役割を果たすドーパミン神経系と深く関係している(Rangel, Camerer, et al., 2008; Padoa-Schioppa, 2011)．神経や進化の観点から見れば，私たちの推論システムは，独立した論理マシンではない．する価値のある行動を選択するために，もっと原始的な哺乳類のシステムから派生したもの，進取的な哺乳類のための認知的補綴だ．別の言い方をすると，ヒュームはこのことを正しく理解していたようだ．

180　**フルーツサラダか，チョコレートケーキ**　Shiv and Fedorikhin (1999).

181　**二種類の決断**　McClure, Laibson, et al. (2004).

181　**即座に報酬が発生する**　この実験の即座の報酬は，それほど即座でもない．この後で行なった食べ物を使った実験(McClure, Ericson, et al., 2007)の方が即座だ．

182　**個人内……個人間**　Nagel (1979).

182　**同じパターンが見られる**　Cohen (2005).

182　**よりポジティブに解釈しなおして**　Ochsner, Bunge, et al. (2002).

183　**白人の被験者に……写真を示した**　Cunningham, Johnson, et al. (2004).

183　**黒人との交流が認知的負荷となり**　Richeson and Shelton (2003).

183–184 **どう進むべきかを指示するオートモード**　Bargh and Chartrand (1999).

184　**〇・〇一七秒……扁桃体**　Whalen, Kagan, et al. (2004).

184　**リスクを伴う決定を下すとき，VMPFCが**　Bechara, Damasio, et al. (1994); Bechara, Damasio, et al. (1997); Damasio (1994).

185　**手が汗ばむことであきらかにされる**　手の汗の微小な差は，皮膚に微弱電流を流すことによって検知できる．手の平が湿っていると電流がよく流れる．この手法は「皮膚コンダクタンス反応」(SCR)，もしくは「ガルヴァニック皮膚反応」(GSR)の測定として知られる．

185　**図5–1**　Whalen, Kagan, et al. and Rathmann (1994)より一部を改変して掲載．

185–186 **私たちには……情動のオートモードも必要**　Woodward and Allman (2007).

186　**文化的学習によって形づくられている**　Olsson and Phelps (2004, 2007).

第三部　共通通貨

第6章　すばらしいアイデア

192　**集団内**　集団内で競争するようにも設計されている.

193　**「道徳的相対主義者」**　ここでいう相対主義は, 日常的な意味での相対主義だ. 哲学でいう相対主義とはかなり異なる意味のことがある. Harman (1975)参照.

199　**「プラグマティズム」は違う意味である場合が多い**　大雑把にいって, プラグマティズムの真理の理論とは, ある主張の真偽は, その主張を信じた場合の実際的な効果次第であるとするものだ.

201　**できるかぎり物事がうまくいくようにする**　厳密にいうと, 私は行為帰結主義の話をしている.

202　**いち早く奴隷制度に反対し**　Driver (2009).

203　**二〇〇年間, 哲学者たちの論争の的**　Smart and Williams (1973).

210　**他の価値にそれらがもつ価値を授ける価値**　Mill (1861/1987), chap. 4, p. 307–314; Bentham (1781/1996), chap. 1.

211　**「不満を抱いた人間である方がよい」**　Mill (1861/1987), p. 281.

211　**ミルがさっと仕上げた主張**　同上, pp. 282–283.

211　**「拡張－形成」**　Fredrickson (2001).

215　**幸福を測定する**　Easterlin (1974); Diener, Suh, et al. (1999); Diener (2000); Seligman (2002); Kahneman, Diener, et al. (2003); Gilbert (2006); Layard (2006); Stevenson and Wolfers (2008); Easterlin, McVey, et al. (2010).

217　**幸福を研究対象とするあたらしい科学が威力を発揮する**　前注参照.

217　**失業状態は往々にして人の心を荒廃させ**　Clark and Oswald (1994); Winkelmann and Winkelmann (1995); Clark, Georgellis, et al. (2003).

217　**稼ぎが少々減っても**　富裕層は収入が増えてもさらなる幸福が買えるわけではないと主張する人たち(Easterlin, 1974; Easterlin, McVey, et al., 2010)と, 少しは買えるが多くは買えないと主張する人たち(Stevenson and Wolfers, 2008)の間で論争が生じている. せいぜいよくて, 幸福は収入に対して対数関数のようにしか増加しないようだ. つまり, 幸福を一定量増やすには, その前に同じ量の幸福を増やしたときより, 十倍の収入が必要になる.

217　**こうした物差しは早晩手に入るかもしれない**　少なくともその瞬間の幸福度は測れるようになるだろう. 人生の満足度の神経学的測定は, それよりずっと難しい問題である.

218　**この……ステレオタイプは不当だ**　Mill (1861/1987), p. 294.

220　**本能に反する計算を働かせようとする**　同上, pp. 294–298; Hare (1981); Bazerman and Greene (2010).

221　**第一原理にまで**　功利主義は, イデオロギー的個人主義者より, イデオロギー的集団主義者に近いように感じられる. 功利主義者もイデオロギー的集団主義者も, より大きな善を目指している. 違いは, イデオロギー的集団主義者が, 第

一原理の問題として，集団主義の生活様式に傾倒している点だ．功利主義者やイデオロギー的集団主義者とは対照的に，イデオロギー的個人主義者は，より大きな善そのものを目指してはいない．一部の人たちが愚かで怠け者で，彼らの取り分が少なくなるなら，たとえ，それによって幸福の総量が減るとしても，個人主義者には痛くも痒くもない．イデオロギー的個人主義者にとって，目標は幸福を最大化することではなく，人を，ふさわしいだけ幸福にしたり不幸にしたりすることだからだ．共産主義に対する功利主義者の見解は次の文句「理論は立派だが，実践はからきしだめ」となる．イデオロギー的個人主義者だったら「理論は立派」とも言わないだろう．

223　**価値が価値をもつ所以は……私たちの経験に与える影響から生じている**　Sidgwick (1907)参照．

223　**経験に何の影響ももたらさないのであれば，価値はないだろう**　この一文とその前の文は，じつは等価ではない．価値が価値あるものとなるには，すべての価値は私たちの経験に影響を与えなくてはならないだろうが，だからといって，ある価値の価値が，私たちの経験に与える影響からのみ生まれるということにはならない．言い換えると，経験への影響は価値の発生に必要かもしれないが，価値の価値を決定するには十分ではない場合がある．

223　**功利主義の第二の成分は公平性**　Sidgwick (1907)はこれを正義の公理と呼んでいる．

226　**マニュアルモード思考と功利主義的思考の間にはつながりがあるようだ**　このつながりについては，Kahane, Wiech, et al. (2012)が異議を唱えている．彼らは，マニュアルモード思考が功利主義的判断を好む場合もあるが(例：「歩道橋」ジレンマのように)，それが一般的とはいえないと主張する．これを主張するため，彼らは，あらたな一連のジレンマを使った脳イメージング実験を行なった．彼らによれば，自分たちの実験では，義務論的判断(より大きな善より，権利もしくは義務を重視する非功利主義的判断)は，功利主義的判断ほど直観的でない．しかし，ジョー・パクストン，トマソ・ブルーニと私は，その後，彼らの結論に重大な疑義を投げかける実験を行なった(Paxton, Bruni, Greene, 査読中)．まず，彼らの結論は脳イメージングのデータによる裏づけが十分にとれなかった．私たちが用いたのは「認知熟考テスト」(Frederick, 2005)と呼ばれるもので，これは熟考を測定することも誘導することもできる(Pinillos, Smith, et al., 2005)．そのテストを使って Kahane, Wiech, et al. (2012)のあらたなジレンマのひとつ，「罪のない嘘」(嘘をつくことによって，より大きな善がもたらされる)のケースを検証した．対照実験として，私たちは，標準的な「歩道橋」的ジレンマの実験も行なった．すると，どちらの場合にも，じっくり考えれば考えるほど，より功利主義的な判断を下すようになる傾向があきらかになった．これは本章で説明した二重過程理論の目覚ましい勝利といえる．なぜなら，この実験は，私(Greene, 2007)も批判者たちも反例となるだろうと考えていたジレンマを使用しているからだ．

226　**扁桃体と VMPFC**　実際には，状況はもう少し複雑だ．現段階の研究は，扁

桃体がどちらかというと警報ベルのように機能し，VMPFC がどちらかというと，情動シグナルのまとめ役として，引き金となる情報を，共通の情動の通貨に変換していることを示している(Chib, Rangel, et al., 2009)．であるなら，VMPFC の損傷は，オートモードが意思決定に影響する経路をふさぐことによって，その影響を阻害しているのかもしれない．DLPFC によって適用される決定ルールは，VMPFC における感情の統合に影響する可能性があるが(Hare, Camerer, et al., 2009)，こうしたルールは，VMPFC なしでも適用できる．Shenhav and Greene (準備中)参照．

227　**曖昧なことで知られる黄金律**　黄金律が曖昧なのは，人が置かれる状況は常に異なるが，黄金律は，どんな状況の違いが処遇の違いを正当化するかをあきらかにしていないためだ．ほぼあらゆる処遇格差に対して，それを正当化する，形式上は公平なルールがある．「たしかに，もしあなたが王様で，私が農民なら，あなたには，私に対して何でもお望みのことを行なう権利があるだろう！」といった具合に．黄金律は，私たちの状況のどの特性が道徳に関係するかに関する合意が存在する場合にはじめて機能する．言い換えると，黄金律は，協力の条件を定めない．たんに，「私の取り分が多いのは，私が私であるからだ」といった純粋な利己主義は許されないと言っているだけだ．衝突の解決という点では黄金律はあまり役に立たない．第 3 章で説明したように，どの部族の価値観も純粋に利己的ということはないからだ．

第 7 章　共通通貨を求めて

230　**この問題を認識している**　Obama (2006)は次のように続く．「さて，これは，多くの福音主義者のように，聖書の無謬性を信じている人々には難しいことでしょう．しかし，多元的民主主義国家に生きる私たちに他の選択肢はありません．政治は，共通の現実に根ざす共通の目的を互いに納得させる私たちの能力を前提としているのですから．そこには，可能性の技術である，妥協が含まれています．宗教はどこか根本的なレベルで妥協を認めません．これは不可能性の技術です．神がのたまえば，その結果がどんなものであろうと，信徒は神の命に従って生きることが期待されるのです．こうした妥協のない姿勢を土台として生きることは崇高であるかもしれない，しかし，こうした姿勢に基づいて政策立案を行なうのは危険でしょう．」

230　**「信仰をもたない人間だけが……自分の言い分を主張できる」**　Greenberg (February 27, 2012)参照．サントラムの発言は，直接には，オバマの発言に類似していたケネディ大統領の見解に向けられている．

231　**権利はつねに結果に勝る**　Dworkin (1978)．

232　**現代の道徳思想家の多くは**　Kant (1785/2002); Hare (1952); Gewirth (1980); Smith (1994); Korsgaard (1996)．カタジナ・ド・ラザーリ＝ラデクとピーター・シンガーの近著(タイトル未定)も参照されたい．彼らはヘンリー・シジウィックに影響を受け，その本で，功利主義を公理化可能なシステムとして擁護している．

232　**別の部族は，地震は**　Espresso Education（公表年の記載なし）.

233　**役に立つ部族間のシステムに……甘んじなくてはならないだろう**　「役に立つ」とはどういう意味であろう？　何らかの評価基準をあてはめることもせず，あるメタ道徳が「役に立つ」かどうか，なぜいえるのだろう？　そして，ある種の道徳的真理，もしくは少なくともメタ道徳を想定せずに，こうした基準をどうしてあてはめられるだろう？　この問題については後ほどもっと詳しく論じることにして，ここでは次のように簡潔に答えることにする．メタ道徳は，私たちがだいたいにおいてそれに満足しているのであれば「役に立つ」．そして，あるメタ道徳が他のメタ道徳よりも役に立つのは，一般に，私たちがそちらにより満足しているときなのだ．たとえば，似ているものとして法律を考えてみよう．あなたは，飲酒が認められる年齢を21歳以上と定める法律に納得するのに，「汝，21歳未満であれば飲酒すべからず」が道徳的真理であると信じる必要はない．こうした法律に納得する理由は人それぞれだ．道徳システムに関する一般的な満足感は，道徳の第一原理に関する合意を前提としない．

233　**プラトン**　プラトンの『エウテュプロン』は，Allen and Platon（1970）に収録されている．

235　**どうすれば私たちに神の意志を知ることができるだろう？**　Craig and Sinnott-Armstrong（2004）.

236　**ドクター・ローラ・シュレッシンガーに宛てられた公開質問状**　この手紙は多くのウェブサイトに様々な形のものが掲載されている．手紙が転載されていて，その出所を議論しているものとしてはSnopes.com（November 7, 2012）を参照されたい．

239　**「アブラハムは，神にひとり息子を」**　Obama（2006）.

240　**熟考することで神に対する信仰がくじかれる**　Shenhav, Rand, and Greene（2012）; Gervais and Norenzayan（2012）.

240　**少なくともその大多数に**　もちろん，宗教の中には部族主義的性格が比較的弱いものもある．あきらかに部族的でない宗教は，ユニテリアン・ユニヴァーサリスト教会だ．

241　**「純粋実践理性」**　Kant（1785/2002）.

241　**合理的に擁護できない意見**　もちろん，中には，相互に矛盾しているいくつかの道徳的信念を擁護するという，合理的誤りを犯している人もいる．しかし，ごりごりの合理主義者は，ある特定の道徳的結論（結論の組み合わせではなく）は，合理的に擁護できるはずがないと信じている．これは，道徳が数学のように，自明の第一原理から導かれる実質的な結論をもつことを要求する．これについてはすぐ後で詳しく述べる．

242　**扱いやすい，自明の道徳的真理から**　「扱いやすい」と書いたのは，その公理が，書き記せないほど広範な言明からなる巨大な集合であれば，道徳は数学のようではないからだ．

242　**道徳的公理を誰も見つけていない**　なぜ誰もこうした公理を見つけられないのか？　どういった原理がよい公理になるのか？　公理が自明でなくてはならな

いなら，私たちは「分析的」であるような公理を望むのかもしれない．分析的とは，公理を表現するために用いられる個々の言葉の意味によって真となるということである．（「分析的／総合的」の区別の妥当性に Quine (1951)が疑問を投げかけているのは有名だが，それ抜きでやっていくのは非常に困難だろう(Grice and Strawson, 1956).）

たとえば「いかなる独身男性も結婚していない」という言明は分析的だ．あなたは，分析的言明は「定義によって真」である，ただし，分析的言明のなかにはそれが真であることがすぐにわからないものもあるだろう，とくに言明が長く複雑な場合には，というかもしれない．分析的でない自明の真をもつ場合もある．たとえば，いかなる 2 点も 1 本の直線で結ぶことができるというユークリッドの公理．これが真であるのはあきらかだ．しかし，「点」や「2」の定義の中に，この真理を引き出せるものは何もない．別の言い方をすると，「独身男性」の概念に「結婚していない」という概念が含まれるようには，「点」という概念には「直」という概念(もしくは「線」という概念)が含まれていない．このように，ユークリッドの公理をモデルにすれば，自明の真理ではあるが，定義によって真ではない道徳的公理が見つけられるかもしれない．もしくは，定義によって真である公理が見つけられるかもしれない．私たちが道徳的公理を探しているのなら，これらが選択肢となる．

20 世紀初頭，哲学者 G. E. ムーア(1903/1993)は「開かれた問い論法」といわれる議論を提案した．これは，道徳的公理の候補に対するテストである．私たちは，「開かれた問い論法」を自明かどうかのテストとして考えるところからはじめられる．（ただし，ムーアはそのようには考えなかった．ムーアは，このテストに通らなかった公理は真ではありえないと考えたが，それらが真ではあるが自明の，すなわちすぐにわかるような真理ではない可能性を見落としていた．）自明かどうかのテストは，私たちが，数学をモデルにした道徳をつくろうとしているのであるなら必要だ．というのは，先にも述べたように，道徳の公理は自明である必要があるからだ．

ムーアのテストは次のように行なわれる．どんなものが正しいのか間違っているのか，よいのか悪いのかを見分けると主張する道徳原理を考えてみよう．たとえば，次のような功利主義的原理はどうだろうか．

正しいものとは，全体として幸福を最大化するものである．

あなたが功利主義的傾向のある人なら，この原理は真理であるだけでなく自明であると考えるかもしれない．そんなあなたに，ムーアは次のような難問を突きつける．「ある行為が全体として幸福を最大化するとわかっているとしましょう．そうであっても，この行為が正しいかどうかは，議論の余地がある開かれた問いではないでしょうか？　もし，それが開かれた問いであるなら，幸福を最大化するものが正しいものであることは自明ではありえません．」この場合，反例を考えることによって，ムーアの開かれた問い論法の力を実感できる．たとえば，5 人を救うためにひとりを歩道橋から突き落とす場合だ．この行為が全体としての幸福を最大化することは認めよう．それでは，私たちはこれが正しい行為だと認

めただろうか？　あきらかに，認めていない．最終的に私たちがどのような結論を下すことになろうと，この道徳問題はいまのところ「開かれた問い」のままである．

さらに抽象的な原理を考えてみよう．これは，マイケル・スミス(Smith, 1994)から借用して，勝手に手を加えたものだ．

正しいものとは，私たちが完全な知識を備え，完全に合理的であるなら，欲するはずのものだ．

この原理は，自明の真理であるように思えるかもしれない．しかし本当だろうか？　完全な知識を備え，完全に合理的である誰かによしとされる行為があるとしよう．この行為が正しいかどうかは，「開かれた問い」ではないといえるだろうか？

たとえば，ハンニバル・レクターのような，誰もが知っている，高度な知性をもつ邪悪な人物を考えてみよう．罪のない人を殺して食べるレクターのような輩は，何らかの論理的な間違いを犯している，もしくは道徳とは無関係のいくつかの事実を知らないに違いないのではないか．そうかもしれないが，そうでないかもしれない．重要なのは，そのことが自明でないということだ．ショーン・ニコルズは，一般人の多くが，サイコパスは善悪の区別はできるが，気にしないだけだと信じていることをあきらかにした．これは，不合理だったり，道徳とは無関係にいくつかの事実に無知だったりしなくても，道徳的な欠陥を抱える人もいるという考えと一致する(Nichols, 2002)．たとえ完全な知識を備え，完全に合理的になるとしても，そのために道徳的に完璧になるかどうかは依然として「開かれた問い」だ．それは，先の原理が自明たりえないことを意味する．より合理的であることや，より多くの知識を備えることは，とにかく役に立つのだから，(一部の人には，であれ)原理は自明であるように思えるかもしれない．しかしそのことと，完全な合理性と完全な知識さえあれば，完璧な道徳的判断が行なえるようになり，完璧な道徳的動機づけが得られるのは自明，というのはまったく違う．私たちは，完全な知識を備え，完全に合理的であっても，道徳的間違いを犯す可能性がある．いずれにしても，私がいま言ったことが間違いであることは自明ではない．そして先の原理は，たとえそれが真理であっても，自明の真理ではないため，道徳的公理ではありえないということになる．

さらに，こうした非常に抽象的な原理を公理として認めたとしても，それは私たちの共通通貨にはなりえない．競合する価値どうしでトレードオフする方法を教えてくれないからだ．そのような抽象的な原理は，正しいトレードオフとは，完全な知識をもち，完全に合理的であったときに行なうトレードオフだと教えてくれるだけで，あまり助けにはならない．

ムーアは，あらゆる道徳原理について，それが解を与えると称する問いは開かれたままであると考えた．その理由を知るには，道徳原理がどのようなものであるかを考える必要がある．ムーアにとって，道徳原理は，「自然的属性」を「道徳的属性」に結びつけるものである．たとえば，「嘘をつくのは悪いことだ」という原理を考えてみよう．ある行為が嘘をつくことの一事例であるというのが，

その行為の「自然的属性」だ．ある行為が悪いことであるというのが，その行為の「道徳的属性」だ．そして「嘘をつくのは悪いことだ」という原理を，属性的にいうなら，こういう意味になる．「ある行為が嘘をつくことの一事例であるという自然的属性をもつなら，悪いことであるという道徳的属性をもつ．」ムーアの「開かれた問い論法」によって示唆されるのは，物事に自然的属性があるとしたところで，道徳的属性にはけっしてたどりつけない，少なくとも自明な形ではたどりつけない，ということである．（ムーアの用語には，道徳的属性は「非自然的」でなくてはならないという含みがあるが，これは，彼の議論の本質的部分ではない．「自然的」属性について話すのではなく，弁護士がいうところの「事件の事実」に議論の余地なく帰すことのできる，あきらかな事実の属性について話すことはできる．）

ジョーが，友人を守るために警察に嘘をついたとしよう．これが悪いことかどうかは意見が分かれる．とはいえ，ジョーが嘘をついたことは，議論の余地がない「事件の事実」だ．この事実から，私たちは，ジョーが行なったことは悪いことだと結論せざるを得ないのか？　そうではない，とムーアはいう．これは「開かれた問いだ」と．ムーアは，「嘘をつくのは悪いことだ」だけでなく，実質的な道徳原理にはすべて同じ限界があると主張する．それは，すべての実質的な道徳原理は，一方の側に「自然的属性」(議論の余地がない事件の事実)，もう一方の側に「道徳的属性」がある，「である‐すべし」の谷間に橋をかけねばならないからだ．事件の事実はつねに，ジョーが嘘をついたという事実のようなこと，すなわち，どう「である」かに関するものだ．それに対して，道徳的結論はつねに，ジョーは嘘をつくべきではなかったというような，どう「すべき」かに関するものだ．さて，嘘は悪いことだというのは真理かもしれない．しかしここで重要な点は，この道徳原理が，自明の真理たりえないということだ．なぜだろう？　私たちが，ジョーが嘘をついたこと(「である」に関すること)にたとえ合意するとしても，嘘をつくというこの行為が，悪いことかどうか(「すべし」に関すること)は依然として開かれた問いだからだ．

「嘘をつくのは悪いことだ」というのは自明の真理ではなく，たんなる候補のひとつだ．自明の真理である，おなじみの道徳原理は他にあるかもしれない．あきらかに，そして無条件に悪いと思われることに関する原理からはじめてみようか．たとえば「子猫を虐待するのは悪いことである」というのはどうだろう．子猫を虐待するのが悪いことであるのは自明ではないだろうか？　では……百万人を救う唯一の方法が，一匹の子猫を虐待することだったら，どうだろう？　これは悪いことだろうか？　そしてこれが悪いことは自明だろうか？　微調整が必要なのかもしれない．「子猫を虐待するのは悪いことだ．本当に正当な理由がないかぎり」とか．しかし，「本当に正当な理由」とは何だろう？　子猫を虐待することを正当化できるほど正しいこととは？　だとすれば，実質的な道徳原理ではなく，こんな空虚なトートロジーしか残らなくなる．「子猫を虐待するのは悪いことだ．子猫を虐待することを正当化するだけの十分な理由がないかぎり．」もっと具体的にいうことは可能だろう．しかし，あなたが子猫を虐待することによ

って，どれだけの善がもたらされなくてはならないか？　そして，虐待する量によって，善の量はどの程度変化するか？　これらの質問に対して，正しいことが自明な答えは存在するか？　十分な微調整を施せば，子猫の虐待(や何か)に関して，「開かれた問い」テストに合格する道徳的言明が手に入るかもしれない．しかし，最終的に私たちが手にするのは，道徳的公理，すなわちより具体的な道徳的真理を導くことのできる，基本原理ではない．むしろそれは，子猫の虐待(や何か)の倫理に関する，非常に具体的で，かつ，かなり限定的な言明だろう．

ここまで，自明さに対するテストとして「開かれた問い論法」について述べてきた．そして，自明さは，私たちが公理に必要としているものだ．しかし厳密にいって，それが真かどうかが「開かれた問い」のままでも，ある言明が自明の真理である場合がある．どうしたらそんなことがありうるのか？　次の言明を考えてみよう．「いかなる独身男性も結婚していないわけではないわけではないわけではないわけではないわけではないわけではないわけではないわけではないわけではないわけではないわけではない．」あなたが「わけではない」が何回くり返されるかを数えたのでないかぎり，このセンテンスの真偽は，あなたにとって開かれた問いだ．実は，このセンテンスは真である．そして，それは自明の真理である．つまり，このセンテンスの内容以外に，これが真であると証明する証拠は何ら必要ないということだ．よって，厳密にいえば，ある言明は，たとえその真偽が開かれた問いであるとしても，自明の真理たりうる．であるからして，「開かれた問い論法」は，厳密に言えば自明さ(self-evidence)のテストにはならない．むしろ，これは「明白さ(obviousness)」により近いもののテストなのだ．このことにより，真理であることが自明であるが明白ではない，有用な道徳的公理が存在する可能性が残される．こうした原理とはどのようであるだろう？　先の「わけではないわけではない」センテンスと違って，こうした原理はもっと単純なものへと還元できないのだろう．そうでなければ，もっと単純なものが，公理として利用できるはずである．よって，こうした原理は，還元不可能な複雑さをもつ道徳的言明であり，それ以上の証拠や議論がなくても真であると理解できるが，その複雑さのために真偽が明白ではないものでなくてはならない．そしてこの言明(ことによると，これと同様の言明もあわせて)と道徳に関係のない事実から，私たちは，議論の的になっている道徳問題への答えを導けるだろう．こうした類の道徳的公理が存在しないと証明することは私にはできない．しかし，近いうちにそれが現われることをあてにすべきではないといって差し支えあるまい．

要するに，数学をモデルとした道徳をつくれる見込みはあまりなさそうだ．それを成功させるには，自明であり，なおかつ有用な道徳的公理が必要だが，こうした公理が存在するようには思えない．有用であるためには，道徳原理によって，私たちは「である」と「すべし」をつなぐことができなければならない．「事件の事実」から具体的な道徳的答えに到達できなくてはならない．そして，それが可能なほど強力な原理は，どれほどもっともらしくとも，自明であるようには思われない．道徳は公理化することが絶対に不可能で，ゆえに数学のようにはならないと証明することは，私にはできない．しかし，みんなで道徳の公理化を待ち

わびるのは得策ではなかろう．

追記．カタジナ・ド・ラザーリ＝ラデクとピーター・シンガーは，功利主義が一連の自明の公理を土台としていると主張している（未刊，タイトル未定の書籍原稿で）．彼らの議論は，ヘンリー・シジウィック（Sidgwick, 1907）に触発されたもので，この種の議論としては説得力に富んだものであると私は思う．しかし結局のところ，私は先に述べた理由により賛同しかねる．

245　**集団間の競争**　くり返すが，私は，道徳進化の群選択的説明を前提としてはいない．ここでいう「集団」は二人の場合も，数千人の部族である場合も，その中間の場合もある．

245　**大量殺人の性向をもつ人に味方する**　Joyce (2011).

245　**この主張は，議論の的になってはいるが，文化進化にもあてはまる**　Casebeer (2003). Ruse and Wilson (1986)と，Kitcher (1994)による反論も参照されたい．生物学的に進化したものが，道徳ではなく，文化的慣行を獲得する一般的能力だったとしよう．そして道徳は，純粋に文化的に進化したとしよう．すなわち，道徳は一連の「ミーム」（文化的変異体）であり，人間の脳内の生存競争において他のミームを打ち破ったために広まったと仮定する．この場合もやはり同じ議論があてはまる．ここでは道徳の究極の役割は，道徳に関係する遺伝子の複製をより多くつくることではなく，他の人間の脳の中にそれ自体のより多くの複製をつくることになるだろう．道徳的性向は，耳に残るメロディーや陰謀説のように，脳に「感染する」のがうまいためだけに広まるのかもしれない．もしくは，道徳は，感染した宿主の生存確率を高めるために，生き残るのかもしれない．もっとはっきりいうと，道徳のミームは，宿主が競争で打ち勝つ上で役に立つために生き残るのかもしれない．しかし，いずれにせよ，そして道徳がこの先役に立つかどうかとは関係なく，生物進化の要点が遺伝子の拡散であるのとまったく同じように，文化進化の要点は，文化的ミームの拡散なのである．

245　**「である－すべし」問題**　Hume (1739/1978).

245　**「自然主義的誤謬」**　この言葉をつくったG. E. ムーア（Moore, 1903/1993）によれば，自然主義的誤謬とは，ある存在物の「自然的」属性に関する事実から，それをよいと考えることを指す．たとえば，チョコレートはおいしいからよいと考えることだ．

246　**社会ダーウィン主義**　「社会ダーウィン主義」という言葉はおもに侮蔑語として使わる．社会ダーウィン主義の創始者は，ハーバート・スペンサーとよくいわれるが，これは少々不当である．イデオロギーとして存在した社会ダーウィン主義にかぎっていえば，その出所は，自分たちがもともともっていた道徳的・政治的信念の確証をダーウィン理論に見出したエリート資本家たちの頭の中だった．Wright (1994)参照．

248　**これこそが解決すべき問題だと考えていた**　Greene (2002).

248　**本当に重要なのは……泥沼を突っ切るはっきりした道**　この点について私の背中を強く押してくれたウォルター・シノット＝アームストロング，ピーター・シンガー，サイモン・ケラーに感謝する．

248　**私たちは残されたものを「道徳的真理」と呼ぶだろうか？**　ここにジレンマがある．一方では，ある道徳的見解が，別の道徳的見解よりあきらかにすぐれているように思われる．ある道徳的立場に内的矛盾があったり，その訴えが間違った前提に拠っていたりする場合は，こうした問題のない他の道徳的立場より，ある意味，客観的に劣っている．しかし私たちが「客観的にすぐれている」，「客観的に劣っている」ことを信じるのであるなら，なぜ，「客観的に正しい」ことは信じないのだろう？　道徳的真理とは，自分たちの道徳的信念にできるかぎり客観的改良を施した末にできるものだと言ってもよさそうではないか？

その一方，あなたは次のように考えるかもしれない．道徳的真理には，改良後の合意以上のものが必要である，と．（Mackie, 1977; Horgan and Timmons, 1992; Joyce, 2001, 2006 参照．）あなたが信じているものが，真に正しいのなら，第三者が，何らかの客観的誤りを犯すことなく，あなたと意見が合わないことはありえないはずだ．十分な知識をもつ完全に合理的なサイコパスがいるとしよう．彼の思考は，私たちの「十分な改良」の基準を満たしているとする．そして，彼が，子猫を虐待することの誤りについて，私たちと意見が食い違うとしよう．ふたつの可能性が存在する．ひとつの可能性は，こうした人間が存在する可能性を否定するというものだ．彼の思考が十分に客観的に改良されているのなら，子猫の虐待は間違っていると合意するに違いない，というのだ．しかし，何を根拠にそのようなことがいえるだろうか？　こうした類のことは，私たちが道徳的真理に直接到達できてはじめて可能になることだが，どうやら私たちにはそれができないのだ．もうひとつの可能性は，十分な改良を施された道徳的思考を備えたサイコパス(すべての事実を知っており，内的矛盾も抱えていない，など)が存在しうると認めるものだ．しかし，これが意味するのは，人が(循環論法の意味ではない)誤りを犯すことなく，道徳的真理を拒絶できるということだ．しかし，それでは真理らしくない．こう言っているようではないだろうか．「太陽が地球より大きいのは真理である．しかし，太陽が地球より大きくないとあなたが考えるのであれば，あなたが間違っているとはかぎらない」．はて……？

それでは，道徳的真理は存在するのか？　私は学位論文(Greene, 2002)で，上述の「その一方」以下の理由から，いかなる道徳的真理も存在しないと主張した．しかしいま私は，実用上もっとも重要なものは，客観的な正しさの可能性ではなく，客観的改良の可能性であると考える．それゆえ，実用上は，道徳的真理にかなり近いものが存在しうるといいたい(Blackburn, 1993)．「道徳的真理」そのものではないとしても，事実上の道徳的真理であるかもしれないもののことだ．しかし，じつは私は，この問題に注目するのは間違いだと思う．そこで，この本では比較的わずかしか取り上げていない．重要なのは，私たちが泥沼にどう立ち向かうかであり，最終的に出てきたものを「道徳的真理」と呼ぶかどうかではない．

249　**もっとも高いレベルでは**　「もっとも高いレベルでは」というところが重要だ．日常的な意味で私たちが完璧に公平でなくてはならない，自分自身や愛する人を気づかうように他人を思いやらなくてはならない，と考える人はまずいない．しかし同時に，道徳的観点からは，私たちにはみな同じルールが適用されるに違

いない(たとえ，そのルールによって確立されたシステムの中でそれぞれが異なる立場を占めるにせよ)と認識している．私が，自分の大切な人を他人よりひいきすることが許されるなら，立場が対称であるかぎり，あなたにも同じことが許される．そして，あなたが大切な人をひいきすることを許されている以上に，私が自分の大切な人をひいきすることが許されているのだとしたら，それは私たちの立場が客観的に異なっているからだ．（たとえば，一方が会員制クラブの会長で，もう一方が連邦裁判所判事，など.）要するに，私たちは低いレベルでは，不公平であることを許される．しかし，いつ，どこで，不公平であることが受け入れられるかを決定するルールは，公平に適用されなくてはならない．

250　**「道徳的真理」となるかどうかの判断は控える**　「私たちは残されたものを「道徳的真理」と呼ぶだろうか？」の注を参照されたい．

第８章　共通通貨の発見

251　**『トワイライトゾーン』**　このエピソード(製作 Medak, 1986)は，作家のリチャード・マシスンが，自分の初期の短編小説を基に脚本を書いたもの．その後，映画『運命のボタン』の原作にもなった．

252　**「他の条件がすべて等しければ」**　ここでは隠れたメリットが何もないことを前提としている．膝頭を割ったからといって人格が向上するわけではない．病院で運命の人にめぐりあうこともない．この場合，膝頭を骨折することは，ボタンを押すことによって回避できる，幸福の純然たる減少に他ならない．

255　**ぜひ現場で確認して**　どんなに控えめにいっても，どの部族にも，部族内では功利主義的論理に従う成員がいると思う．中には，部族主義的傾向が非常に強く，部族間レベルでは，本質的にサイコパスと変わりない部族もあるかもしれない．しかし，先に述べたように，そういう流儀の人々は，この会話に参加している「私たち」には入っていない．少なくともいまのところは．第３章で述べたように，見知らぬ他人への思いやりは，近代の市場社会によって，つくり出されはしないまでも，支えられているようだ(Henrich, Ensminger et al., 2010)．この推測を確かめるには，調査の対象とされる(複数の)集団に合った手法を編み出す必要があるだろう．

255　**実体のある，道徳的共通基盤**　あなたは異議を唱えるかもしれない．「他の条件がすべて等しければ」同意はじつに簡単であると言うかもしれない．他の条件がすべて等しければ，私たちはみな嘘をつくことに反対だ．他の条件がすべて等しければ，人が自分のお金を好きに使うことをよしとする，といった具合に．言い換えると，多くの価値観は，ひょっとしたらほとんどの価値観は，ある程度共有されており，私たちみんなが，ある程度価値を認めるものは，「他の条件がすべて等しければ」私たちがみな進んで行なおうとするものだ．衝突は，おもに，人が異なる価値に異なる優先順位をつけることにより生じる．であれば，「他の条件がすべて等しければ」という但し書きつきの，幸福を最大化させることへの同意に何ら特別な点はない．私たちは，非常に多くの価値に「他の条件がすべて等しければ」同意する．問題は，他の条件が，けっして等しくないことだ，と．

たしかに，「他の条件がすべて等しければ」という但し書きのついた道徳的同意は簡単に得られる．それにもかかわらず，この但し書きつきの，幸福を最大化することへの私たちの同意は特別だ．「嘘をつかない」というのは道徳システムではない．「お金を自分の好きなように使う」というのもそうだ．それに対して，「幸福を最大化する」というのは道徳システムだ．なぜこれがシステムなのか？

幸福を最大化することへの同意は，私たちに，異なる価値の優先順位のつけ方を――別の言い方をすると，トレードオフの方法を教えてくれるからだ．それは「嘘をつくことが許されるのはどんな場合か？」「経済的自由が行き過ぎになるのはどこからか？」といった問題に答えを出してくれる．よって，「他の条件がすべて等しければ」という但し書きつきの，幸福を最大化することへの私たちの同意は，数多ある道徳的価値の中のひとつへのデフォルトの同意というだけではない．これは，道徳的価値の完全なシステムか，もしくはその土台となる可能性のあるものへのデフォルトの同意なのだ．これはきわめて重要だ．

257　**反発は……突き詰めればオートモードに由来する**　ここで重要なのは「突き詰めれば」という言葉だ．功利主義に反対する，抽象的・理論的な反論が存在することは私も承知している．しかし私は，こうした理論は突き詰めれば，直感に動機づけられていると主張する．第 11 章参照.

259　**世界をその通りにする**　Russell and Norvig (2010).

259　**問題解決装置のきわめて単純な例がサーモスタット**　Dennett (1987).

262　**それが人間の PFC が行なっていること**　Miller and Cohen (2001).

264　**誤差を誤差として認識できる**　Kahneman (2011).

265　**公平性に至るひとつの道のり**　この考えの発達については，狩猟採集社会の平等主義をテーマにした Gauthier (1987), Boehm and Boehm (2001)を参照されたい.

265　**『広がる輪』**　Singer (1981).

266　**自分をひいきする主観的理由の放棄を意味しない**　この場合，自分をひいきする客観的理由はないかもしれないが，だからといって，自分をひいきしない客観的理由もない．客観的にいって，当事者はみな等しく，まったく利己的にふるまう権利があると結論することもできるだろう．

266　**他者が感じていることを感じる能力，すなわち共感**　Batson, Duncan, et al. (1981); Hoffman (2000); Decety and Jackson (2004); de Waal (2010).

267　**自分の指を選ぶ**　Smith (1759/1976), section III. 3. 4; Pinker (2011), pp. 669–670; Bloom(印刷中)もアダム・スミスを引用して同じことを主張している.

272　**ジョン・ロールズによれば**　Rawls (1971).

273–274 **約二五〇〇ドルでひとりの命を救える**　Givewell.org(公表年の記載なし).

274　**マラリア撲滅協会**　同上.

275　**困窮している人々を助けるためにお金を使う**　Singer (1972, 2009); Unger (1996).

275　**すばらしくない結果はこれだけではない**　功利主義には，他にも直観に反することで有名な含意がある．第一に，功利主義は，自然の経験と，人工的につく

り出される経験を区別できない(Nozick, 1974)．第二に，ごく小さなプラスの経験をもつ個体(たとえばウサギなど)を十分な数だけ集めると，それらが善良な生活を営む多くの人間より優先されることを認める．これは「いとわしい結論」(Parfit, 1984)である．第三に，きわめて高い質の経験をもつひとりの個人(「功用のモンスター」)が，善良な生活を営む多くの人より優先されることを認める(Nozick, 1974)．これらの問題について，私は大学の卒業論文で論じた(Greene, 1997)．さらに，Felipe De Brigard (2010)が，人工的な経験と本物の経験の問題に関して，経験的根拠のある同じ方向性のすぐれた主張を行なっている．こうした問題について，ここでこれ以上詳しく取り上げるつもりはない．というのも，私の考えでは，これらは，現実世界の道徳問題にそれほど関係していないからだ．引き合いに出されている前提は，私たちを，SFの世界に引きずり込む．概念の外とはいわなくても，情動の及ばない領域へ，想像を押し広げている．「功用のモンスター」や「いとわしい結論」について，さらなる議論を知りたい方は，第10章の「この反対論の「原理的な」バージョン」への注を参照されたい．

276　**抽象的観念……ある具体的な問題**　抽象的思考と具体的思考の対立をめぐる全般的議論については Sinnott-Armstrong (2008)を参照．

277　**仮定に基づく問いの価値は，多くの人に過小評価されている**　仮定に基づく質問に対するアレルギーを取り上げたすぐれた考察については Kinsley (2003)を参照されたい．

277　**功利主義がどう擁護されるか**　最近出版された一般向けの二冊の本，サム・ハリスの『道徳の風景』(Harris, 2010)とジョナサン・ハイトの『正義の心』(Haidt, 2012)は，私が本書で行なっているように，道徳心理学と道徳神経科学の近年の展開を論じ，最終的にある種の功利主義を支持している．ハイトは，先にあげた反対意見に対して，功利主義を擁護しようとはしない．ハリスは，なぜ功利主義の根本原理が合理的であるかを，私が本書の第三部で，そしてはるか昔にベンサムとミルが行なったように説明している．しかしながらハリスは，先にあげたような，功利主義に対する多くの説得力ある反対意見にほとんど注意を向けていない．ハリスは，科学が「人間の価値観を決定」できると証明することを目指しているが，私には，彼が証明しているとは思えない．少なくとも，道徳哲学者の間で議論になっているような意味では証明していない．彼は，功利主義的な価値の前提(これは，科学によって裏づけられることも，批判されることもない)のもとに，科学がさらなる価値を決定できることを示している．すなわち，科学が，何が人間を幸福にするかを見出す上で役に立ちうることを示している．私は，ハリスの実用的な結論に共感する．しかし，私の考えでは，彼は，取り組もうとしているらしい問題を解決したというより，無視している．彼の著書について多くの人が同様の評価をし，彼は応答してきた．Harris (January 29, 2011)参照．第四部で，私は，道徳認知というあらたな科学を使って，功利主義をもっと徹底して(とはいえ，不完全であることは避けられないが)擁護しよう．

図版の出典

図 2–3　目の模様

Kevin J. Haley and Daniel M. T. Fessler (2005). Nobody's Watching? Subtle cues affect generosity in an anonymous economic game. *Evolution and Human Behavior* 26(3): 245.

図 5–1　恐怖のために見開かれた目

Paul J. Whalen, Jerome Kagan, Robert G. Cook, F. Caroline Davis, Hackjin Kim, Sara Polis, Donald G. McLaren, Leah H. Somerville, Ashley A. McLean, Jeffery S. Maxwell and Tom Johnstone (2004). Human amygdala responsivity to masked fearful eye whites. *Science* 306(5704): 2061.

Peggy Rathmann (1994). *Good Night, Gorilla*. New York: G. P. Putnam's Sons Books for Young Readers.